카테고리	강의 주제	월	화
문학과 문장	문장의 재발견	벌레가 되고서야 벌레였음을 알다 : **프란츠 카프카 《변신》**	마음도 해부가 되나요? : **나쓰메 소세키 《마음》**
	괴물, 우리 안의 타자 혹은 이방인	인간의 경계는 어디까지인가 : **괴물의 탄생**	우리 안의 천사 혹은 괴물 : **메리 셸리 《프랑켄슈타인》**
	나를 찾아가는 글쓰기	말과 글이 삶을 바꾼다	독서, 글쓰기에 연료를 공급하는 일
건축과 공간	가로와 세로의 건축	광장, 사람과 건축물이 평등한 가로의 공간	철강과 유리, 세로의 건축을 실현하다
	시간과 공간으로 풀어낸 서울 건축문화사	태종과 박자청, 세계문화유산을 건축하다	조선 궁궐의 정전과 당가
	건축가의 시선	빛, 어둠에 맞서 공간을 만들다	색, 볼륨과 생동감을 더하다
클래식과 의식	클래식, 문학을 만나다	작곡가의 상상 속에 녹아든 괴테의 문학 : 〈파우스트〉	셰익스피어의 언어, 음악이 되다 : 〈한여름 밤의 꿈〉
	오래된 것들의 지혜	오래되어야 아름다운 것들 : 노경老境	겨울 산에 홀로 서다 : 고봉孤峰
	시간이 만든 완성품	스토리텔링과 장인 정신으로 명품이 탄생하다	그 남자가 누구인지 알고 싶다면 : **말과 자동차**
융합과 이상	조선의 과학과 정치	백성의 삶, 시간에 있다	모두가 만족하는 답을 구하라 : **수학**
	'나'는 어디에 있는가	별에서 온 그대	우주에서 나의 위치는?
	제4의 물결	평민이 왕의 목을 친 최초의 시민혁명 : **영국혁명**	천 년 넘은 신분 제도를 끝장낸 대사건 : **프랑스대혁명**

수	목	금
겨울 나무에서 봄 나무로 : 박완서 《나목》	사진사의 실수, 떠버리의 누설 : 발자크 《고리오 영감》	일생토록 사춘기 : 헤르만 헤세 《데미안》
내 안의 친밀하고도 낯선 이방인 : 로버트 L. 스티븐슨 《지킬박사와 하이드 씨의 기이한 사례》	공포와 매혹이 공존하는 잔혹동화 : 브람 스토커 《드라큘라》	괴물이 던져준 기묘한 미학적 체험
소설가의 독서법	어쨌든 문장이다	마음을 다잡는 글쓰기의 기술
근대 건축을 이끈 사람들	해체주의와 자연 중심적 건축의 새로운 시도	인간이 주인이 되는 미래의 건축
대한제국과 정동, 그리고 하늘제사 건축	대한제국과 메이지의 공간 충돌, 장충단과 박문사	궁궐의 변화, 도시의 변화
선, 움직임과 방향을 제시하다	틈과 여백, 공간에 사색을 허락하다	파사드, 건물이 시작되다
자유를 갈망하는 시대정신의 증언자, 빅토르 위고 : 〈리골레토〉	신화의 해석, 혁명의 서막 : 오르페우스와 프로메테우스	바이블 인 뮤직 : 루터와 바흐의 수난곡
굽은 길 위의 삶, 그 삶의 예술 : 곡경曲徑	고요해야 얻어지는 : 공허空虛	소멸, 그 후 : 박복剝復
패션, 여성을 완성하다	시간과 자연이 빚은 최고의 액체 : 와인	인류를 살찌운 식문화의 꽃 : 발효음식
억울한 죽음이 없어야 한다 : 화학	하늘의 운행을 알아내다 : 천문학	빙고로 백성의 고통까지 얼리다 : 열역학
나는 어떻게 여기에 왔을까?	나의 조상은 누구인가	마음은 무엇일까?
빵·토지·평화를 위한 노동자의 혁명 : 러시아혁명	나라의 주인이 누구인지 보여준 독립 혁명 : 베트남혁명	민주주의 역사를 다시 쓰다 : 대한민국 촛불혁명

퇴 근 길
인 문 학
수 업 ●

일러두기

- 외래어 표기는 국립국어원 외래어 표기법을 따르되 일부 널리 쓰이는 관용적 표현에는 예외를 두었습니다.
- 중국어 표기는 외래어 표기법을 따르되 신해혁명 이전의 고유명사는 한자 발음으로, 이후의 고유명사는 현지 발음을 따랐습니다.
- 본문에 삽입된 QR코드를 스캔하시면 관련 그림이나 동영상을 보실 수 있습니다.

퇴근길 인문학 수업 : 전진

초판 1쇄 발행 2018년 10월 15일
초판 9쇄 발행 2020년 1월 28일

편저 백상경제연구원

펴낸이 조기흠
편집이사 이홍 / **책임편집** 송지영 / **기획편집** 최진 / **기획** 박선영, 장선화
마케팅 정재훈, 박태규, 김선영, 홍태형, 배태욱 / **디자인** 석운디자인 / **제작** 박성우, 김정우

펴낸곳 한빛비즈(주) / **주소** 서울시 서대문구 연희로2길 62 4층
전화 02-325-5506 / **팩스** 02-326-1566
등록 2008년 1월 14일 제 25100-2017-000062호

ISBN 979-11-5784-287-2 04300
　　　　979-11-5784-288-9 (세트)

이 책에 대한 의견이나 오탈자 및 잘못된 내용에 대한 수정 정보는 한빛비즈의 홈페이지나
이메일(hanbitbiz@hanbit.co.kr)로 알려주십시오. 잘못된 책은 구입하신 서점에서 교환해드립니다.
책값은 뒤표지에 표시되어 있습니다.

홈페이지 www.hanbitbiz.com / **페이스북** hanbitbiz.n.book / **블로그** blog.hanbitbiz.com

지금 하지 않으면 할 수 없는 일이 있습니다.
책으로 펴내고 싶은 아이디어나 원고를 메일(hanbitbiz@hanbit.co.kr)로 보내주세요.
한빛비즈는 여러분의 소중한 경험과 지식을 기다리고 있습니다.

퇴근길 인문학 수업

전진

일상의 시간에서
세상 밖으로 다시 나아가기

백상경제연구원

HB 한빛비즈 Hanbit Biz, Inc.

퇴근길 인문학 수업을 열며

'욕망은 우리의 불완전함에 대한 표시인가'

'정의가 무엇인지 알기 위해 불의를 경험하는 것이 필요한가'

'존 스튜어트 밀의 《논리학 체계》 발췌문을 읽고 평하라'

　질문만 읽어도 머리가 아프겠지만 2018년 과학계열 대학을 지망하는 프랑스 고등학생들이 치른 대입자격시험 '바칼로레아'의 시험문제다. 프랑스는 매년 6월 고등학교 졸업시험이자 대학진학의 관문인 이 시험을 치른다. 나폴레옹 시대부터 200년 넘게 이어졌다.

　인문·경제사회·과학계열로 나눠 일주일간 10여 개 과목을 치르는 이 시험은 계열에 관계없이 철학, 역사·지리, 외국어1, 수학 등은 공통과목이다. 2018년 일반 바칼로레아 과학계열 응시자는 철학과목에 출제된 위 세 개 문제 중 한 개를 선택해 네 시간 동안 풀었다.

　인문과 경제사회계열에 나온 철학문제도 당혹스럽긴 마찬가지다. '문화는 우리를 더 인간답게 만드는가' '우리는 진실을 포기할 수 있는가' '모든 진리는 결정적인가' '우리는 예술에 대하여 무감각할 수 있는가' 등이다. 이 문제 중 하나를 선택해 답을 써본다면 우리는 과연 얼마나 써 내려갈 수 있을까. 철학 전공자도 쉽지 않을 터다.

그렇다고 지레 겁먹을 필요는 없다. 20점 만점에 10점 이상이면 통과한다. 합격률이 80퍼센트에 달한다. 역사적인 사실과 논증 등을 활용해 자신의 주장을 얼마나 설득력 있게 적어나가는지를 평가하는데, 불합격자에게는 재도전의 기회를 줘 합격률을 높인다.

이런 시험을 치르려니 관리에만 1조 원이 넘게 든다. 그래서 다각적인 개혁이 추진되고 있지만, 반발도 만만치 않다. 교육에서 무엇보다 중요한 게 생각하는 힘을 기르는 것이고, 그 바탕이 철학, 즉 인문학이라고 판단하기 때문이다. 바칼로레아가 치러지는 날 프랑스 국민들은 '올해는 어떤 시험문제가 나올까' 궁금해하고 토론회장에는 학자와 시민들이 모여 시험문제에 대한 자신의 생각을 말한다. 그들은 인문학에서 삶의 답을 찾고 있다.

인문학에서 답을 찾으려는 시도는 정보통신기술(ICT) 등 첨단산업에서도 활발하다. 인문학과 예술은 특히 4차 산업혁명 시대에 창의융합형 인재를 육성하기 위한 필수과목으로 꼽는다. 아이폰 신화를 일으킨 스티브 잡스의 인생을 바꾼 강의는 엉뚱하게도 캘리그라피(서체학) 수업이었다. 아름다운 서체를 연구하는 이 수업에 빠진 잡스는 캘리그라피를 컴퓨터에 접목해 오늘날의 애플을 있게 한 매킨토시 컴퓨터를 히트시켰다. 잡스는 생전에 "애플은 언제나 인문학과 기술이 만나는 지점에 존재했다"고 말했다. 마이크로소프트의 빌 게이츠는 "인문학이 없었다면 나도 없었고 컴퓨터도 없었을 것"이라고 얘기한다. 테슬라의 일론 머스크는 아예 자신이 읽은 공상과학소설을 현실 세계로 옮기는 중이다. 전기자동차 개발에 이어 우주개발업체 스페이스X를 설립하고 화성에 미래도시를 세우겠다는 꿈을 추진하고 있다.

미국의 경제주간지 〈포브스〉의 기자 조지 앤더스는 《왜 인문학적 감각인가》라는 저서에서 인문학은 일반인들의 생각과 달리 돈이 되고 고용을 창출하며 혁신의 중심이라고 주장한다. 브루킹스연구소가 통계청 자료를 바탕으로 산출한 미국의 전공별 고소득자를 살펴보니 철학·정치학·역사학 전공자들이 주류를 이뤘다는 것이다. 증권·금융은 물론이고 가장 큰 성공을 거둔 스타트업 설립자의 3분의 1이 인문학 전공이라는 분석이다. 페이스북의 마크 저커버그, 알리바바의 마윈, 미국 대선 경쟁에까지 나섰던 칼리 피오리나 전 HP 회장 등도 인문학 전공자들이다.

《퇴근길 인문학 수업》을 펴내게 된 것은 이런 이유들 때문이다. 빡빡한 삶에 지친 직장인이나 학생들에게 인문학을 통해 자기성찰과 치유의 기회를 마련해주면서 동시에 인문학에 대한 지적 갈증도 해소하기 위해서다. 근로시간 단축을 계기로 인문학에 대한 관심이 높아졌으면 하는 바람도 작용했다.

《퇴근길 인문학 수업》은 교과과정처럼 커리큘럼을 정해 매주 한 가지 주제를 읽고 성찰할 수 있도록 구성했다. 인생을 항해할 때 '멈춤/전환/

전진'이라는 과정을 거치듯 1권은 '멈춤'이라는 테마로 바쁜 걸음을 멈추고 나를 둘러싼 세계와 마주할 수 있는 내용들로 꾸몄다. 2권의 테마는 '전환'이다. 지금까지와는 다른 시선으로 나를 돌아볼 수 있는 주제들이다. 3권은 '전진'이다. 다시 일상의 시간으로 돌아가 세상 밖으로 성큼성큼 나아가자는 의미다.

《퇴근길 인문학 수업》에는 문학·역사·철학은 물론 신화·음악·영화·미술·경제·과학·무기·심리치유 등 다양한 분야가 포함되어 있다. 사고의 영역을 넓히기 위해서다. 그래서 필진도 다양하다. 문화창작부 교수에서부터 정신과 전문의, 한문학자, 소설가, 영화평론가, 경제학자, 군사전문기자, 철학자, 중국차* 전문가 등 각 분야의 전문가들이 참여했다.

이 책은 2013년부터 서울경제신문부설 백상경제연구원이 서울시교육청과 함께 진행하고 있는 인문학 아카데미 '고인돌(고전 인문학이 돌아오다)'을 바탕으로 한다. 주제에 맞게 강연내용을 새로 쓰고 다듬었다. 독자들에게 필요하다고 판단해 특별히 모신 필진도 있다. 고인돌은 지금까지 8만여 명의 중고등학생과 시민들이 들을 정도로 인기를 끌고 있는 강연이다. 올해도 서울시교육청 산하 공공도서관과 학교에서 성황리에 진행 중이다.

《퇴근길 인문학 수업》은 아리스토텔레스와 소크라테스로 서양철학 공부를 시작하라고 강요하지 않는다. 다만 살아가는 데 철학이 왜 필요한지 설명하고, 정서적으로 불안하다면 이를 벗어날 수 있는 자신만의 방법을 찾는 노하우를 전하기 위해 노력했다. 아울러 서양 중심의 스토리 산업에 밀려 사라져가는 동양 신화를 환생시키고, 동물의 생태를 통해 인간과 남녀평등의 문제를 고민해볼 수 있도록 했다. 딱딱한 경제학으로도 영역을 넓혀 경제학자들이 남긴 명언의 배경과 시대 상황 등을 소개해 경제사의 조류를 쉽게 이해할 수 있도록 꾸몄다. 프랑켄슈타인, 뱀파이어, 지킬박사와 하이드 등 괴물의 탄생과 기원을 소개하고, 내 안에 그런 낯선 이방인이 있을 수 있음을 같이 고민하게 했다.

마음을 다잡을 수 있는 글쓰기 기술도 소개했다. 박완서의 《나목》, 카프카의 《변신》, 헤르만 헤세의 《데미안》을 해부하고, 근대로의 전환기에 영국, 프랑스, 러시아에서 벌어진 혁명이 던지는 의미도 살폈다. 동성애와 사이코패스 같은 논란의 주제도 다뤘다.

칼리 피오리나 전 HP 회장은 "중세가 르네상스로 이행하는 데서 디지털시대가 도래할 것이라는 영감을 얻었다"고 말한다. 삶이 피곤할 때 잠시 멈춰 서서 자기성찰과 재충전의 시간을 갖는 데 《퇴근길 인문학 수업》이 도움이 되기를 바란다. 한발 더 나아가 불확실한 미래에 대한 영감까지 얻을 수 있다면 더 바랄 게 없겠다.

백상경제연구원장

이용택

차례

PART2 | 건축과 공간

PART3 | 클래식과 의식

PART4 | 융합과 이상

PART 1

문학과 문장

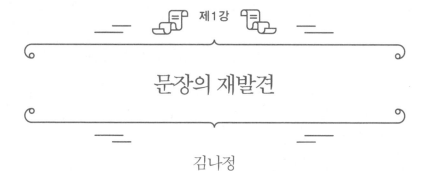

제1강

문장의 재발견

김나정

소설가, 희곡작가, 문학평론가. 상명여대 교육학과, 서울예대와 중앙대 대학원 문예창작학과 석사, 고려대 문예창작학과 박사학위를 마쳤다. 2003년 '비틀즈의 다섯 번째 멤버'로 〈동아일보〉 신춘문예 단편소설 부문으로 등단해 2006년 〈문학동네〉 평론 부문에 '성난 얼굴로 돌아보지 말라', 2010년 〈한국일보〉 희곡 부문에 '여기서 먼가요?'가 당선되며 장르를 넘나드는 행보를 선보였다. 현재 고려대 등에 출강하며 글쓰기와 스토리 창작을 주제로 대중강연을 하고 있다. 소설 《내 지하실의 애완동물》《멸종 직전의 우리》, 희곡 《김나정 희곡집 1》, 연구서 《박완서에게 글쓰기를 배우다》, 그 밖에 《미디어아트의 거장 백남준》《꿈꾸는 건축가, 안토니오 가우디》 등을 썼다.

벌레가 되고서야 벌레였음을 알다

프란츠 카프카 《변신》

"어느 날 아침, 그레고르 잠자가 불안한 꿈에서 깨어났을 때, 그는
자신이 침대 속에 한 마리의 커다란 해충으로 변해 있는 것을 발견
했다."

아침마다 우리는 전투를 치른다. 자명종이 울린다. 일어나야 한다. 5분
만, 아니 3분만. 새벽 5시에 출발하는 기차에 타야만 하는데……. 몸은
꼼짝 않고 마음은 구시렁댄다. '아아! 이렇게도 힘든 직업을 택하다니.
매일같이 여행이다. 이 일은 회사에서 하는 실질적인 일보다 훨씬 더 신
경을 자극한다. 그 밖에 여행하는 고역이 있고, 기차 연결(기차를 시간 맞춰
갈아타는 번거로움)에 대해 늘 걱정해야 하며, 식사는 불규칙적이면서 나쁘
고, 내하는 사람들은 항상 바뀌고 따라서 그들과 인간관계는 절대로 지
속적일 수 없으며 또한 진실한 것일 수도 없다. 이 모든 걸 악마가 가져
갔으면!'

도통 내키지 않지만 부모가 사장에게 진 빚을 갚아야 하고 생활비도 벌어야만 한다. 달아날 길이 없다. 옆구리가 욱신거린다. 그럴싸한 핑계거리가 떠오른다. '몸이 아파서 결근한다면 어떨까? 그렇지만 그것은 너무나 괴로운 일이며 너무나 의심받기 쉬운 일이다.' 회사엔 씨알도 안 먹힐 변명이다. 가장으로서 인간된 도리를 다하려면 일어나야 한다. 일어나려고 버둥대다가 나둥그러진 모양새는 벌레와 닮았다. 벌레…….

변신이 그를
자유롭게 하리니

그래, 내가 벌레가 된다면 회사에 가지 않아도 되지 않을까? 출근하는 벌레는 없으니까. 출퇴근 카드를 찍는 말똥구리는 없다. 야근하는 잠자리도 없다.

그렇다. 해야 하지만 하기 싫은 일에서 달아날 방법은 바로 '변신'이다! 변장이야 금세 덜미 잡힌다. 아예 인간 아닌 것으로 둔갑해버리는 것이다. 카프카 소설에는 이런 변신 모티프가 종종 등장한다. 프랑스 철학자 들뢰즈와 가타리는 카프카의 단편에서 주로 드러나는 '동물-되기'를 절대적인 탈영토화의 가능성으로 읽어낸다. 인간의 영토를 벗어나 출구를 내주는 둔갑 파워.

그리고 카프카 소설에 자주 출몰하는 미로도 도주의 필살기라 할 수 있다. 미로는 추적자를 따돌리기에 안성맞춤이다. 《심판》의 어지러운 복

도, 갈 도리 없는《성》도 미로다. 에움길은 시간을 지연시킨다. 최대한 뭉
그적댈 시간을 확보하는 것이다.

다짜고짜 해충이 되었다는 소설의 첫 문장은 황당하지만, 결근의 알리
바이라니 따져보면 해봄직한 상상이다.

자, 그레고르의 공상은 다음 단계로 나아간다. 정말로 벌레가 된다면
어떤 일들이 벌어질까?《변신》의 주요내용은 한 남자가 벌레가 되면 생
김직한 일들로 채워진다. 출근을 재촉하러 지배인이 나타나겠지. 긴 변
명을 늘어놓지만, 지배인은 못 알아듣는다. 벌레의 말이니까. (사람일 때도
그의 말은 먹히지 않았더랬다.) 지배인은 혼비백산해 달아난다. 회사와는 영
영 작별이다. 가족은 경악하겠지. 어머니는 울부짖고, 아버지는 지팡이
를 휘둘러 방에서 쫓아낸다. 옆구리에 상처가 났지만 괜찮다. 출근을 하
지 않아도 된다. 한숨 자자.

곤히 자고 일어나니 저녁이다. 식탁에 둘러앉은 가족을 훔쳐본다. 언
제나 바빠서 집과 가족을 둘러 볼 짬이 없었다. 자신의 노동으로 가족에
게 제공한 좋은 집과 생활이 눈에 들어온다. 뿌듯해하다가 불안해진다.
"그런데 혹시 이 편안과 윤택한 생활과 만족스러움이 끔찍스럽게 끝장
나면 어떡하지?"

이 집에서 돈을 버는 사람은 그레고르뿐이다. 아버지가 사업에 실패한
뒤 그레고르는 외무사원이 되어 돈을 벌었다. "식구들은 고맙게 돈을 받
고 그는 기꺼이 돈을 대주었지만 거기에 특별한 온정 같은 건 두 번 다시

없었다." 일벌레로 꾸역꾸역 집안을 벌어 먹였다. 하지만 진짜 벌레는 돈을 벌지 못한다. 따지고 보면 그토록 싫은 일을 했던 것도 먹고살기 위해서였다.

하지만 벌레가 되니 입맛이 변한다. 음식물 쓰레기나 부스러기로도 족하다. 벌레는 조금 먹으니 식비도 줄어든다. 벌레가 된 그레고르를 보고 하녀가 달아났으니 어머니와 여동생이 집안일을 도와야 한다. 인건비가 줄어든다. 게다가 아버지가 약간의 재산을 꿍쳐놓았고 거기에 이자가 붙었다고 털어놓는다. 한결 안심이 된다. 하지만 비상금에 불과하니 가족은 일자리를 찾아야 한다. 나이든 아버지, 천식에 걸린 어머니, 열일곱 누이동생. 심란해진다.

하지만 방으로 돌아오면 자유롭다. 다들 벌레가 된 그레고르를 피하니 방은 아늑한 은신처가 된다. 코끼리나 기린으로 변한 것이 아니다. 벌레는 아주 작은 먹을 것(어떤 벌레는 이슬이 주식이다)과 작은 공간만 확보해주면 살 수 있다. 의무에서 놓인 그레고르는 벽과 천장을 누비고 다닌다. 시간과 공간을 누린다.

허나 상황이 좋게 돌아가는 것만은 아니다. 여동생은 오지랖을 떨며 그레고르의 방에 놓인 것들을 치워버린다. 그가 좋아하는 것을 모두 빼앗아간다. 아무도 벌레의 의견은 묻지 않는다. 아버지가 던진 사과는 그레고르의 등에 꽂힌다. 일자리를 구한 가족은 과로에 시달리고 살림은 점차 줄어든다. 그레고르는 가족의 일원에서 밀려나 푸대접을 받는다.

방은 오물로 덮이고 식사는 보잘 것 없어진다. 정말로 벌레 취급을 당하는 것이다. 급기야 늙은 파출부는 "이리 와봐, 말똥벌레야"라며 그레고르를 애완동물 취급한다. 하숙인들이 들어오자 온갖 잡동사니가 그레고르의 방에 모여든다. 가족의 마음에서 밀려나고, 그의 공간도 점점 줄어든다.

벌레처럼 살다
벌레로 죽다

끝이 머지 않았다. 그레고르는 여동생의 바이올린 연주에 이끌려 방 밖으로 나갔다가 하숙인들에게 발각된다. 그들이 그레고르의 존재를 빌미로 하숙비를 깎으려 하자, 여동생은 분노한다. "저것이 오빠라는 생각은 집어치우세요. 우리가 너무 오래 그렇게 생각해온 것이 우리의 불행이에요." 몹시 아꼈던 여동생이 그레고르를 '괴물'이라고 한다. 아버지가 던진 사과는 몸에, 가장 아꼈던 여동생의 말은 마음에 돌이킬 수 없는 상처를 낸다.

"그는 가만히 서서 주위를 살폈다. 그의 선량한 의도가 알려진 듯이 보였다. 잠시 놀란 것뿐이었다. 이제 모두가 말없이, 그리고 슬프게 그를 바라보고 있었다." 아무도 그를 재촉하지 않았다. 모든 것이 자신에게 맡겨졌다. 방에 갇힌 그레고르는 자문한다. "이젠 어떻게 한다지?" "밥벌이를 하지 못하는 밥벌레는 해충일 따름이다." 그는 자신이 없어져야 한다고 결론 내린다. 결국 그는 스스로를 박멸한다.

파출부는 죽은 해충을 빗자루로 쓸어내고 가족은 결근계를 내고 소풍을 간다. 벌레가 사라졌다. 가족은 미래를 설계한다. 그레고르의 죽음 뒤에 이어진 희망은 잔혹하게 느껴질 수도 있다. 하지만 '홀가분'하기도 하다. 내가 밥벌이를 하지 못하면 가족은 굶어죽을 줄 알았다. 하지만 아니다. 각자 살길을 찾는다. 내가 죽으면 가족은 애통해만 할 것이다. 아니다, 그들에겐 또 다른 미래가 있다. 그가 하기 싫은 일을 꾸역꾸역 하게 만든 '의무감'에서 놓이게 한 것은 아닐까. 벌레가 되어보는 상상력으로 어깨에 짊어진 짐의 무게를 가볍게 해본다. 가족은 그가 없어도 먹고 살 수 있었다.

무엇보다 그레고르는 벌레가 되어서야 자신이 '벌레'였음을 알게 된다. 죽음 직전, 그레고르는 전혀 움직일 수 없게 된다. 하지만 "그는 그것이 전혀 이상하지 않았다. 차라리 자기가 지금껏 그렇게 약한 다리로 돌아다닐 수 있었다는 것이 이상하게 여겨졌다." 벌레가 되고서야 이미 벌레처럼 살았다는 것을 깨달은 셈이다.

독일의 철학자 아도르노는 인간소외를 즐겨 다루는 카프카의 작품에 '사실성'과 '신빙성'이 담겨 있다며, 실존주의가 두려움을 자극하며 탈주가 불가능한 (그의) 작품은 결국 삶에 대한 태도를 바꾸게 한다고 했다.

가족을 위해 일벌레가 되었던 그레고르는 밥벌레로 전락하고 해충 취

급을 당해 결국 박멸되었다. 쓸모없는 인간은 벌레취급을 당한다. 그런
상태로 전락할지도 모른다는 불안과 공포가 이 소설에 담겨 있다. 남의
애기 같지 않다.

어느 날 밤, 그레고르는 자신이 한 마리의 커다란 벌레가 된 꿈을 꾸었
다. 악몽에서 깨어나 사람으로 돌아왔다. 하지만 벌레처럼 살아야 하는
현실은 그대로다. 벌레가 된 남자는 우리에게 묻는다. 어떻게 해야 사람
으로 '변신'할 수 있는지를.

함께 읽으면 좋은 책

카프카의 소설은 기괴하고 혼란스러운 꿈을 닮았다. 성에 고용된 측량사 K가 정작 성에는 가
지 못하고 마을을 헤매 다니는 《성》, "누군가 요제프 K를 무고했음에 틀림없다. 그는 아무런
나쁜 짓도 하지 않았는데도 어느 날 아침 체포되었기 때문이다"로 시작되는 《심판》은 소송을
저항하는 K의 모든 시도가 실패하는 이야기다. 부조리로 가득한 세계는 악몽이며 미로다. 주
인공의 상황은 현대인의 마음 밑바닥에 놓인 불안과 공포를 반영한다. 대낮에 눈 뜨고 악몽을
맛보며 미로를 헤매게 한다. 길을 잃은 사람은 길을 찾기 마련이다. 악몽을 꾸는 사람은 깨고
싶어 한다. 카프카의 소설은 우리에게 눈뜸과 출구에 대한 갈망을 불러온다.

마음도 해부가 되나요?

나쓰메 소세키 《마음》

"나는 미래에 모욕당하지 않기 위해 현재의 존경을 물리치고 싶은 겁니다. 나는 지금보다 더 외로울 미래의 나를 견디기보다 외로운 현재의 나를 견뎌내고 싶은 겁니다. 자유와 자립과 자아로 가득한 현대인은 모두 그 대가로서 고독을 맛보지 않으면 안 될 겁니다."

옛사람들은 마음이 심장에 있다고 여겼다. 하여 한자 '심心'은 심장의 모양을 본떠 만들어졌다. 하지만 알다시피, 마음이란 정해진 형태가 없다. 이랬나 싶으면 저건가 싶고, 잡았다 싶으면 손가락 사이로 빠져나간다. 마음만큼 모를 것이 없으며, 마음만큼 알고 싶은 게 없다. 남의 마음이든 내 마음이든.

미스터리한
선생님의 마음

'일본의 셰익스피어'라고 불리는 나쓰메 소세키夏目漱石의《마음》은 이 정체모를 마음속을 뜯어본다. 대학에 갓 입학한 '나'와 '선생님'의 이야기가 중심이 된다. '나'는 해수욕장에서 우연히 만난 선생님에게 끌려 그의 곁을 맴돈다. 선생님은 자신에게 가까이 다가오려는 사람에게 자신은 가까이할 만큼의 가치가 없으니 그러지 말라고 경고한다. 왜 이런 말을 하는지 알 수 없다. 그렇다고 '나'를 적극적으로 밀어내지도 않는다. 알면 알수록 선생님은 이상한 사람이다. 자기 부부에겐 시간이 지나도 아이는 생길 리 없다고 단언한다. '천벌'이란다. 자신은 아내가 생각하는 그런 사람이 아니라 고통스럽다고도 한다.

선생님은 분명 어떤 이유로 괴로워하고 있다. 왜 그런지는 털어놓지 않는다. 그렇다고 입을 다물지도 않는다. 감질나게 슬쩍 언급만 할 뿐이다. 뭔지 몰라도 선생님에겐 '말하고 싶은 비밀'이 있다. 비밀은 그것을 간직한 인물을 신비스럽게 만든다. '나'가 선생님의 곁을 맴도는 것은 그 신비로움에 이끌리기 때문이다. 선생님이란 인물은 이 소설을 미스터리 장르로 바꿔놓는다. 하지만 여타 미스터리 장르와 달리 탐정인 내가 밝혀내야 할 건 범인이 아니라 선생의 속마음이다.

소설이 전개되면서 조금씩 힌트가 나온다. 중요한 증인으로 사모님이 등장하는데, 선생님의 속내를 모르긴 매한가지다. 잉꼬부부로 지내지만 뭔가로 끙끙 앓는 남편이 마음에 걸려 왜 그러냐고 물으면 "말할 건 아무 것도 없다. 아무 것도 걱정할 필요가 없다. 나는 이런 성격이 되어버렸으니까" 하고선 사모님을 상대해주지도 않았다는 것이다.

선생님이 정기적으로 방문하는 친구의 무덤에 뭔가 비밀이 숨겨져 있을 것 같다. 사모님은 그 친구가 자살했다고 일러준다. 하지만 그 얘기만 듣고서는 자초지종을 알 수가 없다. "도무지 사건의 중심 부분이 파악되지 않았다. 사모님의 불안도 사실은 그 중심을 둘러싼 어렴풋한 구름과도 같은 의혹에서 비롯된 것이다."

도대체 무슨 생각을 하는지 알 수 없는 사람은 주위를 불안하게 만든다. 따지고 보면, 사람과 사람 사이에는 늘 '불안'이 전제된다. 상대의 마음을 정확히 알 수가 없다. 지금 무슨 생각을 하는지 겉만 봐서는 모르겠다. "평소에는 다 좋은 사람이지요. 적어도 모두 보통사람입니다. 그러다가 여차하면 갑자기 악인으로 바뀌니 무서운 일입니다. 그러니까 마음을 놓을 수 없습니다." 누구도 믿을 수가 없다. 그 마음을 알지 못하기에. 인간이란 존재의 불안은 여기서 출발하는지도 모른다. 선생님은 굳게 믿었던 친척에게 속았다고 이야기한다. 돈 때문에 자신을 배신한 친척들 때문에 그들이 대표하는 인간이라는 존재를 모두 증오하게 되었다는 것이다.

하지만 여기서 수수께끼의 풀이는 끝나지 않는다. 선생님은 언젠가

'나'에게 자신의 과거를 남김없이 털어놓고 싶다고 말한다. 죽기 전에 단한 사람도 좋으니까 사람을 믿어보고 죽고 싶다고, 당신이 그 단 한 사람이 되어줄 수 있느냐고 묻는다. 아무도 믿을 수 없는 사람은 고독하다. 흉금을 털어놓을 누구도 없는 사람은 고독하다. '나'가 자신도 진지하다고 말하자 선생은 언젠가 적당한 시기가 오면 이야기해주겠다며 고백을 뒤로 미룬다. 그리고 '나'는 고향으로 내려간다.

마음 속 어둠과
마주한다는 것

이 작품은 총 3부로 구성된다. 1부가 〈선생님과 나〉의 교류를 중심으로 전개된다면 2부인 〈양친과 나〉는 '나'가 중심인 이야기다. 이 부분을 읽으면 선생님이 왜 '나'를 각별하게 대했는지를 알 수 있다. (선생님이 부인이 아닌 '나'를 비밀을 털어놓는 대상으로 삼는다는 점에서, 이 소설을 유사 BL Boys Love 물로 읽는 의견마저 있다.)

고향으로 돌아온 나는 겉돌기만 한다. 부모 세대로 상징되는 구세대와 접점을 찾을 수 없다. 셈속만 따지는 형과도 통하는 데가 없다. 형은 선생님을 빈둥빈둥 놀기만 하는 대수로울 것 없는 사람으로 치부한다. "에고이스트는 좋지 않다. 아무 일도 하지 않고 살아가자는 생각은 뻔뻔한 생각에서 나오는 거니까." 나는 형이 에고이스트란 말의 의미를 제대로 알고는 있는지 궁금하다.

도시물을 먹은 지 얼마 되지는 않았지만, 한때는 정답던 시골마을의 모든 게 지루하고 어색하다. 어디에도 녹아들 구석이 없다. 익숙했던 세계가 이제는 낯설다. 아무도 내 기분을 알아주지 못한다. 고독하다. 나와 선생님은 이 지점에서 겹쳐진다. 일전에 선생님은 말했더랬다. "나는 외로운 사람이지만, 어쩌면 당신도 외로운 사람인 건 아닙니까? 나는 외로워도 나이를 먹었기 때문에 가만히 있을 수 있지만, 당신은 젊으니까 그러고 있을 수 없는 거겠지요. 움직일 수 있을 만큼은 움직이고 싶은 거겠지요. 움직여서 무언가에 부딪쳐보고 싶은 거겠지요." 선생님과 나는 닮은꼴이었다. 거울을 향해서는 어떤 말이든 할 수 있다. 선생님은 적당한 때가 되면 '나'에게만은 비밀을 알려주겠노라고 했다.

이 소설의 맨 마지막 장인 〈선생님의 유서〉에는 비밀이 송두리째 드러난다. 추리소설로 치면 범인이 폭로되는 순간이다. 선생님은 자신이 모순 투성이의 인간임을 고백하고 어쩌다 이런 인간이 되었는지를 들려준다.

학생이었을 때 선생님은 친구 K와 둘이서 하숙집 딸(지금의 사모님)을 좋아했는데 친구를 속이고 그녀를 가로챘다. 이를 알게 된 K는 스스로 목숨을 끊어버렸고 그 뒤로 선생님은 절망에서 헤어나오질 못하게 되었다. 자신이 친구를 속인 몹쓸 놈이라는 죄책감 때문만은 아니었다. "마음이 변화되는 과정에는 바닷물의 간만과 마찬가지로 여러 가지 크고 작은 일들이 있었습니다."

선생님은 친구를 죽음으로 몰고 간 자신의 내면을 까발린다. 곤궁한

처지의 K를 구하겠다며 곁에 둔 건 이기심의 발로였을지도 모른다. "정
신적인 향상심이 없는 사람은 바보"라며 자신을 경박한 사람으로 몰아
붙인 K에게 앙심을 품었는지도 모른다. 아가씨가 K와 가까워지는 걸 질
투했는지도 모른다. 자신보다 뛰어났던 K의 몰락을 내심 바랐는지도 모
른다. 게다가 친구의 시신을 발견하고도 '남의 눈'부터 의식했다.

　자신의 마음을 해부해 낱낱이 살펴본 선생님은 절망할 수밖에 없다.
"자신도 작은 아버지와 똑같은 인간이라고 의식했을 때, 나는 갑자기 아
찔해지는 느낌이었다. 남을 신뢰할 수 없게 된 나는 자신도 신뢰할 수 없
었다"는 것이다. 타인의 마음은 알 수 없다. 이제는 자신의 마음조차 신
뢰할 수 없다. 유서에서 선생님은 모든 걸 고백한다. 그렇다면 이 고백은
어떤 의미가 있을까? 선생님은 죽었지만 그가 남긴 마음의 해부학은 인
간의 마음에 내재한 어둠과 그 작동원리를 낱낱이 밝힌다.

　문학평론가 고모리 요이치小森 陽一는 "소세키의 인물들에서 기존의
모든 사람(타자)의 사고방식을 끝까지 회의하고 철저하게 그 시비를 밝힌
다음, 스스로 주장하는 것이 있다면 비록 외톨이가 될 지라도 감히 실천
한다는 단독성의 각오를 읽어냈다"고 했다. 선생님은 타인뿐만 아니라
자기 마음까지도 송두리째 밝혀내고자 한다. 한 인간이 자기 마음 속 어
둠과 마주하는 것은 각오 없이는 불가능한 일이다. 선생님은 가식 없이,
가감 없이 자기 마음을 바닥까지 드러낸다. 이 해부의 기록은 우리에게
어떤 의미가 있을까? "거짓 없이 써서 남기는 내 노력은 인간을 아는 데

있어 당신한테도 다른 사람한테도 헛수고는 아닐 거라고 생각합니다."
나쓰메 소세키의 《마음》은 우리의 마음을 해부하는 메스가 되어준다. 그
도, 우리도 모두 비루하고 애틋한 인간이기에.

함께 읽으면 좋은 책

고양이가 보기엔 인간만큼 기묘한 동물이 없는 법. 영국 유학에서 돌아와 신경쇠약에 시달리
던 나쓰메 소세키가 심심풀이 삼아 쓴 《나는 고양이로소이다》는 전지적 고양이 시점으로 인간
세상을 풍자한 작품이다.
"부모에게서 물려받은 앞뒤 가리지 않는 성격 때문에 어렸을 때부터 나는 손해만 봐왔다"는
구절로 시작되는 《도련님》은 고집쟁이에 할 말 다하는 도련님을 통해 근대의 명암을 다룬 작
품으로 나쓰메 소세키의 세계로 들어가는 출발점으로 유용하다.
연애를 통해, '인간으로 제대로 살아간다는 건 뭘까?'를 다룬 《그 후》나, 《마음》과 연결되어 친
구를 배신한 남자의 어두운 내면을 그린 《문》은 나쓰메 소세키를 깊이 이해하는 데 보탬이 된
다. 더불어 한 화가의 방황을 다룬 《풀베개》와 강연록 《나의 개인주의》는 예술가 나쓰메 소세
키의 초상을 그려낸다.

겨울 나무에서 봄 나무로

박완서 《나목》

"봄에의 믿음. 나무를 저리도 의연하게 함이 바로 봄에의 믿음이리라."

《나목》은 박완서 작가가 마흔에 쓴 데뷔작이다. 배경은 한국전쟁 직후의 서울. 대학을 중퇴하고 어머니와 사는 이십대 처녀가 주인공이다. '나'는 PX 아래층의 초상화부에서 미군을 상대로 호객행위를 하며 먹고 산다. 미군을 상대로 "초상화를 그리라"며 짧은 영어로 아양을 떠는 생활이 마음에 들지 않는다. 집에 돌아가면 삶을 버린 듯한 어머니를 마주 봐야 한다. 마음을 붙일 데가 없는 '나'는 소설의 초반부에서 심술궂고 성마른 모습을 보인다. 주위 사람들을 낮잡아 보고 환쟁이들을 닦달하고 의치를 빼놓고 밥을 먹는 어머니를 혐오스럽게 바라본다.

벌거벗고 메마른 나무, 책의 제목인 '나목裸木'은 주인공의 이런 처지와 마음상태를 이른다. 하지만 겨울 나무는 죽은 것처럼 보여도 그 안에 생명의 기운을 간직하고 있다. 젊은 주인공은 전쟁 이후의 세상에 염증을 느끼지만 동시에 사랑하고 사랑받고 싶은 마음을 간직하고 있다. 하지만 그 일은 녹록치 않다. "그 속에서 사랑하고픈 마음이 얼마나 세차게 꿈틀대고 있는지를 그러나 도대체 누구를 덩달아, 누구를, 무엇을, 좋아할 수 있을까?" 봄의 기운은 멀리 있고, 산다는 것은 춥고 무섭기만 하다.

그런 겨울 나무 앞에 화가 옥희도가 등장한다. 그는 돈벌이에만 급급한 다른 환쟁이들과 달리 의연하다. "이런대로 무사히 올 겨울을 넘기고 싶군"이라는 그의 말은 꼭 내 마음 같다. "그의 피곤과 상심은 남의 어설픈 헤아림이나 보살핌이 들어설 여지가 없는 어쩔 수 없는, 그만의 것 - 체취" 같이 여겨진다. 마음에서 뭔가 움트기 시작한다. 때맞춰 '나'에게 호감을 표하는 전공電工 황태수도 등장한다. 사랑의 기운이 만개한다. 삼각관계가 시작된다. 마음의 저울질 과정은 언제나 흥미진진하다. 도대체 그녀는 누굴 택할까. 선택이 끝날 때까지 독자는 서사를 뒤쫓게 된다.

나무와 나무 사이의 간격

박완서 작가는 천부적인 이야기꾼이다. 소설이 재미와 의미를 모두 거머쥐긴 어려운 노릇이다. 하지만 박완서는 독자의 흥미를 놓치지 않으면서 그 속에 작가의 진지한 생각을 녹여내는 능력이 탁월하다.

《나목》은 이십대 처녀의 사랑을 다룬 연애소설로 읽힌다. 《나목》에 등장하는 '사랑'은 살고 싶다는 욕망을 의미한다. 전쟁 통에 자신의 잘못으로 오빠들이 죽게 되었다는 죄책감에 시달리는 '나'는 자신이 사랑 같은 인간적인 감정을 누릴 자격이 없다고 여긴다. 어머니는 딸에게 "네가 대신 죽었으면 좋았을 텐데"라고 말한다. 사는 게 참혹하다. 세상은 온통 매섭고 무서운 겨울이다. 그러나 사랑으로 '나'는 조금씩 삶의 기운을 되찾기 시작한다. 누군가에게 이끌리는 자연스러운 감정은 생명의 힘을 불러온다. 겨울 나무 속으로 피가 돌기 시작한다.

"그는 딴 사람과 다르다. 그는 딴 사람과 다르다." '나'가 옥희도에게 끌리는 건 자신과 닮아서다. 자신을 남다르다고 생각하는 '나'는 옥희도의 예술가적 면모가 마음에 든다. 옥희도를 사랑하는 것은 자기애와 유사하다. '나'는 점점 옥희도에게 엎질러진다. 어느 날은 함께 저녁을 먹고 그의 품에 안겨 "난 정말 흐느꼈다. 그가 더욱더욱 나를 측은해 하길 원했다"라고 읊조린다. 눈물은 막혀버린 수관에 물기를 돌게 한다. 하지만 '나'는 사랑의 물결에 자신을 내맡기질 않는다. 대신 "오열하는 쾌감에 흠뻑 젖었다"고 스스로 냉소한다. 나는 사랑에 '빠지지' 않는다. 대신 거리를 두고 사랑에 흔들리는 자신을 지켜본다.

태수와도 좀처럼 가까워지지 않는다. 그는 나를 '시궁창 속에서 피어난 장미'처럼 대하지만, 나는 태수가 자신의 진면목을 모른다고 생각한다. 오빠를 죽게 만들고, 엄마에게는 미움 받고 세상 모두를 냉소하는 자신을 그저 곱게만 보는 태수가 미욱스럽기만 하다. 이 남자는 내가 어떤 여자인지 모른다. 하지만 자신을 상처라곤 없는 장미처럼 봐주는 남자를 밀쳐낼 수도 없다.

소설 속에서 주인공 경아의 마음은 녹고 얼어붙기를 반복한다. 살고 싶다와 죽고 싶다가 갈마드는 마음처럼. 아이가 다섯인 옥희도 씨와의 사랑이 쉬울 리 없다. 그의 아내를 미워하려고 애쓰지만 그녀는 좋은 사람이다. 생활의 무게에 짓눌려 예술가로 살지 못한다는 그의 고뇌는 이해되지만 '살아간다'는 것의 고귀함을 가벼이 여기는 게 마뜩찮다. 태수의 가족과도 만나지만 결혼할 결심은 서지 않는다. 태수는 그저 애인이었으면 싶다. 사랑은 계속 뒷걸음질 친다.

이 젊은 처자가 사랑을 선뜻 받아들이기 힘든 까닭은 무얼까? '나'는 모든 걸 송두리째 앗아가는 전쟁을 겪었다. 그토록 생을 만끽했던 오빠들은 온데간데없이 사라졌다. 어머니는 아들들이 사라진 세상에서 시체처럼 살고 있다. 이로 인해 생긴 '나'의 냉소와 환멸은 쉽게 녹아내리지 않는다. 태엽을 돌리면 위스키를 마시는 침팬지 인형을 보며 '나'는 생각한다. "침팬지와 옥희도와 나……, 각각 제 나름의 차원이 다른 고독을 서로 나눌 수도 없고 도울 수도 없는 자기만의 고독을 앓고 있음을 나는 뼈저리게 느낀다."

나무와 나무 사이에는 간격이 있다. 사람들은 모두 홀로 선 나무며 각자 외롭다. 서로 자신들의 겨울을 견디고 있을 뿐이다.

봄이 있기에
나무는 그 모든 고통을
견뎌낸다

겨울 나무가 마른 껍질을 뚫고 싹을 틔우려면 결정적인 계기가 필요하다. 나무는 제 몸에 상처를 내야만, 살갗을 터뜨려 싹을 내야만 봄 나무가 될 수 있다. 방황하던 '나'는 자포자기의 심정으로 미군 병사와 호텔에 간다. 붉은 불빛이 비치는 침대를 본 순간, 그동안 억눌렸던 기억이 송두리째 밀려든다.

소설의 14장은 돌연 과거로 돌아간다. 전쟁으로 가족에게 어떤 일이 벌어졌는지를 아프게 서술한다. 전쟁을 피해 집에 숨어든 오빠들. 나는 오빠들에게 방을 옮기라 했고 그 방에 포탄이 떨어졌다. "검붉게 물든 시트, 군데군데 고여 있는 검붉은 선혈, 여기저기 흩어진 고깃덩이들, 어떤 부분은 아직도 삶에 집착하는지 꿈틀꿈틀 단말마의 경련을 일으키고 있었다." 그 선홍색의 기억은 나의 세상을 잿빛으로 만들어버렸다. 하지만 그 기억의 끝에는 노란빛을 뿜는 은행나무도 서 있다. 무채색의 겨울 풍경 속으로 노란빛이 어린다. 죽은 나무의 몸통 속으로 피가 흘러내린다. 그리고 죽은 것처럼 살던 어머니가 돌아가셨다. 옥희도의 부인과 태수의 형수는 내 곁을 지켜준다. 절망의 끝자락에서 손을 내밀어주는 자매들이 있다. 이제 소설은 결말부에 이른다.

"경아는 나를 사랑한 게 아냐. 나를 통해 아버지와 오빠를 환상하고 있었던 것뿐이야. (…) 용감한 고아가 돼 봐. 자기가 혼자라는 사실을 두려움 없이 받아들여. 떳떳하고 용감한 고아로서 모든 것을 다시 시작해 봐. 사랑도 꿈도 다시 시작해 봐." 옥희도는 나에게 간곡하게 말한다. 태수는 나를 달랜다. "광년光年이란 듣기에는 시간의 단위 같지만 실은 거리의 단위거든. 빛은 일초에 지구를 일곱 바퀴 반이나 도는데 그 빛이 하루 이틀도 아니고 자그마치 일 년이나 가는 엄청난 거리. 알겠어?" 비록 오랜 시간이 걸리더라도 '거리'는 언젠가 좁혀질 수 있다. 사랑은 거리를 좁히고 사람들을 포갠다. 나는 당장은 냉소하지만, 태수가 그런 사랑을 믿고 있다는 걸 안다. 소설의 말미에서 '나'는 태수의 사랑을 받아들인다. 나무와 나무의 간격은 줄어들지 않는다. 하지만 곁에 서 있는 나무는 위로가 되어준다.

원래 이 소설은 박수근 화백을 다룬 논픽션으로 기획되었으나 쓰다 보니 소설이 되었다고 한다. 박완서는 소설 속 경아처럼 전쟁으로 오빠들을 잃었다. 그 참담함이 비명으로 터져 나와 소설을 이끌어낸 것이다. 작가는 자신의 고통과 대면하고자 했다. 겨울 나무가 봄 나무로 가는 길은 아프다. 《나목》은 자신을 터트려서 피를 흘려 잎을 틔우고 꽃을 피우는 겨울 나무의 이야기다. 봄이 있기에, 나무는 그 모든 고통을 견뎌낸다. 혹독한 겨울은 의미 없지 않다. 전쟁이 얼마나 무참한 일을 저질렀는지를 잊어주지 않는 것, 봄 나무에는 피와 눈물의 기억이 새겨져 있다.

함께 읽으면 좋은 책

박완서 작가의 작품들은 다채롭다. 여성의 삶을 딸과 엄마의 관계로 풀어낸 《엄마의 말뚝》 시리즈는 뭉클하다. 어린 시절의 추억을 생생하게 담아낸 《그 많던 싱아는 누가 다 먹었을까》 《그 산은 어디에 있을까》를 읽으면, 독자도 자신이 스쳐 보낸 시간에서 반짝거리는 것들을 발견하게 된다.

나이가 들어도 쓰는 일을 멈추지 않는 작가를 둔 독자는 행운이다. 그 행운에 동참하고 싶다면 《친절한 복희씨》 《너무 쓸쓸한 당신》도 함께 읽기를 권한다.

사진사의 실수, 떠버리의 누설

발자크 《고리오 영감》

"이제부터 파리Paris와 나와의 대결이야!"

발자크만큼 야심찬 작가는 없었다. 19세기 사실주의 소설의 대가로 불린 그는 2천여 명이 등장하는 90여 편의 소설로 구성된 〈인간 희극La Comédie Humaine〉으로 19세기 프랑스를 송두리째 그려내고자 했다. 계획도 탄탄했다. 그는 〈인간 희극〉을 풍속 연구, 철학 연구, 분석 연구로 분류했다. 풍속 연구에서 사회상을 모으고, 철학 연구에서 사회 이면에 숨은 동력과 원인을 밝히며, 분석 연구에서 이를 아우르는 원리를 다루고자 했다. 실로 어마어마한 계획이었다.

1834년 작 《고리오 영감Le Père Goriot》은 〈인간 희극〉의 알짜를 맛보게 해준다. 〈인간 희극〉의 주요 테마인 사랑·살인·돈·위선·성장 등이 망라되며, 발자크가 사용한 전형적 인물·재등장 등의 기법도 맛볼 수 있다.

미리 경고해둘 것이 하나 있다. 소설의 도입부가 호락호락하지 않다는 점이다. 좀처럼 본론으로 진입하지 않는다. 작가는 이러쿵저러쿵 장광설을 늘어놓고 소설의 배경에 대해 시시콜콜 묘사한다. 실컷 떠들고 나서 "상세한 묘사가 필요하다. 그러자면 이야기 줄거리가 너무 늦게 나타나서 성질 급한 독자들은 작자를 용서하지 않을 터이다"라고 엄장까지 지른다. 사실, 19세기 사실주의 소설에서 배경묘사는 중요한 몫을 차지한다. 사실주의에서 예술은 사회현실을 비추는 거울로 여겨졌다. 거울은 걸러냄 없이 구석구석 받아 써낸다. 이야기가 벌어지는 환경은 중요하다. 또한 연극이 왕성했던 시기라 '무대 지문'으로부터 시작되는 희곡의 구성방식에 영향을 받은 탓도 있다.

그래도 이 소설은 뜸을 너무 오래 들인다. 몇 장을 넘겨도 배경만 묘사될 뿐 이야기가 시작될 기미가 보이지 않는다. 낯선 지명과 사물이 등장하는 19세기 파리의 풍경은 좀처럼 그려지지 않는다. 일단 앞부분은 건너뛰고 하숙집의 아침 식사 장면부터 읽기를 권한다. (처음 부분을 마지막으로 읽으면 된다. 보케르 하숙집과 그 집이 위치한 거리는 파리라는 대양의 축도 구실을 한다.)

현실과 욕망의 간극에 선 인간군상

작품의 주요 무대인 하숙집엔 각양각색의 인물

이 머문다. 부자 아버지에게 버림받은 착한 처녀, 허영심 가득한 중년부인, 사회에 반항하는 범죄자, 퇴락한 공무원 등은 19세기 프랑스의 인간 군상을 다양하게 보여준다. 각각은 다양한 사회계층, 인간의 특성을 집약하여 보여주는 전형이 된다.

이 소설을 이끌어나가는 화자는 라스티냐크. 똑똑하고 잘생긴 시골청년이다(발자크 자신의 소망이 투영된 인물인 듯하다). 대학에 진학했지만 공부는 등지고 출세를 꿈꾸며 사교계를 들락거린다. 빈털터리 젊은이가 판돈으로 내걸 건 미모와 젊음, 눈치코치밖에 없다. 그는 신분이 높은 여자를 낚아 처지를 개선해보고자 한다. 먼 친척인 귀족부인의 배경에 기대기도 한다. 그는 이런저런 도움과 행운으로 성공의 길로 나아간다.

라스티냐크를 따라가면 이 소설은 19세기 프랑스의 '남자 신데렐라' 이야기라 할 수 있다. 그러나 또 다른 주요 인물인 고리오 영감을 주목하면 이 작품은 비극이다. 혁명으로 떼돈을 번 제면업자인 그는 두 딸의 뒷바라지로 탈탈 털리고 알거지가 된다. 곡진한 부정을 보답받지 못한 딸바보 노인. 고리오 영감은 인간관계의 영양가를 따지고 돈으로 마음을 사들이는 사회에 유린당하다 비참한 최후를 맞는다. 처참하다. 이야기를 이끌어가는 화자가 청년 라스티냐크인데 소설의 제목이 《고리오 영감》인 이유를 발자크는 그의 작품 메모에 남겼다.

"착한 사내(부르주아 하숙에 600프랑의 은급을 받는)가 5만 프랑의 은급을 받는 딸들을 위하여 가진 것 모두를 털리고 개처럼 죽는다"

"너무나도 엄청난 것이어서 모욕을 당해도, 상처를 입어도, 부당한
대접을 받아도 다하지 않는 어떤 감정"

"기독교도로 말하면 성인이나 순교자에 맞먹을 만큼 아버지 노릇을
하는 한 사내"

이런 의도에 따라 작가는 고리오 영감을 통해 애정이 돈으로 거래되는
사회의 비극을 그려낸다. 화려한 겉모습에 휘둘려 잃는 것이 무엇인지
아느냐고 묻고 싶었는지도 모른다. 작가 자신이 반영된 인물인 라스티냐
크는 고리오 영감을 애틋하게 바라보고 최후까지 함께한다. 고리오 영감
의 죽음을 묘사한 대목에선 눈물이 묻어난다.

소설은 페르라셰즈 묘지에서 끝난다. 고리오 영감을 묻고 난 후 라스
티냐크는 청춘 시절에 흘려야 할 마지막 눈물을 흘린다. "이제부터 파리
와 나의 대결이야!" 파리에 대한 선전포고에 이어진 "사회에 도전하려는
첫 행동으로, 라스티냐크는 뉘싱겐 부인 집으로 저녁식사를 하러 갔다"
가 소설의 마지막 문장이다.

라스티냐크의 눈물은 금세 말라버렸다. 고리오 영감을 매장하며 셈속
없는 애정과 넘치는 감정도 함께 묻어버린 후 라스티냐크는 본격적으로
욕망과 돈의 복마전에 뛰어든다. 냉혹한 출세지향사로 거듭난 셈이다.
〈인간 희극〉의 다른 작품에서 라스티냐크는 출세를 거듭한다. 그는 고리
오 영감의 둘째 딸과 사귀고 그녀의 남편인 은행가의 일을 봐준다. 그러

다가 커미션으로 받은 주식을 밑천삼아 부자가 되어 정계에 진출해 장관
이 되고 상원의원에 오른다. 이런 자수성가 스토리는 어쩐지 낯익다.

어쨌든 보잘것없던 젊은이의 출세기는 흥미진진하다. 라스티냐크는
시련과 시험을 거쳐 절제와 지혜를 배워가며 바람직한 세계관과 도덕적
인 가치를 습득해 모범적인 인간으로서의 자기완성에 다다르지 않는다.
어찌 보면 이 소설은 여자를 후리고 상류사회에 진출하기 위한 처세술
교본에 가깝다. 이 작품 안에는 화려한 사교계의 부패상을 비판하면서도
동경하는 시선이 공존한다. 실로 모순적이다.

사실과 진실 사이의 리얼리즘

말이 많아지면 진심을 누설하게 된다. 사교계와
이성 관계에서 성공을 거두려면 진심과 감정을 숨기라는 조언과 상반되
게도 《고리오 영감》은 '감정'으로 넘쳐난다. 장광설의 독백이 수시로 출
몰하며 고리오 영감의 죽음을 그린 대목은 부담스러울 정도로 장황하다.
수식어는 현란하며 감정은 노골적으로 드러난다. 사교계와 도박에서 손
을 떼고 착하게 살겠다고 다짐했던 라스티냐크는 새로 배달된 옷에 마음
을 뺏겨 결심 따윈 금세 잊는다. 모순되지만 그게 사람의 민낯이다. 모조
리 늘어놓고, 낱낱이 까발리며 솔직히 말하다 보면 진실도 덩달아 딸려
나오기 마련일까. 제가 질색하던 덫에 걸려드는 라스티냐크처럼, 혹은

이름에 '드'까지 붙여가며 상류사회 진출을 열망하던 발자크가 귀족사회
의 모순을 폭로하게 되듯 말이다.

> "그도 모르는 사이에, 그가 원하든 원치 않았든, 그가 동의하든 동의
> 하지 않았든 이 방대하고 진기한 작품의 저자는 혁명적 작가의 대열
> 에 합류했다."

빅토르 위고는 탁월한 리얼리스트 발자크에게 이런 조사弔詞를 바쳤다.
발자크는 정통보수주의자를 자처했건만, 그의 소설은 귀족들이나 신흥
부르주아의 치부를 까발린다. 무도회장과 그 화장실까지 몽땅 보여주는
셈이다. 엥겔스는 발자크의 작품을 두고 '리얼리즘의 승리'를 논했다. 작
가의 의도야 어떻든 당대의 모습을 꼼꼼히 그리면 그 사회의 모순이 드
러날 수밖에 없다는 것이다.

하루에 깃털 펜을 여덟 자루씩 닳게 하고 커피를 사발로 마시며 그는
자신이 보고 느낀 모든 것을 써댔다. 19세기 프랑스의 모든 것을 그려내
겠다는 야심으로 그저 질주했다. 계산도 퇴고도 없었다. 모순과 못남, 비
극과 비겁한 성공도 쓸어 담았다. 샅샅이 드러내는 사진사, 모든 걸 낱낱
이 떠벌리는 소설가의 펜 끝에서 인간과 세상의 민낯이 드러난다. 리얼
리즘의 힘은 거기에서 비롯된다. 진실은 사실 속에서 움트는 법이니.

함께 읽으면 좋은 책

다이 시지에의 《발자크와 바느질하는 중국 소녀》는 문화혁명 시기에 벽촌으로 떠밀려간 젊은
이들과 그들이 몰래 숨겨간 발자크의 소설에 빠져드는 시골 소녀의 이야기다. 발자크를 향한
열혈 독자의 동경과 찬사가 마오쩌둥의 문화대혁명 시대를 배경으로 흥미진진하게 펼쳐진다.
발자크와 더불어, 19세기 리얼리즘 소설을 이끈 스탕달의 《적과 흑》도 한 젊은이의 야심과 몰
락, 파리의 격동적인 변화상을 엿보는 데 유용하다.

일생토록 사춘기

헤르만 헤세 《데미안》

"새는 알에서 나오려고 투쟁한다.

알은 세계다.

태어나려는 자는 하나의 세계를 깨뜨려야 한다."

알쏭달쏭했지만 멋졌다. 중학교 시절 일기장에 적어두고 설렜더랬다. 마음에 새기고 곱씹으니 머리가 지끈거렸다. 알을 깨라는데, 도대체 '어떤' 알을 깨란 걸까? 알이 세계라면, '어떻게' 부수라는 걸까? 중학생에게는 난이도 높은 암호문이자 풀리지 않는 수수께끼였다.

살다가 문득 문득 떠올랐다. 지하철 건너편 창에 얼비친 제 얼굴이 낯설 때, 자신이 한심해 패주고 싶을 때, '왜 이렇게 살지?'라고 묻고 '그러게?'라고 답할 때, 이젠 늦었구나 싶은 모든 순간에 새의 부리가 두개골 안쪽을 두드린다.

태어나려는 자가
하나의 세계를 깨뜨리기 위한
성장통

헤르만 헤세의 《데미안》은 청소년 권장도서로 손꼽힌다. 에밀 싱클레어라는 소년이 이런저런 일을 겪으며 깨달음을 얻는 전형적인 성장소설로 여드름쟁이의 읽을거리로 치부된다. 하지만 실제로 읽어보면 이 책은 소설의 탈을 뒤집어쓴 철학서나 경전에 가깝다.

《데미안》은 구름의 사원으로 들어가는 입장권이다. 일상을 떠나 삶의 의미를 묻는 공간에 들어서며, 근원으로 거슬러 올라가는 시간이 시작된다. 카페나 소파, 어디서 읽든 주변에 결계가 처진다. 소음과 사소한 걱정과 잡동사니 정보가 차단된다. 어느새 당신은 '나'를 찾아 나선 한 소년의 동반자가 되어 순례 길을 나서게 된다. 물론 그 길은 탄탄대로가 아니라 험난하다. 직선으로 발전하는 것이 아니라 두 발 나아갔다 물러서고 한 발 나아가는 나선형 궤도를 그린다.

소설의 출발점엔 '악'이 놓여 있다. 가족이 머무는 집의 '밝은 세계'에서만 지내던 열 살배기 싱클레어는 '어두운 세계'와 접한다. 성장을 다룬 단편소설은 '악의 눈뜸'에서 끝나는 경우도 많다. 마냥 착하고 순진했던 세계의 이면을 엿봄으로써 성숙이 시작되기 때문이다. 밝은 세계와 어두운 세계는 낮과 밤처럼 붙어 세상 전체를 이룬다.

다음으로 주인공에게 시련을 선사하는 악당이 등장한다. 동네에서 악명 높은 크로머는 과수원에서 도둑질을 했다는 싱클레어의 거짓말을 꼬투리 삼아 괴롭히고 협박한다. 싱클레어는 밝은 세계에서 점점 멀어지는 걸 괴로워한다. 반면에 아직도 자신이 순진할 거라 믿는 아버지를 얕잡아 보는 자신에게 놀란다. 자기 안에 숨은 '악의 씨앗'을 발견한 셈이다.

이제 조력자이자 길잡이가 등장할 차례다. 싱클레어 앞에 신비스러운 소년 '데미안'이 나타난다. 그는 '카인의 표시'에 대한 이야기로 새로운 생각의 물꼬를 터준다. 세상이 정해준 선과 악의 구분에서 벗어나 자기 생각을 가지라고. 하지만 싱클레어는 데미안이 크로머를 물리쳐주자 부모가 속한 세계로 돌아간다.

사춘기를 맞은 싱클레어는 성욕과 이상 사이에서 갈팡질팡한다. 열망을 품었으나 이룰 길은 없고, 이상은 뜨겁지만 어찌해야 할 바를 모르겠다. 혼란은 반항으로, 반항은 방탕으로 이어진다. 냉소와 환멸을 낳고 될 대로 되란 식의 방탕으로 이어진다. 싱클레어는 진흙탕 속에서 뒹굴고 그런 자신을 자조한다. 급기야 '나 같은 사람에게 줄 좀 더 나은 자리, 좀 더 높은 과제를 갖고 있지 않다면, 이제 나 같은 사람은 이렇게 망가지는 거라고. 세상이 손해를 보겠지'라는 심각한 중2병 증상까지 보인다.

방황에는 끝이 있는 법. 싱클레어는 공원에서 스쳐간 소녀에게 끌린다. 사과 씨앗처럼 품은 이상이 신흙두성이 싱클레어의 마음을 움직인다. 여느 청년이라면 말이라도 걸겠지만 싱클레어는 소녀에게 베아트리체란 이름을 붙이고 그녀의 얼굴을 그린다. '부서진 삶의 한 시기의 폐허들로부터 자신을 위하여 환한 세계 하나를 지으려'는 갈구에서 창조는 시작된다. 싱클레어는 데미안에게 초상화를 보낸다. 그에 대한 데미안의 답장이 바로 이 글의 첫머리에 나온 암호문이다.

베아트리체에 이어 또 다른 인물이 싱클레어의 삶을 이끈다. 대학생 싱클레어는 오르간 연주자인 신부와 교류하며 신성神性과 접한다. 둘은 신의 존재와 우주에 대한 형이상학적인 이야기를 나눈다. 또한 그는 싱클레어에게 용기를 주고 스스로에 대한 존경을 간직하는 법을 알려준다. 하지만 오르간 연주자의 말과 사고에서 싱클레어는 지적 유희와 현학적 취향을 감지한다. "그건 참 빌어먹을 골동품 냄새가 나네요"라는 모진 말실수를 끝으로 신부와 헤어지고 다시 혼자 길을 나선다.

데미안과 재회한 싱클레어는 그의 어머니 에바에게서 자신의 꿈을 어지럽히던 여인의 실체와 대면한다. 이 만남은 싱클레어에게 안정감과 사랑의 기쁨을 안긴다. 그녀의 집에 드나들며 만난 사람들과 싱클레어는 '신생新生과 현재의 붕괴'라는 예감을 공유한다. 전쟁의 기운이 몰려든다. 전쟁터에서 싱클레어는 중상을 입은 데미안과 마지막으로 만난다.

왜 그것이
그토록 어려웠을까?

이 작품은 개인의 성장과 더불어 시대에 대한 고뇌를 담고 있다. 《데미안》은 제1차 세계대전이 끝난 1919년에 출간되었다. 《데미안》은 참호에서 죽어간 청년들의 배낭에 가장 많이 들어 있던 소설이라고 한다. 또한 살아남았지만 상처받은 영혼을 추스르려는 전후 젊은이들에게 큰 울림을 주었다. 전쟁의 참화를 겪은 사람은 어떻게 살아야 하나, 삶은 과연 가치가 있는가를 묻게 된다.

> "현실적으로 살아 있는 인간이란 무엇인지, 지금은 그 어느 때보다
> 더 혼미해져버렸다. 그 하나하나가 자연의 소중한 시도인 사람을 무
> 더기로 쏘아죽기도 한다."

《데미안》에는 헤르만 헤세의 절실한 질문이 담겨 있다. 만약 태어나려는 새가 알을 깨고 나온 순간 총에 맞아 날갯짓 한 번 못 하고 죽어버린다면. 이 투쟁과 몸부림이 모두 무無로 사라진다면. 소설은 나답게 살아가는 것의 힘겨움을 보여준다. 그런 피 흘림과 몸부림을 거친 사람 하나하나를 결코 소홀히 해서는 안 된다는 메시지가 담겨 있다.

소설을 처음 읽었을 때 주인공은 싱클레어인데 왜 《데미안》이란 제목을 붙였는지 의문스러웠다. 마지막 문장이 힌트다. "검은 거울 위로 몸을 숙이기만 하면 되었다. 그러면 나 자신의 모습이 보였다. 이제 그와 완전히 닮아 있었다. 그와, 내 친구이자 나의 인도사인 ⏿와." 이제 싱클레어는 또 다른 데미안이 된다.

병아리가 알에서 깨어나려면 새끼와 어미닭이 안팎에서 서로를 쪼아

대야 한다. 줄탁동기啐啄同機. 깨어난 병아리는 닭이 되어 태어나려는 자의 천장을 쪼아준다. 이 책이 바로 당신의 머리를 쪼아대는 동기가 되어줄 것이다.

《데미안》의 첫 장에는 이런 제사가 붙어 있다. "내 속에서 솟아 나오려는 것, 바로 그것을 나는 살아보려 했다. 왜 그것이 그토록 어려웠을까?" 이 소설이 던지는 질문은 난이도가 매우 높아 풀이에 일생이 소요되기도 한다. 어떻게 나다운 내가 될 수 있을까? 인생의 1교시부터 8교시까지 사무친 질문이다. 아무리 나이가 들어도 품고 가야 할 근원적인 질문이다. 묻고 찾아다니는 사람은 일생토록 사춘기를 치른다.

함께 읽으면 좋은 책

헤르만 헤세의 작품은 구도求道소설로 읽힌다. 신학교를 뛰쳐나와 시계공장 견습 직원으로 지내다 시인으로 살겠다는 결심으로 펜을 잡았다. 그는 방황과 구도의 과정을 글로 담아냈다. 사춘기의 방황을 담은 《수레바퀴 밑에서》, 문명비판서로도 읽히는 《황야의 이리》, 부처의 삶을 다룬 《싯타르타》, 노벨문학상을 안겨준 《유리알 유희》는 상반되는 성향을 가진 두 인물의 구도과정을 그린 작품이다. '나'와 '길'을 찾고자 하는 사람에게 길잡이가 되어줄 작품들이다.

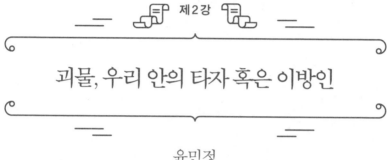

제2강

괴물, 우리 안의 타자 혹은 이방인

윤민정

영문학과 철학을 연구하는 인문학자. 경희대 영문학과 박사과정을 수료하고, 미국 위스콘신 주립대와 퍼듀대 박사과정에서 영문학 비평이론과 영미문학(시, 소설)을 공부했다. 자크 데리다와 모리스 블랑쇼의 시학을 주제로 연구하고 아주대 등에서 강의하며 번역가로 활동하고 있다. 역서로 《나의 푸른 베이징》 《교양인을 위한 인문학 사전》 외 다수가 있다.

인간의 경계는 어디까지인가

괴물의 탄생

프랜시스 고야의 유명한 동판화 연작 〈로스 카프리초스
Los Caprichos〉 중에는 〈이성의 잠이 괴물을 만든다The Sleep of
Reason Produces Monsters(1799)〉라는 작품이 있다. 판화의 중앙
에는 한 남자가 화구와 종이가 어지럽게 놓인 책상 위에 하던 일을 제쳐
놓고 얼굴을 파묻고 잠들어 있다. 남자의 자세로 짐작하건대 자신에게
무엇이 다가오고 있는지 전혀 식별할 수 없는 무방비 상태로 보인다. 시
각적 기능이 멈추고, 깊은 잠에 빠져 외부의 자극에 기민하게 반응할 수
없는 수동적이고 무력한 상태인 듯하다. 남자의 등 뒤로 온갖 밤의 동물
들, 올빼미와 박쥐, 그리고 경계와 공격 자세를 갖춘 고양이 등이 스멀스
멀 찾아온다. 동물들의 표정이나 모습이 섬뜩하고 기괴하며 불길해 보인
다. 금방이라도 달려들어 남자를 공격할 것만 같다.

잠든 것 같아 보이는 남자는 분명 악몽을 꾸고 있다. 그의 꿈에 나타난
이 달갑지 않은 동물 손님들은 무지와 어리석음, 그리고 폭력을 상징한

다. 이들은 모두 계몽주의* 시대가 이성의 날카로운 칼로 퇴치하고자 했던 대상이다. 그런데 작품의 제목에서 알 수 있듯 비이성을 상징하는 동물들, 한마디로 괴물들이 남자의 이성이 쉬는 틈을 타 출몰한다. 이 그림은 괴물의 탄생이 이성의 휴지(休止), 즉 이성의 부재에서 비롯됨을 묘사하고 있다. 그렇다면 우리의 이성이 두 눈 부릅뜨고 잠들지 않으면 괴물은 만들어지지 않을까? 우리가 가장 무력하고 취약할 때를 호시탐탐 노리는 비이성을 길들여서 우리를 지키는 호신용 물신으로 만들면 진정 편히 잠들고 휴식할 수 있을까?

인간은 자신이 누구인지 안다고 말하기 어렵다

이성의 부재나 휴지가 괴물의 탄생과 관계가 깊다고 보는 관점은 근대 이후 인간이 자기 자신을 이해하는 중요한 틀이 된다. 잠은 이성이 잠시 외출한 상태, 혹은 이성의 불빛이 잠시 소등된 상태를 의미한다. 계몽주의 논리로 해석하면 인간은 잠든 사이에 온갖 비논리, 혼돈, 무질서가 난무하는 꿈을 꾼다. 그 꿈은 낮의 논리로는 설명할 수 없을뿐더러 때로는 낮의 논리를 완전히 전복시켜버리기도 한다.

프로이트 식으로 말하면, 꿈은 이성이 눈을 뜨고 있는 낮 동안 억압되

---

* 17~18세기 유럽과 신세계를 휩쓴 진보적·지적 사상운동으로 도덕을 우선시하며, 경험과 과학, 자유와 평등, 그리고 교육을 지향했다. 계몽주의자들은 이성이 권위의 요소이자 이를 판단하는 기준이라고 여겼다.

었던 무의식이 의식의 검열을 피해 압축과 전치라는 작업을 거쳐 우회적
으로 방출되는 정신 활동이다. 따라서 꿈은 의식 세계의 억압과 폭력을
판가름하는 지표이자 의식의 문제가 드러나는 징후다. 의식은 합리적 이
성이라는 인간만이 가진 고유성을 지켜내기 위해서 합리적 이성의 덕목
에 어긋나는 것들(이를테면 광기·야수성·본능과 같은 비이성적 측면)을 억압
하거나 이성적 차원의 바깥으로 내몰고 자신의 체계 안으로 들이지 않는
다. 이렇게 억압되거나 배제된 내부의 비이성적 차원은 무의식의 바다에
가라앉아 있다가 문득 의식이 통제할 수 없는 시간과 공간에 출몰하게
된다. 때로는 간악한 냉소를 머금은 악인의 얼굴로(하이드 씨), 너무 흉측
해 차마 마주하기 어려운 괴물의 형상으로(프랑켄슈타인), 혹은 멋진 신사
의 풍모로 여성의 마음을 사로잡는 유혹자인 흡혈귀의 모습으로(드라큘
라) 인간 내부 깊숙이 자리한 비이성적 차원에 다가와 "나 여기 있어요"
라고 말하며 자신의 존재를 알린다.

만일 괴물이 절대적 타자로 외부에 존재하는 것이 아니라 우리 내부에
숨어 있는 비밀스러운 차원이고 그것이 언제 어떻게 나타날지 합리적 이
성이 계산하고 예측해낼 수 없다면, 인간은 자신이 누구인지를 안다고
말하기 어렵다. 왜냐하면 내가 누구인지 안다고 말하는 순간에도 내가
알지 못하는 내 안의 타자, 내 안의 괴물이 나와 함께 있기 때문이다. 내
안에 괴물이 살고 있는 한, 나는 내가 알고 있는 존재가 아닌 것이 된다.
괴물은 자아의 자기 동일적 정체성이 완결될 수 없게 한다. 자기 동일성
의 문을 닫으려는 순간 괴물은 자아 안에 길들이거나 지배할 수 없는 형

태의 타자성으로 남아 인간이 균열된 존재임을 나타내는 증거가 된다.

괴물은 서구의 많은 신화와 종교 서사에서뿐만 아니라 현대에 와서도 전승되고 반복되는 '희생양 만들기' 기제를 통해서도 만들어진다. 죄악에 물든, 혹은 역병이 돌아 존폐의 위기에 처한 공동체가 오염을 차단하고 순수한 자기 동일성을 보존하려면 이방인을 차단해야 한다. 성경에 등장하는 많은 동물들은 죄악으로 물든 기독교 사회를 위한 제물이 되었다. 동물의 희생을 통해 인간의 죄를 대속하는 희생 제의祭儀는 이방인(사회의 자기 동일성을 완성하는 데 방해가 되는 이질적 존재)을 희생물로 삼는 폭력과 야만의 '인간 희생양'으로 변형되기도 한다.

중세 유럽에 만연했던 마녀사냥이 대표적인 사례다. 당시 공동체 내에는 출산이나 질병치료 같은 의료 기능을 담당하거나 주술적 기능을 수행한 여성들이 있었다. 이들을 악마와 놀아나 신앙을 해치고 공동체에 해악을 끼친다는 이유로 공개재판으로 처형시켰다. 이질적인 존재를 포집해 타자로 만들어 공동체에 만연한 악의 책임을 지우고, 공동체의 안위를 위해 사회로부터 격리하거나 배제시켜 공동체를 정화하는 것이다. 이러한 시스템은 공동체를 하나로 묶는 정체성의 기준을 제공하기도 한다. 유럽에서 늘 부정적인 이미지로 그려지는 유대인이나 이교도의 박해를 떠올리면 된다. 여기서 희생 제의 기제가 어떻게 외부적 타자, 즉 이방인을 악의 화신으로 만드는 데 기여하는지 알 수 있다. 희생 제의는 이질적인 타자를 대하는 우리의 공격성과 폭력을 가리는 엄폐물이기도 하다.

괴물과 함께한
인간의 역사

자기 동일적 공동체 집단을 형성하는 데 기여한 희생 제의 기제를 생각한다면 인간의 역사는 사실상 괴물과 함께했다. 그리스 신화나 성경에도 스핑크스, 미노타우로스, 히드라, 리바이어던 등 수많은 괴물이 등장한다. 신화와 성경 속 괴물들은 짐승과 짐승, 혹은 인간과 짐승의 이종교배적 창조물로 영웅이 나아가는 길에 방해물이나 도전자로 등장한다. 이런 괴물들은 영웅이 싸워서 이겨내야 할 외부적 타자로 영웅의 용맹과 지혜를 입증하는 계기를 만든다. 오이디푸스가 테베로 가는 길목에서 만난 스핑크스는 수수께끼로 오이디푸스를 방해하지만 그가 수수께끼를 풀자 스스로 죽어버린다. 또한 성경 속 괴물이나 사탄은 신의 선함이나 신성함을 보증하기 위해 제거되어야 할 불순한 존재다. 기독교적 세계관에 따르면 존재하는 모든 것은 신이 창조했으며 신이 창조한 모든 것은 선하기 때문에 악마적인 것들은 신이 창조한 세계에 존재할 수 없다. 그럼에도 불구하고 성경에 많은 괴물이 등장하는 이유는 서사적 필요성, 완전한 초월자로서 하느님의 권능이나 신비, 신성함을 강화시켜야 하기 때문이다. 이에 반해 계몽주의 시대의 괴물은 합리적 이성의 뒤에 숨은 문제적 국면, 즉 우리 내부의 괴물성에 대한 은유다.

외부적 타자든, 우리의 내부에 있는 억압된 타자든, 혹은 경계를 넘는 우리의 상상력이 만들어낸 가상의 존재든, 괴물은 관습적 세계를 중지시키고 우리에게 반문한다. 그리고 그 물음은 언제나 '인간이란 무엇인가?' 혹은 '인간이 된다는 것이 어떤 것인가?'라는 낡고 오래된 질문으로 귀결된다. 이는 '인간은 인간 아닌 비인간적 존재와 어떻게 다른가?'라는 물음으로 바뀔 수 있다. 영어로 괴물을 뜻하는 'monster'와 불어 'montrer'는 모두 라틴어 어원 'monstrare'에서 유래했다. 'monstrare'는 '보이다'와 '경고하다'라는 이중적 의미를 담고 있다.

괴물은 선과 악, 인간과 비인간, 자연과 문명을 나누는 관습적인 경계를 극한까지 밀고 나가 우리 안의 지옥을 끄집어낸다. 그리고 우리가 누구인지 우리는 진정 알지 못한다는 사실을 경고한다. 괴물은 우리가 억압하고 배제해야 할 대상이 아니라 우리가 무엇인지 혹은 무엇이 아닌지, 결국 인간의 끝이자 경계가 어디까지인지를 파악하기 위해 함께 가야 할 길동무인 셈이다.

우리 안의 천사 혹은 괴물

메리 셸리 《프랑켄슈타인》

우리는 과잉이나 결핍의 방식으로 자연의 균형과 조화를 깨뜨리는 기형을 '괴물'이라 부른다. 또한 사회적 규준이 되는 도덕적 한계를 위반하는 악덕, 이를테면 불복종·배은망덕·반역을 저지른 사람 역시 '괴물'이라 부른다. 메리 셸리Mary Shelley의 소설 《프랑켄슈타인Frankenstein(1818)》은 그러한 일반적 의미의 괴물과 괴물성에 대한 담론에 피조물로서 인간이 가질 수 있는 존재론적인 고민을 덧댄, 괴물에 관한 가장 흥미롭고 강력한 텍스트라 할 수 있다. 《프랑켄슈타인》의 초판은 1818년 런던에서 익명으로 출간된 직후 '대담한 소설'이라는 평을 들으며 인기를 누렸다. 《프랑켄슈타인》은 작품이 재현하고 있는 스토리 자체를 모방하듯 작품 스스로 괴물적인 텍스트가 되어가는 변태를 반복해왔다. 1823년에 연극 무대를 위한 희곡으로 첫 각색이 이루어진 것을 필두로 지난 200년간 연극, 영화뿐 아니라 만화, TV 코미디물, 뮤지컬, 광고에 이르기까지 장

르를 넘나들며 무려 2천666가지가 넘는 파생 아이템을 만들어냈다.* 마
치 저자가 1831년 개정판 서문에서 자신의 "이 무시무시한 자손이 세상
에 나가 번성하기"를 소망했던 것처럼,** 저자의 손을 떠난 작품은 독립
적인 생명력으로 시공의 한계를 넘어 무한히 변태와 변이를 반복하고 있
다. 그렇다면《프랑켄슈타인》의 소진되지 않는 생명력은 어디에서 오는
가? 왜 우리는《프랑켄슈타인》에 매혹되는가?《프랑켄슈타인》이 200년
전 세상에 던진 낡고 오래된 질문은 최첨단 과학기술의 시대인 지금, 그
리고 도래할 미래에도 여전히 유효한 물음일까?

생명 창조,
신의 영역에 도전한
순진한 과학자

《프랑켄슈타인》은 갓 스물을 넘긴 여성 작가가
썼다는 것이 믿기지 않을 정도로 도전적이고 대담한 주제인 '생명 창조'
를 극화한 작품이다. 창조는 세계의 시작이자 기원이다. 그러나 불행히
도 인간은 그 시작을 목격하고 증언할 수 없다. 인간에게 시작이나 기원

---

* '글럿(Glut, Donald F.)'은《프랑켄슈타인 카탈로그(The Frankenstein Catalog, 1984)》'를 통해 메리 셸리
의 소설《프랑켄슈타인》에서 파생된 시·소설·영화·각색·번역물·노래·연극·라디오·TV 프로그램, 각종
풍자와 유머 등 다양한 항목들의 목록을 만들었다.
** 《프랑켄슈타인》에는 두 개의 서문이 있다. 하나는 1818년 초판본을 출판할 때 셸리의 남편 퍼시 셸리가 쓴
것이고, 다른 하나는 1831년 남편이 사망한 후 셸리 자신이 직접 쓴 것이다. 셸리는 1831년 개정판 서문에서
작품의 탄생에 얽힌 비화와 창작에 대한 소신을 직접 밝혔다.

은 언제나 사후적으로 구성될 수밖에 없는 신화적 사건이다. 종교는 신이라는 초월적 존재를 통해 세상의 시작을 말하고, 과학은 진화론을 통해 엿볼 수 있듯이 합리적 이성의 힘으로 세상의 시작을 추론한다. 그리고 문학은 상상력과 언어의 힘으로 생명 창조의 '원초적 장면'*을 발명한다. 언뜻 보기에 《프랑켄슈타인》은 아동의 성장과 양육에 미치는 가정(부모)의 책임과 영향을 다루면서 따뜻한 사랑과 관심의 중요성을 강조하는 것 같아 보인다. 그러나 저자의 서문과 소설의 구성을 자세히 보면, 가정과 가족을 중심에 둔 미시적 세계보다는 인간이라는 존재 자체에 대한 근본적이고 거시적인 질문을 던지고 있음을 알 수 있다. 소설 《프랑켄슈타인》의 서사 중심에는 '생명은 어떻게 시작하는가?' '무엇이 인간을 인간이도록 만드는가?' '인간과 괴물의 차이는 무엇인가?'와 같은 인간 고유성에 대한 철학적 질문이 놓여 있다.

창조는 신과 인간의 영역을 구분하는 경계이자 세계와 역사가 시작되는 기원적 사건이다. 《구약》의 창세기 편에서 신은 세계 창조 작업의 막바지에 자신을 모델로 삼아 진흙으로 형상을 빚는다. 그리고 그 피조물

---

* 프로이트가 《유아신경증 병력으로부터From the History of an Infantile Neurosis (1918)》에서 울프맨이라는 신경증 환자를 분석할 때 사용한 용어다. 울프맨이라는 이름은 예닐곱 마리의 흰색 늑대가 침실 창문 밖 호두나무 가지에 앉아 자신을 노려보고 있는 어린 시절의 악몽에서 비롯되었다. 프로이트는 울프맨을 괴롭히는 신경증의 원인이 이 꿈이라 간주하고 이를 분석해 그가 한 살 무렵 목격한 장면, 즉 아버지가 후베위로 어머니와 성교하는 장면이 왜곡되어 나타난 것이라고 주장한다. 아이가 부모의 성교를 목격한 장면을 프로이트는 '원초적 장면'이라 부르는데, 이는 오이디푸스 콤플렉스를 촉발하는 요인이 되기도 한다. 원초적 장면을 아이가 실제로 목격한 것인지, 아니면 외상을 입은 아동이 만들어낸 판타지인지에 대해 프로이트 자신도 일관된 입장을 취하지는 않는다.

에 입김을 불어넣어 소생시킨 후 자신과 닮은 최초의 인간 아담의 모습에 매우 흡족해한다. 이에 반해《프랑켄슈타인》의 주인공, 제네바 명문가 출신의 젊은 과학자 빅터 프랑켄슈타인은 생명의 기원에 대한 지적 호기심을 충족하기 위해 신의 영역인 창조 작업에 도전한다. 그는 이제까지 인간의 지식으로는 범접하지 못한 신비의 영역인 생명 창조를 여성의 출산 과정 없이 오로지 인간(남성)의 힘으로 이루어내겠다는 무모한 도전을 추진한다.

신이 되고자 하는 그의 욕망은 과학에 대한 낙관적 믿음과 끝없는 열정에 의해 가속된다. 인간이 과학으로 생명을 창조해낼 수 있다면, 인간은 인간의 한계를 넘어 무한한 신의 영역에 도달하는 셈이 된다. 과학의 힘이 불가능을 가능으로 변환하는 것이다. 그러나 다른 한편으로 빅터의 작업은 자연(혹은 신)의 섭리와 규칙을 위반하는 일이었다. 위반에는 언제나 처벌이 따른다. '현대판 프로메테우스'라는 부제에도 암시되어 있듯이, 과학은 프로메테우스가 인간에게 선물한 '불'과 같다. 몇몇 신화에 따르면 프로메테우스는 인류의 선조이기도 하다. 불은 문명의 생성을 의미한다. 하지만 불은 자신이 만들어낸 모든 것을 재로 만들 수 있는 파괴력도 가지고 있다. 즉 불은 생성과 파괴라는 양가적 의미를 갖는다. 빅터는 전기력에 대한 과학지식으로 죽은 생명을 소생시킨다. 그렇게 창조된 피조물은 괴물이 되어 빅터가 가진 모든 것을 파괴하고 소멸시킨다. 자신의 피조물을 대하는 빅터의 양가적 태도는 과학기술의 발전을 바라보는 저자 자신의 유보적인 입장을 우회적으로 드러낸다.

《프랑켄슈타인》은 마트료시카 인형처럼 북극 탐험가 월튼이 영국에 있는 누이에게 보내는 편지로 시작해서 편지로 끝난다. 빙하에 갇혀 더 이상 극지 탐험이 불가능해졌을 때 월튼은 빈사 상태의 빅터와 만나게 되고 그를 돌보면서 빅터의 이야기를 듣게 된다. 빅터는 생명 창조에 얽힌 비화를 말한다.

빅터의 이야기 속에 괴물의 이야기가 들어 있다. 피카레스크식* 구성에 의해 서로 연결된 월튼－빅터 프랑켄슈타인－괴물의 이야기는 각각 1인칭 주인공 시점의 자서전으로 볼 수 있다. 그리고 각 인물들이 서로를 비추는 거울이자 반영물이 된다. 인물들은 각기 자신에게 일어난 일들을 상대방에게 사실적으로 전달하면서 진정성 있는 자기 고백을 시도한다. 또한 각 인물들은 자신의 이야기를 듣고 있는 상대방도 자신과 같은 입장에 놓여 있다는 전제 하에 설득의 수사를 펼친다. 월튼은 빅터와 닮은 꼴이고, 빅터는 괴물과 닮은꼴이다. 다시 말해 월튼은 빅터의 이야기를 들으며 자신을 반추하고, 빅터는 괴물의 이야기에서 자신의 모습을 떠올린다. 그리고 괴물은 빅터의 이야기를 들으며 스스로를 되돌아본다. 월튼은 인간이 가본 적 없는 미지의 세계인 북극을 탐험하고 있다는 점에서 빅터와 같은 입장에 놓여 있다. 빅터는 인간의 지식으로 계산할 수 없는 생명의 신비를 알아내고자 창조 작업을 실행한다. 괴물은 자신의 존

---

* 피카레스크 소설은 16세기부터 17세기 초반까지 스페인에서 유행한 문학 양식의 하나로, 1인칭 서술자 시점으로 주인공이 고백하는 형식으로 전개해나가는 이야기 구조다. 악한소설, 건달소설이라고도 한다. 스페인어로 악당을 뜻하는 '피카로pícaro'에서 유래했다.

재의 비밀을 알고 복수의 화신으로 폭주한다. 빅터와 괴물은 서로 가해와 피해를 주고받으며 인간의 영역과 비인간(신 혹은 괴물)의 영역을 구분하는 극한을 넘는다.

소설에서 가장 중요하고 결정적인 대목은 본성이 선했으나 세상 사람들의 가혹한 냉대와 차별로 악행을 저지르는 괴물이 되었음을 피력하는 괴물의 이야기에 있다. 악인에게 악인이 될 수밖에 없었던 이유를 설명할 기회를 주는 것은 메리 셸리만의 독창적 장치는 아니다. 이미 존 밀턴 John Milton은 《실낙원》에서 사탄에게 신을 모반한 행위를 정당화할 수 있는 자기변호의 기회를 제공했다. 셸리는 밀턴보다 한발 더 나아가 괴물이 자신의 이야기를 하도록 목소리를 부여할 뿐만 아니라 피조물에게 압도당하는 창조자의 모습을 그린다. 일반적으로 창조자는 피조물을 자신의 부속물로 간주하고 부모의 권위를 행사한다. 그러나 창조자 빅터와 피조물의 관계는 관습적인 비대칭적 위계 구조를 역전하고 재배치한다. 빅터는 신체적 능력뿐 아니라 언어 사용 능력 면에서 모두 괴물보다 못하다. 괴물은 언어를 습득한 이후 논리적 사유가 가능해진다. 언어와 사유는 인간과 동물을 구분하는 중요한 차이다. 야수와 같은 괴물이 인간만이 발휘할 수 있는 고유한 능력을 가지게 되다니! 빅터가 괴물을 만나 대화하면서 가장 놀라는 것은 바로 이 때문이다.

통제할 수 없는
우리 안의 어둠 그 자체

엄밀히 말하면, 창세기에서 신은 완전한 무에서 유를 창조한 것이 아니다. 신의 창조는 혼돈을 거세하여 질서와 구분의 세계를 구성하는 작업이다. 그러나 빅터는 신의 창조 작업의 본질을 오해한다. 빅터에게는 생명이 없는 주검에 생명을 불어넣는 작업이 창조다. 하지만 사실상 그의 작업은 존재하고 있는 것 중에서 가장 좋은(아름다운) 부분을 엄선하여 재배치한 '조립'에 가깝다. 콩을 심었으니 콩이 나기만을 기다리는 농부처럼 그는 좋은 부분만을 골라 재배치했으니 당연히 아름다운 피조물이 생성되리라 기대한다. 그는 인간이 통제할 수 없는 변수인 우연성이 창조 작업에 개입할 수 있다는 사실 자체를 생각하지 못하는 순진한 과학자다.

소생된 피조물을 처음 본 직후 빅터는 자신의 기대와는 너무나 동떨어진 피조물의 외형에 기겁한 나머지 피조물과 어떤 관계도 맺지 않은 채 도망치듯 연구실을 빠져 나온다. 빅터는 혐오감과 두려움으로 피조물을 유기했을 뿐만 아니라 피조물과의 관계 자체를 거부한다. 피조물은 빅터 자신이 창조한 자식과도 같은 존재지만 자신의 성을 승계해주지도, 이름을 명명하지도 않는다. 빅터는 피조물을 완선히 자신의 세계로부터 분리시킨다. 빅터는 돌연변이로 태어난 피조물을 맞을 준비가 되어 있지 않은 무책임한 아버지다. 그는 마치 예정에 없는 손님이 자신을 찾아와 당혹해하는 집주인 같다. 스스로 아버지로서의 책임을 먼저 유기했기 때문에 피조물에게 순종과 복종의 의무를 지울 권한도 없다.

천사 같은 심성의 피조물이 어떻게 복수의 화신으로 돌변해 악행을 저지르는 괴물이 되었을까? 피조물은 태어날 때 이미 240센티미터로 발육이 끝난 어른의 몸이었지만 언어를 습득하지 못해 말을 하지 못한다. 이름은커녕 자신의 존재를 보증할 최소한의 라벨조차 얻지 못한 채 버려진 피조물은 세상에서 가장 비천한 '아무것도 아닌 자'였다.

빅터의 연구실에서 깨어난 직후 피조물은 알몸을 가리기 위해 황급히 빅터의 외투를 걸치고 홀로 세상에 나온다. 흉측한 몰골의 그를 본 사람들의 반응은 혐오와 적대, 차별뿐이었다. 누구도 그를 환대하지 않는다. 인간 사회에 그가 발붙일 공간은 없다. 그는 인간을 피해 깊은 숲이나 얼음 동굴에 홀로 은둔하다 추위를 피해 드 라시 가족이 살고 있는 오두막의 헛간에 머물게 된다. 펠릭스와 아가사가 《제국의 몰락》이라는 책으로 사피라는 아라비아 여인에게 불어를 가르치는 모습을 보고 모방하면서 언어를 배운다. 그는 이들의 모습에서 따뜻한 가정의 모델을 발견하고 이들을 통해 세상의 부조리도 알게 된다. 문자를 터득한 후 괴물은 플루타크의 《영웅전》, 괴테의 《젊은 베르테르의 슬픔》, 밀턴의 《실낙원》을 읽는다. 이 세 책은 각각 공적, 사적, 그리고 우주적 영역에서 사랑의 세 가지 모드를 망라한다.

책을 통해 괴물은 인격을 형성하게 된다. 괴물은 드 라시 가족에게 땔 감을 구해주거나 눈을 치워주는 등 선행을 베푼다. 그리고 책읽기를 통해 논리적 사유가 가능한 뛰어난 문장가로 다시 태어난다. 언어, 즉 지식 체계는 괴물을 무지의 어둠에서 구원해줄 빛이자 더 큰 어둠의 세계로 진입하는 문이 된다. 언어는 인간이 외부 대상과 관계 맺기, 즉 의미화 작업을 가능하게 하는 수단이면서 동시에 의미 세계 자체. 책을 읽으면서 괴물은 자기가 누구며 어떻게 만들어졌는가와 같은 자신의 기원과 자기 정체성을 정립하기 위한 존재론적 고민을 하게 된다. 책은 세상에는 자신을 향해 오로지 적대감만 드러내는 인간들만 있는 게 아니라 자신을 따뜻하게 맞아준 드 라시 노인 같은 인간도 있다는 것을 알려준다.

그러나 최초 애정의 대상이었을 드 라시 가족에게 적대와 모멸감을 느끼는 사건이 발생한다. 맹인인 드 라시 노인과 대화를 하던 괴물은 펠릭스에 의해 흉측한 몰골의 실체가 발각되고 다시 적대와 공격의 대상이 된다. 괴물은 드 라시 노인의 오두막에 불을 질러 자신의 분노를 표출한다. 이 일을 계기로 괴물은 자신을 만든 창조자를 더 원망하고 증오하게 된다. 빅터의 일지를 읽고 괴물은 자신을 만들어낸 창조자 빅터를 저주하며 복수를 결심한다. 그에 대한 반감과 증오로 그가 사랑하는 사람들, 이를테면 동생 윌리엄, 연인 엘리자베스, 그리고 친구 클레르발을 하나씩 죽이면서 괴물은 점차 창조자 빅터가 응징하고 처단해야 할 악의 화신으로 변하게 된다. 이렇게 악인이 되어가는 과정을 괴물은 책읽기를 통해 습득한 수사와 논리를 활용해 설득력 있게 진술한다.

빅터와 괴물, 두 사람은 너무나 인간적이면서도 동시에 비인간적이다. 그렇다면 인간과 비인간 혹은 인간과 괴물을 나누는 경계는 무엇인가? 빅터의 이야기를 들으면서 우리는 그가 이 피조물을 괴물로 만든 것은 아닌가하는 의혹을 지울 수 없고, 괴물의 이야기를 들을 때에는 괴물이 본디 그렇게 태어난 것이 아니라 만들어졌다는 사실에 공감하게 된다.

이렇듯 《프랑켄슈타인》에서는 괴물이 만들어진다. 이는 '누구나 괴물이 될 수 있다'는 사실과도 같은 맥락이다. 괴물은 더 이상 기형이나 이질적 차이를 통해 인간과 구분될 수 있는 외부 대상이 아니다. 괴물은 우리 안에 있다. 그리고 우리 자신이다. 우리 안에 자리 잡고 있는 어떤 기괴한 속성, 즉 괴물적 차원의 출현을 보면서 우리는 이제까지 인간을 인간으로 만든다고 생각했던 인간의 고유성에 관한 관습적 경계나 조건을 재고하게 된다. 우리가 합리적 이성, 언어 사용 능력, 혹은 공감과 감정이라는 정서적 차원을 기준으로 인간과는 다른 존재들(괴물, 동물, 인조인간 등)과 차이를 두고 인간의 조건을 완결한다 해도 우리 내부에는 길들일 수 없는 형태의 이질적인 차이가 괴물성이라는 이름으로 언제나 그곳에 존재한다. 이것은 사실상 통제할 수 없는 우리 안의 어둠 그 자체다. 합리적 이성의 이면에서 광기가 출몰하듯, 인간의 고유성 한 가운데에 괴물성이 자리 잡고 있다.

내 안의 친밀하고도 낯선 이방인

로버트 L. 스티븐슨 《지킬 박사와 하이드 씨의 기이한 사례》

'지킬 박사와 하이드 씨'는 우리 안의 분리된 두 개의 자아, 혹은 분열된 정체성을 상징하는 낡은 비유일지 모른다. 예컨대 어떤 시에 '내 안에 지킬과 하이드가 살고 있네'라는 구절이 있다면 이 구절이 세계에 대한 인식의 지평을 넘어 우리에게 충격을 주는 문학적 발명으로 보이지는 않을 것이다. 게다가 이중인격이나 다중인격을 뜻하는 심리학 용어로 '지킬-하이드 인격'이라는 말이 등록되어 있지 않은가. 또한 '내 안의 또 다른 나' 즉 '분열된 주체'는 계몽주의 시대 이후 주체를 설명하는 사상적 핵심이었던 데카르트적 코기토cogito*를 전복하는 다른 주체의 유형을 제시한다.

---

* 데카르트의 "나는 생각한다, 고로 존재한다(Cogito, ergo sum)"의 줄임말로 근대 철학의 탄생을 알리는 명제다. 코기토로 이성은 철학적, 형이상학적 완성을 이뤘고, 산업혁명과 과학기술 발전의 사상적 기틀이 되어 사회적 변화를 이끌었다.

하나이면서 둘,
혹은 둘이면서 하나

1886년 1월 미국과 영국에서 1실링짜리 저가의 소책자로 출간된 《지킬 박사와 하이드 씨의 기이한 사례The Strange Case of Dr. Jekyll and Mr. Hyde》는 괴상하고 충격적인 이야기로 큰 반향을 불러일으켰다. 이 작품으로 로버트 L. 스티븐슨Robert Louis Stevenson은 《보물섬》과 몇 편의 단편 소설로 문학의 문턱을 갓 넘은 애송이에서 인간 본성을 밀도 있게 탐구할 정도로 역량을 갖춘 작가라는 평가를 받았다. 당시 평론가들은 이 작품을 인간의 이중적 본성에 대한 알레고리나 우화로 보았다. 이 우화를 이해하기 위한 '열쇠'가 무엇인지 묻는 평론가들에게 스티븐슨은 "나는 이보다 더 훌륭한 알레고리를 만들어낼 수는 없다고 생각한다"며 "의미를 찾아내는 것은 다른 사람들의 몫"이라고 답했다. 그는 이 작품이 해석을 요하는 알레고리임을 인정하고, 작품의 의미가 저자의 의도에 의해서만이 아니라 독자의 능동적인 읽기로도 생산될 수 있음을 밝혔다.

출간 당시에는 인간의 이중성을 최초로 구현한 특수한 캐릭터였지만 지금은 인간의 이중성을 상징하는 전형이 된 지킬과 하이드. 하나이면서 둘 혹은 둘이면서 하나인 이 독특한 괴물이 살고 있는 은밀한 세계의 비밀은 무엇일까. 그것을 온전히 이해할 열쇠를 찾을 수 있을까.

작품의 첫 장은 은밀하고 내밀한 세계로 들어가는 '문'을 상징한다.

'문'은 다른 세계의 가능성, 다른 공간의 열림을 내포한다. 어느 날 변호 사 어터슨은 그의 친척 엔필드로부터 하이드라는 악인의 만행을 전해 듣다가 그들이 일상적으로 산책하던 런던의 한 번화가 반대쪽에 있는 낡은 건물의 문에 주목한다. 사실 이 건물은 지킬이 하이드로 변신하는 실험을 진행한 비밀 공간이다. "오랫동안 방치된" 낡은 건물과 "초인종도 노커도 없는" 출입문은 친숙하면서도 낯설다. 오랫동안 그곳에 있었다는 점을 감안하면 뭔가 친숙한 공간 같지만 그곳이 어떤 곳인지 전혀 알지 못한다는 점에서 낯선 공간이다. 이 출입문은 명망 높은 지킬이 아니라 하이드라는 괴물이 드나드는, 지킬의 이면에 난 쪽문과 같다. 처음부터 이 소설은 밖으로 드러난 표면과 비밀스러운 이면의 불일치와 간극에 주목하고 있다.

이야기가 진행되는 내내 불길한 기운이 감도는 낡은 건물이 언제나 안개에 휩싸여 있듯이, 작품의 세계로 들어가는 첫 관문인 제목 또한 의미론적 관계가 모호하다. 'The Strange Case of Dr. Jekyll and Mr. Hyde' 언뜻 보기에는, 두 개의 말뭉치, 즉 'the strange case'와 'Dr. Jekyll and Mr. Hyde'가 전치사 'of'로 연결되어 있다. 지킬 박사와 하이드 씨는 서로 다른 두 사람일까. 아니면 한 사람을 부르는 두 가지 이름일까. 이 두 사람 혹은 한 사람이 왜 '이상한strange' '사건case'인 걸까.

두 개의 말뭉치를 동격으로 보아 지킬 박사와 하이드 씨 자체가 '괴이한 사례'라고 해석할 수 있고, 또 '지킬 박사'와 '하이드 씨'와 관련된 '이상한 사건'이라는 의미도 가능하다. 영어 'strange'는 라틴어 'extrăněus(외부·바깥에 있는)'에서 유래했다. 형용사 'strange'는 어떤 사물이나 사람이 일반적 범주 바깥에 있을 때의 생경한 느낌을 표현한 말이다. 그래서 우리말로는 '이상한' '낯선' '묘한' '괴이한'이라는 뜻으로 주로 번역된다. 또한 'case'는 경찰 조사나 법정 소송, 의학적 임상에서 무엇인가가 발생한 특수한 상황을 가리킨다. 따라서 이 제목은 지킬 박사와 하이드 씨가 통상적인 법적, 의학적(혹은 과학적) 보편 체계 바깥의 어떤 특수한 상황에 있음을 암시한다. 즉 지킬과 하이드가 관련된 모종의 독특한 사건이 일반적인 절차와 방법으로는 계산할 수 없고, 합리적 이해 또한 불가능함을 강조하는 것이다. 결국 지킬과 하이드의 사례는 합리적 이성의 한계와 결핍을 드러낸다.

《지킬 박사와 하이드 씨의 기이한 사례》는 의외로 서사구조가 정교하다. 작품은 열 개의 짧은 장으로 구성되어 있는데, 지킬과 하이드가 관여된 미스터리한 사건을 중심에 두고 그 비밀을 밝혀내는 이른바 유사 탐정소설의 구조로 짜여 있다. 소설의 핵심은 마지막 두 개의 장, 즉 하이드의 변신을 기록한 래니언 박사의 편지(9장)와 지킬의 고백문(10장)에 있고, 나머지 여덟 개의 장은 9장과 10장을 통해 모든 사건의 진실이 밝혀질 때까지 공포와 서스펜스를 지연하고 강화하는 역할을 한다. 상식을 벗어난 초자연적 사건이나 현상일수록 전달자가 중요하다. 그리고 사건에 개연성과 사실성을 부여해줄 수 있는 장치들이 필요하다. 아마도 이 작품의 서사 조직이 두 명의 의사(지킬과 그의 친구 래니언)와 한 명의 변호사(어터슨)로 구성되고, 목격자 증언, 편지와 고백 같은 기록으로 사건을 전개해나가는 이유일 것이다. 이런 구성과 장치들은 이 작품이 허무맹랑한 공상이나 망상에 의한 텅 빈 이야기가 아니라 인간의 이중성과 양극성을 다룬 사실적 이야기임을 강조한다.

서로 상충하는 이중성
혹은 다중성

작품의 첫 문단에서 상당히 공들여 묘사된 어터슨 변호사는 사건에 접근하는 빅토리아 시대의 전형적 해석 방식을 보여준다. 그는 과묵하고 잘 웃지 않지만 곤경에 처한 사람이 "가장 마지막에 찾아가 최후의 자비를 구할 수 있는" 사람이다. 그는 강한 열정과 섬세한 감수성, 경계를 넘는 상상력 같은 낭만주의 시대의 중요한 가치의 대척점에 서 있으면서 빅토리아 시대 중산층의 중요한 덕목인 질서와 예절, 사회적 규범을 준수하고 그것을 지켜내려 노력하는 신사다. 어터슨 변호사는 친구 지킬 박사가 최후의 순간을 대비하고자 그에게 보낸 유언장을 읽으며 수상쩍은 부분을 간파하고 그와 연관된 사건들을 조사하기로 결심한다. 그는 '지킬'과 '하이드'라는 미스터리한 사건의 의미를 이성과 상식, 법리라는 사법적 차원에서 읽어내고자 노력하는 순진한 독자라고 할 수 있다. 그는 하이드의 필체가 지킬의 것과 유사하다고 인지했음에도 두 사람이 같은 인물일 수 있다는 추론은 외면한다.

어터슨 변호사에 비하면 소소하지만 작품의 전체 주제와 의미를 짚을 때 중요한 역할을 하는 인물로 래니언 박사가 있다. 자의적인 생략이 포함되어 의심스럽기는 하지만 그의 편지에는 지킬과 래니언의 관계를 짐작할 수 있는 대목이 들어 있다. 두 사람은 모두 존경받는 성공한 의사이고, 한때 연구를 같이 진행할 만큼 가까웠지만 추구하는 의학적 소신은 달랐다. 지킬은 과학적 설명과 이해를 넘어서는 초자연적 현상을 신비 과학이나 형이상학적 과학의 차원에서 연구하기를 좋아한 반면 래니언은 철저히 유물론적인 과학과 합리주의를 고수한다. 실증적으로 입증하지 못하거나 과학적으로 증명할 수 없는 현상에는 관심이 없다. 그래서 한밤중에 자신의 집에 찾아온 낯선 사람, 하이드를 미친 히스테리 환자로 본다. 래니언의 관심은 하이드의 출신이나 삶, 재산과 지위 같은 실제적이고 현실적인 차원에 국한되어 있다. 하이드는 그런 래니언을 "지금껏 가장 편협한 유물론에 사로잡혀 초월적 신약의 가치를 부인하고 스스로 우월성을 호언했다"고 힐난하며 래니언의 눈앞에서 변신을 현실화해 지킬이 된다. 합리주의자이며 회의주의자인 래니언에게, 지킬의 변신은 자신의 지식과 과학적 입장을 뿌리째 흔드는 충격 그 자체였다. 지킬의 변신은 어떤 현상에 대한 합리적 이해와 실증적 논리만을 강조하는 래니언식 사유 체계의 한계를 드러낸다. 그리고 그런 접근 방식에 의존하는 과학이나 의학의 체계로는 포착할 수 없고 계산할 수 없는 다른 세계의 가능성을 보여준다. 어터슨 변호사나 래니언 박사의 한계는 합리적 이성의 구현체인 법과 과학이 온전하지 못한 체계임을 보여준다.

《프랑켄슈타인》에서 괴물이 악행을 저지를 수밖에 없었던 이유를 고백하듯, 이 작품 역시 지킬 박사의 최후 고백이 마지막 장을 차지하고 있다. 그의 고백은 살인자 하이드로서 저지른 죄에 대한 종교적 참회가 아니라 순전히 개인적 쾌락의 충족을 위해 하이드라는 괴물을 만들어낸 행동에 대한 자기반성적 변론을 담고 있다. 만일 지킬의 죽음에 거역할 수 없는 신의 처벌이 개입했다면, 혹은 이 고백문이 하이드가 저지른 악행을 폭로하고 뉘우치는 지킬의 모습만을 보여줬다면 이 소설은 도덕적 교훈을 강조하는 우화에 그쳤을 것이다. 하지만 이 작품의 긴장감과 공포는 지킬에서 하이드로, 다시 하이드에서 지킬로 단순한 변신의 이행과 반복을 통해 만들어지지 않는다. 통제할 수 없는 또 다른 자아(alter ego)인 하이드와 지킬의 역동적 관계에서 작품의 긴장이 고조된다.

지킬은 고백의 서두에서 사회적 명망과 신뢰를 받고 있는 자신의 겉모습과 쾌락을 탐닉하는 자신의 내면이 상충하는 일을 반복해서 경험함으로써 '인간이 하나가 아니라 둘'이라는 사실을 깨달았다고 밝힌다. 그리고 인간의 근원적인 이중성, 즉 '의식 속에서 갈등하는 두 개의 본성'을 분리할 수 있다는 가설을 세우고 실험과 연구 끝에 약을 개발한다. 그러니 이 신약은 인간의 본성뿐만 아니라 외모노 변화시켰다. 사회의 도덕과 규범이 금지하는 욕망을 실현하고 그것을 통해 쾌락을 느끼는 하이드의 모습은 흡사 기형적으로 팔이 긴 원숭이 같은 미개한 원시 동물처럼 그려진다. 외형상 지킬과 하이드를 구분하는 차이는 손이다. 지킬은 크고 강하며 잘생긴 흰 손을, 하이드는 가늘고 굽은 데다 마디가 있고 거무스름한 털이 덮여 있는 손을 가지고 있다. 한마디로 하이드는 지킬의 표현대로 악의 현현顯現이며 문명 세계의 규준을 위반하는 퇴행적 괴물이다. 지킬은 고백문에서 하이드라는 이질적 자아가 자신의 내부에 있다는 것을 인지했지만 차마 하이드를 자신으로 인정하지 않고 '그'라고 부른다. 지킬은 어떻게든 약을 통해 하이드를 제삼자로 분리하고 그와 거리를 유지해서 길들이려 한다. 그러나 시간이 갈수록 오히려 자신을 조종하고 우위를 점하려는 하이드에게 불안을 느낀다. 지킬의 불안은 타락 혹은 추락에 대한 공포다. 이런 양극단의 두 자아 사이에서 어떤 화해와 타협이 가능할까.

'지킬'이라는 이름 속에 이미 죽음이 기입되어 있듯이, 이중적 자아를 하나로 통합하는 것은 사실상 불가능해 보인다. 어터슨은 하이드의 정체를 밝혀야겠다는 결심을 하는 대목에서 '숨바꼭질hide and seek'을 연상해 '그자가 하이드Hyde 씨라면 나는 시크Seek 씨가 되는 거야'라고 생각한다. 이 장면은 지킬이라는 이름에 숨은 의미를 이해하는 데 도움을 준다. 어터슨의 생각처럼 '하이드Hyde'라는 이름은 '숨다hide'와 발음이 같다. '지킬Jekyll'의 철자에서 'Y'를 'I'로 바꾸면 '죽이다kill'가 되고 불어로 'Je'는 '나'를 뜻하는 남성 명사다. '지킬'이라는 이름을 있는 그대로 해석하면 '나는 죽이다'라는 뜻이 되고, 더 윤색하면 '죽이는 사람'이라는 의미가 된다. 누구를 죽이는지 목적어가 없다.

지킬이 자기 자신을 죽이는 건가? 아니면 하이드를 죽이는 건가? 지킬과 하이드, 둘 다를 죽이는 건가? 작품의 결말은 모호하다. 고백의 시작은 지킬로 시작하지만 결말은 마지막 신약의 효과가 서서히 떨어지면서 하이드가 다시 돌아오는 모습이 그려지기 때문이다. 지킬은 자신의 사회적 평판을 지키려면 자신의 죽음 이후에도 하이드가 자신임을 철저히 숨겨야 한다. 그러나 최후의 순간 이 모든 쾌락과 욕망의 비극을 만든 장본인 지킬이 오히려 하이드의 모습에 자신을 숨긴다. 하이드의 얼굴을 한 지킬의 사인은 악행을 저지른 자에게 내리는 신의 천벌이나 교수형 같은 사회적 형벌이 아니다. 지킬은 더 이상 약을 만들 재료가 없는 막다른 상황에서 혼신의 힘을 다해 지켜낸 자신의 의지로 죽음을 선택한다.

이중적 자아가 분리 가능한 두 개의 동심원이라면 둘 중 하나를 선택하고 다른 하나를 배제하면 된다. 그러나 지킬과 하이드의 사례에서 보듯, 우리 내부의 분열체인 이중적 자아는 상호의존적이어서 분리가 불가능하다. 따라서 둘 중 하나를 선택할 수 있다는 생각 자체가 판타지다. 우리가 우리 내부의 하이드를 배제하면 지킬이 죽고, 지킬을 배제하면 하이드가 죽는다. 소설의 대단원이 '지킬–하이드'의 죽음으로 귀결되는 것은 인간의 이중성이 통합 불가능한 형태로 인간의 존재론적 조건에 포함되어 있음을 보여준다. 온전한 자기동일성을 이루는 것은 사실상 불가능한 꿈이라는 의미다.

　인간은 완전한 선인으로서의 지킬로도, 완전한 악인으로서의 하이드로도 존재하지 않는다. 어쩌면 인간이라는 존재를 가능하게 하는 조건에는 이미 선과 악, 문명과 야만 같은 짝패가 들어 있는지 모른다. 인간은 이 두 자아가 의식과 본능 혹은 무의식 차원에 중첩되어 있을 때 비로소 인간이다. 이중성과 다중성은 '나는 누구인가'라는 질문에 답하기 위해 반드시 생각하고 고민해야 할 문제다.

공포와 매혹이 공존하는 잔혹동화

브람 스토커 《드라큘라》

브람 스토커Bram Stoker의 《드라큘라Dacula (1897)》는 동유럽의 전설 뱀파이어를 불러내 빅토리아 시대 후반 영국인들의 삶에 깃든 세기말의 불안과 징후를 진단해 극화한 걸작 공포 소설이다. 인간의 피를 빨아먹는 흡혈귀에 얽힌 이야기는 오래전부터 세계 곳곳에 존재했지만, 뱀파이어가 본격적으로 등장한 것은 계몽주의 시대라 할 수 있다. 뱀파이어vampire의 고어인 'vampyre'가 처음 등장한 시기는 1732년 〈런던 저널London Journal〉이 흡혈귀를 뜻하는 헝가리어 'vampyre'와 러시아어 'upir'를 차용하면서부터다.

뱀파이어라는 발명품

〈런던 저널〉은 당시 유럽의 중심에서 멀리 떨어

진 헝가리와 발칸 반도의 농부들이 겪고 있는 뱀파이어와 관련된 정신적 패닉 상태를 비웃기 위해 이 말을 사용했다. 뱀파이어는 볼테르Voltaire 같은 계몽주의자들이 미신이나 종교적 광신과 맞서 싸우면서 합리적 이성과 자유를 공언할 때나, 마르크스Karl Marx가 《자본론》에서 "흡혈귀처럼 살아 있는 노동에 의해서만 생존할 수 있는, 더 많은 노동을 흡수할수록 더 오래 사는 것"이라며 자본의 의미를 정의할 때도 사용되었다. 즉, 뱀파이어는 근대적 가치들을 정의하기 위해 봉건 세계에서 소환해 재정비한 근대의 산물이다.

소설 《드라큘라》는 봉건과 근대, 중심과 변방, 문명과 야만, 기독교와 이교도, 과학과 미신이라는 대립쌍을 주축으로 서사를 발전시킨다. 작품의 서사는 사건을 총괄하는 한 사람이 아니라 조나단, 수어드 박사, 미나와 루시 등 주요 인물의 일기, 편지와 같은 사적 기록물과 신문기사나 전보와 같은 공적 메시지로 전개된다. 이것들을 나란히 배치해 독자들이 개인의 조각 정보와 객관적 기록물이 어떻게 대비되고 어떤 상관관계가 있으며 어떻게 전도되는지 파악할 수 있도록 구성했다.

드라큘라를 제외한 작품의 모든 등장인물은 합리적이고 이성적인 존재로 기독교를 믿으며, 기차로 여행하고, 전보를 칠 수 있으며, 타자기와 녹음기를 이용할 수 있는 새로운 기술 문명 세계에 속해 있다. 그에 반해 드라큘라는 하인조차 남아 있지 않은 죽음과 폐허의 공간에 홀로 살아남은 쇠락한 봉건 영주의 모습을 하고 있다. 드라큘라의 성에 가기 위해서는 기차역에서 내려 예전처럼 마차를 타야 하고, 소식을 전하려면 여전히 인편으로 우편 시스템이 있는 장소까지 편지를 갖다줘야 한다. 드라큘라의 세계는 현대적 기술 문명이 지배하는 당대 유럽인의 삶과는 정반대로 과거의 시간과 문법이 지배하는 공간이다. 그런 과거의 시간을 살고 있는 드라큘라가 왜 하필이면 영어를 배우고, 런던에 부동산을 구입하려는 걸까? 현대적인 삶을 살고 있는 변리사 조나단, 반 헬싱 박사, 수어드 박사 같은 문명인들이 왜 영원히 죽지 않고 피를 빨아먹는 뱀파이어라는 괴기한 존재와 싸워야 하는 것일까?

드라큘라라는 괴물은 프랑켄슈타인이나 하이드 같은 추한 몰골의 괴물들과는 다르다. 드라큘라는 대낮에 런던 시내를 활보하며 멋진 신사의 풍모로 젊은 여성의 마음을 꾀는 유혹자로 등장한다. 아름다운 가면을 쓴 채 변신술과 최면술 같은 초자연적 힘을 행사한다는 점에서 더욱 두렵고 기괴하다. 더 큰 문제는 이 괴물이 빅터나 지킬 박사처럼 주인공의 어떤 과도한 열망이나 추구에 의해 만들어진 것이 아니라 멀리 떨어진 미지의 타국, 즉 외부에서 침입했다는 점이다. 그는 트란실바니아(Transylvania, 숲 너머에 있는 땅. 지금의 루마니아 중부지역) 동쪽 끝의 한 고성에 산다. 드라큘라의 성은 '유럽에서 가장 황량하고 후미진 곳'에 있고, 정확한 위치는 변리사 조나단이 찾은 어떤 지도에도 없다. 조나단이 속한 문명 세계의 관점으로는 파악되지 않는 세계가 바로 드라큘라의 세계다. 드라큘라는 박쥐나 늑대로 자유롭게 변신하고, 비록 외모는 노인이지만 힘은 열 장정 못지않은 괴력의 소유자며, 최면술로 사람들을 유혹해 마비시킨다. 드라큘라라는 존재 자체, 그리고 그의 힘과 능력은 과학적 이해나 설명이 불가능한 초자연적 영역과 맞닿아 있다. 그가 문명화된 도시의 한복판에 나타난다는 것은 온전하다고 생각했던 문명 시스템의 한계를 의미한다.

또한 드라큘라의 세계는 문명인이자 영국 국교회 신자인 조나단의 관점에서는 이해할 수 없는 이질적인 문화와 종교적 요소, 그리고 풍습으로 가득하다. 조나단이 일기에 기록한 기차여행에서 만난 이방인들에 대한 묘사에는 낯선 세계에 대한 두려움과 문화적 우월감이 공존한다. 그는 슬로바키아인들의 복장이 영국과 프랑스 농부에 비해 더 촌스러워 보인다는 것을 강조하기 위해 '야만인barbarian'이라는 표현을 쓰기도 하고, 검은 머리에 수염을 기른 외모에 대해서는 옛날 동양의 산적 떼와 같다고 표현한다. 조나단의 관점은 자국 중심의 편견에 사로잡혀 있다. 이런 편견은 낯선 세계에 대한 본능적인 거부감이나 두려움을 동반한다. 만약 낯선 타자의 세계가 우리의 거주지와 멀리 떨어져 있어 안전을 위협받을 일이 없다면 공포가 덜할 것이다. 그런데 초대한 적 없는 이방인이 집으로 찾아와 문을 두드리고 들어오려 한다.

초대받지 못한 자를 향한
불안과 공포

　　　　　　드라큘라가 가진 힘과 능력의 유일한 한계는 어떤 집이든 초대를 받지 못하면 들어갈 수 없다는 것이다. 그래서 드라큘라는 부동산을 계약해 합법적으로 영국에 들어갈 조건을 만들고, 무역과 교역 시스템을 이용해 런던까지 입성한다. 기술 문명의 길을 따라 문명이 지우고 망각한 야만의 과거가 돌아온 셈이다.

　19세기 말 대도시로 성장한 런던에는 감자대기근으로 피폐해진 고향을 떠나온 아일랜드인이나 독일 출신의 유대인들이 일자리를 찾아 유입된다. 즉, 영국의 주류를 형성하던 색슨족이 아닌 타 민족의 대규모 '디아스포라Diaspora'*가 이루어진 셈이다. 이 중 아일랜드인의 유입은 영국인들에게 큰 압박이었다. 이는 영국이 아일랜드에 식민 정책을 펼칠 때 자신들은 '선택받은 부족gens'이고 아일랜드인은 '비–부족de-gens'이라며 차별한 역사에서 기인한다. 영국인들은 자신들의 순수한 혈통이 대규모 이방인 집단에 의해 오염되어 고유의 정체성이나 질서가 무너질 수 있다는 두려움이 있었다. '외부에서 침입한 드라큘라'라는 설정은 영국인의 불안이나 공포가 투사되어 만들어진 괴물이며 세속화한 악마의 구현이

---

* '흩어진 사람들'이라는 뜻의 그리스어에서 유래했다. 팔레스타인을 떠나 온 세계에 흩어져 살면서 유대교의 규범과 생활 관습을 유지하는 유대인을 이르던 말. 한 민족이 거주하던 지역을 떠나 다른 곳으로 이동하는 현상을 가리키는 용어로 의미가 확장되었다.

라고 할 수 있다.

드라큘라는 조나단에게 자신의 가문과 민족의 역사를 장황히 설명하며 자부심을 드러낸다. 드라큘라는 후손도 없이 쇠락한 가문을 소생시키고 번성시키는 일이 가문의 유일한 생존자인 자신이 해야 할 과업이라고 말한다. 그가 런던에서 가장 먼저 한 일은 아름다운 영국 여성에게 접근해 그녀를 유혹하는 일이었다. 자손의 번성을 위해서는 여성의 육체가 필요했기 때문이다. 따라서 외부에서 갑자기 나타난 이물질, 혹은 불순물 같은 드라큘라로부터 미나와 루시 같은 여성의 육체를 지켜내고, 그녀들을 사악한 악으로부터 구원하는 일은 이 소설에 등장하는 남성들이 필사적으로 해결해야 할 중대한 작업이다. 수어드 박사나 변리사 조나단, 반 헬싱 박사, 그리고 루시의 약혼자 아서 역시 빅토리아 시대 남성의 일반적인 기사도 정신을 초월한 자기 희생을 통해 필사적으로 루시와 미나를 지켜내려 한다.

수어드 박사는 서구 과학과 의학을 동원해 뱀파이어에게 물린 루시의 증상을 분석하고 치료하지만 실패한다. 실증할 수 없는 초자연적 미스터리나 비과학적 현상을 오로지 자신이 신뢰하는 과학과 의학 체계를 통해서만 해석했기 때문이다. 그는 뱀파이어에 물려 이상 증세를 보이는 환자 렌필드에게 '육식성 편집광'이라는 이름을 붙이고 그의 정신세계를 과학적으로 분석해낼 수 있다고 믿는다. 반면에 문학과 철학, 의학 박사인 반 헬싱은 수혈과 같은 의학적 방법뿐만 아니라 마늘 화환과 십자가를 루시의 목에 걸어주는 비과학적 방법도 동원한다. 반 헬싱은 자신의 제자이기도 한 수어드 박사에게 비과학적인 미신까지도 열린 마음으로 고려하라고 충고한다. 반 헬싱의 뱀파이어 퇴치 방법 중 특이한 대목은 '불사귀undead'인 뱀파이어의 심장을 도려내고 그곳에 십자가를 박는 것인데, 이것은 전혀 과학적이지 않고 오히려 주술적이며 상징적인 방식으로 보인다. 게다가 자신의 성으로 퇴각한 드라큘라를 끝까지 추적해서 퇴치하고자 중산층 전문직 남성들로 조직된 드라큘라 퇴치 원정대는 마치 십자군 원정을 연상시킨다. 이들의 드라큘라 처단 작업은 기독교인의 몸에 깃든 이교도의 정령을 그리스도의 이름으로 처단함으로써 선한 기독교인의 영혼과 기독교의 윤리를 회복하는 상징성을 띤다. 이는 기독교 세계를 오염시킨 악을 물리치고 전통을 고수하겠다는 보수적 성향을 나타낸다.

시대의 가치관이 투영된 잔혹동화

그렇다면 왜 루시는 뱀파이어의 희생물이 되었을까. 소설의 주요 남성 인물들은 모두 중산층이며 의사나 변리사 같은 전문직 종사자인 반면, 당대 여성은 순수하고 순신한 저녀이거나 정숙한 아내의 수준에 머물러 있다. 드라큘라 성에서 조나단이 세 명의 뱀파이어에게 유혹당하는 장면에서 알 수 있듯이 관능은 여성이 절대 노출해서

는 안 되는 덕목이다. 반 헬싱이 미나를 '천상의 빛'에 비유하며 그녀의
순수함과 진실함을 극찬하는 모습을 통해 빅토리아 시대 중산층 남성이
생각하는 이상적인 여성상을 알 수 있다. 영국은 1880년대에 이르러서
야 결혼을 통한 여성의 재산권을 인정했다. 여성에게 대학 입학을 허용
하면서 직업의 세계가 열린 것도 이때다. 여성이 집안의 가부장에 종속
되거나 의존하지 않고 독립적으로 생활할 수 있는 기회를 얻게 된 것이
다. 이렇게 탄생한 '신여성'은 처음에는 독립적인 여성을 뜻했으나 얼마
지나지 않아 과도하게 교육받은 '노처녀' 혹은 지나치게 성욕을 드러내
는 '요부' 등 부정적인 용어로 오용된다. 루시와 미나는 이 신여성의 이
미지를 구체화한다. 두 사람 모두 아름답고 순수하다. 그러나 루시는 세
명의 구혼자 중 한 명만 골라 결혼해야 한다는 사실에 대한 아쉬움을 미
나에게 토로하며 자유연애를 꿈꾼다. 루시가 드라큘라의 희생물이 된 것
은 가부장제를 흔든 여성에 대한 응징이라 할 수 있다. 뱀파이어가 된 루
시는 빅토리아 시대가 여성에게 요구했던 정숙한 아내와 자애로운 어머
니라는 역할을 완전히 전복한다. 그녀는 피를 공급받기 위해 관능으로
남성을 유혹하고 힘이 약한 아이들을 먹잇감으로 삼는다. 이에 반해 미
나는 교사가 될 정도로 교육을 받았고 속기술을 익힐 정도로 영민하다.

미나는 조나단이 드라큘라 성에서의 경험을 기록한 일기 원본이 소실
될 경우를 대비해 타이핑으로 사본을 만든다. 이 사본은 반 헬싱에게 전
달되어 드라큘라를 퇴치하고 처단하는 데 중요한 힌트가 되어 지도에도
없는 드라큘라 성으로 데려다주는 안내서 역할을 한다. 그러나 미나의

타이핑이나 속기술은 남성들이 주도한 문서 작업을 단순히 베껴 옮기거나 보충하는 보조적 단계에 머물러 있다. 또한 분별력과 지혜가 있는 그녀가 과감하게 사회로 나가지 않고 조나단과 결혼해 가정에 안주하는 모습 역시 남성들의 희망사항을 그대로 옮겨놓은 것에 불과하다. 루시와 미나를 다루는 방식에서 이 작품의 여성에 대한 보수적인 시각이 나타난다.

소설의 말미에는 드라큘라를 퇴치하고 7년 후 각 인물들의 모습이 조나단의 후기를 통해 그려진다. 각 인물의 후일담은 외부에서 별안간 날아온 드라큘라로 인해 벌어졌던 혼돈을 기독교 질서로 회복해 평화로운 문명을 되찾는 모습을 우회적으로 보여준다. 반 헬싱은 드라큘라와의 사투가 실재한 사건이었음을 증명하기 위해 필사적으로 내달렸던 600쪽이 넘는 기록을 그의 무릎에 앉은 퀸시(미나와 조나단의 아들)에게 마치 한 편의 잔혹동화처럼 설명한다. "우리는 어떤 증거도 원치 않네. 또 누구에게도 우리를 믿으라고 하지 않을 거고. 이 아이는 때가 되면 제 어머니가 얼마나 용감하고 훌륭한 여인인지를 알게 될 걸세. (…) 나중에 이 아이는 어떤 남자들이 제 어머니를 얼마나 사랑했는지 그녀를 위해 얼마나 많은 위험을 무릅썼는지 알게 될 걸세." 그의 말은 모든 동화적 결말이 그렇듯 온갖 갈등과 충돌을 로맨스로 서둘러 몽합한 듯 보인다. 그렇다면 이질적인 외부 침입자로부터 사회를 지켜내는 일은 동화적 결말로만 가능한 것일까.

괴물이 던져준 기묘한 미학적 체험

우리에게 주어진 모든 것은 과거로부터 물려받은 유산이다. 유산은 하나의 체계로 모여 자기 자신과 온전히 하나를 이루지 못한다. 유산에는 자신의 체계를 열려 있게 하는 반동성의 씨앗이 봉인되어 있다. 만일 전통주의자들의 방식대로 그 반동성을 묵인한 채 전통을 하나의 닫힌 체계로 간주하고 과거로부터 물려받은 유산을 보존하기만 한다면, 말 그대로 낡은 과거의 유물에 불과할 것이다. 유산의 구조 속에 존재하는 반동성을 발굴해서 그것을 재맥락화할 때 비로소 발명이 이루어지고 새로운 세계의 문이 열린다.

봉인된 괴물들이
말을 걸다

우리가 읽은 19세기 소설 《프랑켄슈타인》《지킬

박사와 하이드 씨의 기이한 사례》, 그리고 《드라큘라》는 그 이전의 소설, 즉 고딕소설의 유산을 물려받아 계몽주의나 인본주의적 가치들의 이면을 보여주며 반문한다. 프랑스 혁명(1789~1799)이 일어났던 10년간 영국에서는 고딕소설과 정치적 팸플릿이 크게 유행했다. 고딕소설은 폐허가 된 성이나 수도원에서 일어나는 미스터리한 사건과 끔찍한 이미지들, 그리고 생명을 위협하는 악당의 추격이 얽힌 길고 복잡한 서사로 이루어진다. 여기에는 괴물, 악령, 유령, 시체, 그리고 사악한 귀족이 자주 등장하는데 이들은 혁명이라는 사회 · 정치 · 문화적 급변기를 겪으며 실제적인 위협을 재현한다.

고딕소설에는 혁명 이전 봉건시대의 질서와 혁명이 표방한 현시대의 계몽주의 질서가 대립한다. 두 가지 질서의 충돌이 끔찍한 폭력이나 광기의 형태로 드러난다고 해서 고딕소설이 우리에게 공포와 불안을 주는 것은 아니다. 오히려 고딕소설에서 우리가 느끼는 불안은 현시대의 질서, 즉 합리적 이성의 논리로 구시대의 초자연적 미신과 신비를 몰아내려는 노력에도 불구하고 구시대의 질서가 현재의 시간으로 귀환하고 출몰하는 데 있다. 특히 고딕소설의 유산을 전유하면서 동시에 배반하는 19세기 고딕소설은 프랑스 혁명 이후의 공포정치, 산업화, 도시화, 그리고 과학적 발견에 따른 공포와 불안을 그린다. 19세기 고딕소설의 무대는 폐허가 된 고성이 아니라 도시다. 사악한 귀족 대신 과학자나 의사, 변호사 같은 전문직이 등장하고 부르주아 계급이 성장하면서 달라진 사회적 가치들, 이를테면 개인주의나 미덕, 욕망 추구의 이면과 어둠을 그린다. 《프랑켄슈타인》은 과도한 열정과 과학에 대한 순진한 믿음을 가진 과학자 빅터와 그가 창조한 괴물을 통해 근원적이고 초월적인 악이 존재하는 것이 아니라 사회적 관계에 의해 악이 형성됨을 말한다. 《지킬 박사와 하이드 씨의 기이한 사례》는 지킬 박사의 억압된 또 다른 자아인 사악한 하이드를 통해 덕망과 평판을 중시하는 빅토리아 시대의 도덕적 엄숙주의와 중산층 계급의 이면을 들추고 길들일 수 없는 형태로 숨어 있는 또 다른 자아의 타자성을 극화했다. 《드라큘라》역시 외부에서 유입된 뱀파이어라는 괴물을 집단의 동질성과 순수성을 파괴하는 침입자로 적대시하는 정신 기제의 단면을 보여준다.

우리 내부의 타자를 향한 강력한 메타포

세 괴물은 선과 악, 인간과 비인간, 자연과 문명을 구분하는 관습적 경계를 넘는다. 괴물이 우리에게 공포와 매혹을 동시에 선사하는 이유가 바로 여기에 있다. 괴물은 우리가 도덕이나 법의 테두리 안에 놓여 있는 한 결코 갈 수 없는 곳, 법과 도덕의 변경 지대 너머로 우리를 데려간다. 그곳은 계몽주의 시대의 합리적 이성이나 지성의 칼날 아래 길들여진 우리의 모든 비이성이 은닉되어 있는 곳이다. 이런 의미에서 괴물은 우리 안에 억압된 타자에 대한 강력한 메타포다. 괴물은 우리의 무의식을 부정적 거울로 판타지의 세계에 투사해 얻은 이미지다. 우리 안의 야수성이나 광기 같은 비이성적 속성을 프랑켄슈타인(기계인간), 하이드(악인), 드라큘라(유혹자) 같은 존재에게 투사해 외재화하고 그것을 죽이거나 제거해버리면 우리는 더 이상 비이성적 차원을 가지고 있지 않은 셈이 된다. 이질적 존재를 악마화해서 희생함으로써 온전한 자기동일성을 가진 이성적 주체로 거듭나고, 내면의 불화에서도 벗어나는 셈이다.

괴물 희생양은 우리의 내적 분열을 감추기 위한 기만이자 방어기제에 의해 만들어졌다. 괴물에게 투사된 비이성적 속성들은 우리의 무의식 차원에 가라앉은 의식의 침전물이자 의식이 억압하고 봉쇄한 것들이기 때문이다. 괴물 서사를 읽으며 '친밀한 낯섦^{uncanny}'이라는 기묘한 미학적 경험을 하게 되는 까닭이 여기에 있다.

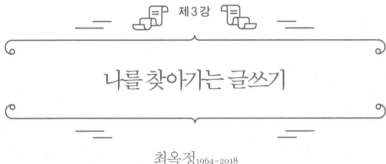

제3강

나를 찾아가는 글쓰기

최옥정 1964~2018

잘나가던 은행원 생활을 접고, 소설가의 꿈을 이루기 위해 글을 쓰기 시작했다. 건국대 영문과 학사, 연세대 국제대학원 석사를 마쳤다. 2001년 계간지 《한국소설》에서 단편소설 〈기억의 집〉으로 등단했다.

저서로 《매창》《위험중독자들》《안녕, 추파춥스 키드》, 소설집 《늙은 여자를 만났다》《식물의 내부》《스물다섯 개의 포옹》, 에세이 《삶의 마지막 순간에 보이는 것들》《오후 세시의 사람》《On the road》 등이 있으며, 《식물의 내부》로 허균문학상을, 《위험중독자들》로 구상문학상 젊은작가상을 받았다.

1964년 전북 익산에서 태어나 《2라운드 인생을 위한 글쓰기 수업》《소설창작수업》 등으로 글쓰기를 시작하려는 많은 이들을 도왔던 최옥정은 2018년 9월, 너무 이른 나이에 세상을 떠났다.

* 생의 마지막까지 집필의 열정을 멈추지 않으셨던 故최옥정 님께 존경과 감사의 마음을 전합니다.

말과 글이 삶을 바꾼다

대도시의 광장 귀퉁이에 한 시각장애인이 앉아서 구걸을 한다. 도시에서 흔히 볼 수 있는 풍경대로 자신의 사연을 적은 두꺼운 종이 옆에는 동전을 넣는 깡통이 놓여 있다. 그 앞을 바삐 지나가는 사람 중 몇이 깡통에 동전을 넣는다. 넓은 광장, 눈을 감은 장애인, 끊임없이 흘러가는 인파의 구둣발 소리, 가끔 그 흐름을 깨는 동전 떨어지는 소리가 도시의 일상을 연출하고 있다.

잠시 후 익숙한 풍경을 깨는 일이 일어난다. 느린 발걸음 소리가 천천히 시각장애인 앞에 멈춰 선다. 그 발길의 주인공은 장애인을 지나치지 않고 앞에 서서 한참 동안 종이 뒤편에다 새로운 문장을 적는다. 장애인은 손을 뻗어 그 사람의 구두를 만져본다. 여자의 날렵한 하이힐이다. 여자는 떠나고 시간이 조금 흐른 뒤 믿을 수 없는 일이 벌어진다. 깡통에 동전 떨어지는 소리가 쉬지 않고 이어진다. 얼마 후 다시 그 발자국 소리가 들리고 시각장애인은 그녀가 또 왔음을 알아차린다. "당신, 이 종이에 뭐라고 쓴 거죠?" 여자가 종이를 들자 화면에는 그가 쓴 글이 보인다.

'저는 앞을 볼 수 없어요. 도와주세요.'

"저는 같은 말을 좀 다르게 썼을 뿐이에요." 그 종이 뒤편에는 이렇게 쓰여 있었다.

'날이 아주 좋아요. 전 볼 수가 없지만요.'

인터넷을 보다가 발견한 이 짧은 동영상의 제목은 'Change the words, Change the world'였다. 언어가 세상을 바꾼다는 단순하지만 강렬한 메시지를 담고 있어서 글쓰기 강의를 할 때 종종 인용하곤 한다. 어떤 장황한 설명보다 언어가 가진 힘을 전달하는 데 효과적이다.

공감을 끌어내는
언어의 힘

나와 남과의 거리는 한 뼘도 멀다. 김춘수 시인의 말대로 내가 이름을 불러주기 전까지는 꽃도 꽃이 아니다. 의미를 두지 않은 타인은 사물과도 같다. 손을 내밀거나 말을 걸어서 그 거리를 좁혔을 때 관계가 생기고 내 삶에 영향을 끼치는 존재가 된다. 이때 가장 중요한 요소가 언어, 말이나 글이다.

인생에서 사실fact은 얼마나 중요한 역할을 할까? 시각장애인이 앞을 볼 수 없다는 사실, 그래서 누군가의 도움을 받아야만 살아갈 수 있는 현실에는 한 치의 거짓도 없다. 그 사실이 타인에게 건너가는 데는 다른 도움이 필요하다. 공감이 작용해야만 한다. 하지만 비장애인은 시각장애인이 감당해야 할 고통의 실체를 모른다.

우리는 앞을 볼 수 없는 장애인이 햇살 가득한 광장의 모습을 볼 수 없다는 사실을 알지 못한다. 알 수가 없다. 아무런 관계도 형성되지 않았기 때문이다. 그런데 누군가 시각장애가 있다는 건 이 세상에 존재하는 아름다움을 볼 수 없는 상실을 뜻한다고 말해주자 비로소 그 고통에 공감한다. 변화는 거기서 일어난다.

혹시 주변에 있는 중요한 누군가와 갈등을 겪고 있다면, 그 갈등이 고통의 원인이라면 이 점을 생각해볼 필요가 있다. '나는 그 사람이 알 수 있는 언어로 말하고 있나?' '그 사람이 듣고 싶은 말, 꼭 알아야 할 말을 제대로 했나?' '나는 팩트만을 나열해놓고 할 말을 다 했다며 모든 걸 그 사람 탓으로 돌리고 있는 건 아닐까?'

글도 마찬가지다. 내가 원하는 만큼의 반응을 얻지 못했다면 상황을 상대편이 알아들을 수 있는 언어로 생생하게 그려냈는지 점검해봐야 한다. 말 한마디로 천 냥 빚을 갚는다는 속담이 괜히 생긴 게 아니다. 상대의 가슴 한가운데를 푹 찌르는 말을 빚어내는 것은 내 마음속 진심이다.

진심은 상대에게 전해져 공명을 일으킨다.

'Change the words, Change the world'를 떠올리며 당신의 언어를 바꿀 수만 있다면 언젠가 당신의 세계(인생)가 바뀔 것이다. 일상에서 수시로 스쳐 지나가는 바를 한 장면으로 압축해서 보여주자. 큰 변화의 씨앗은 언제나 작은 움직임에 있다.

시간이 우리를 현명한 사람으로 만들어줄까? 나이가 들수록 오히려 삶 앞에서 어리둥절할 때가 많다. 원인을 찾고자 인문학 아카데미나 각종 동호회에 가입한다. 공부는 학생만 하지 않는다. 제대로 된 인생을 살기 위해서는 늘 독서와 공부가 필요하다는 것을 절감한다. '사람 인人'과 '글월 문文'으로 이루어진 인문학에서 그 답을 찾는다. 사람은 어쨌든 글로 자신을 표현하고자 하는 존재인 것이다. 글이란 평면적인 한 인간의 삶을 입체적으로 보이게 해주는 힘이 있다. 요즘 글을 쓰고 싶어 하는 사람들이 많이 늘어나는 것도 이런 이유일 것이다. 글을 쓰겠다고 마음을 먹고 한 글자라도 끄적이기까지 걸리는 시간은 사람마다 다르겠지만, 녹록한 일은 아니다. 대부분은 무엇을 써야할지 모르겠다거나, 노트북을 켜고 키보드에 손을 올려놓으면 머릿속이 텅 빈 듯 아무런 생각이 나지 않는다고 하소연한다.

글쓰기는 누구나 할 수 있는 일이지만 아무나 할 수 있는 일은 아니다. 태어날 때부터 인간의 유전자에 글을 쓰는 능력이 존재하는 게 아니라는 것이 뇌과학 연구자들의 주장이다. 말은 자연스럽게 배우지만 글은 다르

다. 생각을 정리하고 문법에 맞게 문장을 만드는 과정은 훈련이 필요하
다. 정규 교과과정을 충실히 거쳐 성인이 되었다고 해도 글쓰기 훈련은
부족하기 때문이다.

글쓰기 범위를 정하고
생각을 시작하자

글쓰기 강의를 할 때면 제일 먼저 글쓰기 범위
를 정해준다. '내 인생 최악의 여행' '나는 왜 자꾸 화가 날까?' '삼 년 후
의 내 모습' '가장 친한 친구' 등 삶에 밀착된 주제를 써볼 것을 권한다.
주제는 달라도 내용은 자기 인생의 어느 날들에 관한 이야기다. 글의 배
경에는 언제나 내가 있고 내가 살아온 인생이 있다. 글 속에서 깜빡 잊고
살았던 자기의 본래 모습을 보게 된다.

'그래서 내가 그때 그토록 마음 아팠구나.'

'그날 나는 정말 행복했어.'

'생각지도 못했는데 그 사람도 그 일로 무척 화가 났겠군.'

글을 쓰는 동안 자기 인생을 새롭게 바라볼 수 있다. 그 상황에 등장하
는 모든 사람의 처지에서 다시 생각해본다. 글이 되는 순간 객관적인 거
리가 만들어지기 때문이다.

이런 이유로 사람들은 읽기에서 머물지 않고 쓰기로 나아가고자 한다.
남의 글에 만족하지 못하고 나만의 글을 쓰고 싶어 한다. 나의 인생은 남

의 인생과 다르다는 사실에 주목하기 시작한 것이다. 공통점과 차이점을 분석하는 이유는 해답을 찾기 위한 모색의 과정이기 때문이다. 이것을 출발점 삼아 앞으로 나아가기 위해 몇 가지 제안을 하고자 한다.

첫째, 매일 30분 이상 쓰자

글쓰기에 비법이 있다면 매일 꾸준히 쓰는 것뿐이다. 책상에 앉아 머릿속에서 실을 잣듯이 글을 뽑아내려는 행동 자체가 중요하다. 해보면 알겠지만 글쓰기를 생활화하면 많은 것이 달라진다. 인생을 몸으로 한 번 살고, 글로 다시 한 번 복습·점검한다.

둘째, 나와 내 주변의 모든 것을 관찰하자

현미경과 망원경으로 가까이 때론 멀리서 이미 알고 있다고 생각한 것들을 다시 살펴보자. 무엇이든 자세히 보면 달리 보인다. 이게 원래 그런 거였냐고 묻지 않을 수 없다. 생활의 재발견이다. 맘만 먹으면 내가 찾는 많은 힌트와 단서들을 거기서 발견할 수 있다.

셋째, 인생의 큰 그림을 그리자

앞서 얘기한 두 가지는 남은 인생을 큰 틀에서 짜기 위한 디딤돌이다. 디딤돌 위에 이정표를 세워야 한다. 내가 진짜 원하는 것이 무엇이고 남은 인생 동안 이루고자 하는 것이 무엇인지를 알면 목표가 생기고 실천 동기가 부여된다. 실천에 앞서 계획하는 것만으로도 가치가 있다. 인생에서 중요한 것은 해답이 아니라 질문이다. 질문에서 그치지 말고 답을 찾으려 노력하자. 쉼 없는 질문과 모색, 해답. 그것이 바로 인문학의 뼈와 살이다.

일단은 시작해서 무조건 써나가야 한다. 글쓰기는 손이 하는 일 중에서 가장 자연스러우며 아름다운 일이라는 것을 알려주고 싶다. 잘하면 조력자, 적어도 동병상련의 벗 노릇을 자처하는 것이다. 글쓰기는 느리더라도 꾸준히 하는 것이 핵심이다.

"Slow and Steady!"

인생은 스토리텔링이다. 쓸 것은 무궁무진하다. 아직 눈과 귀가 밝지 않아 자신이 가진 것을 다 알지 못할 뿐이다. 세상에서 가장 훌륭한 텍스트는 나 자신이라는 사실만 잊지 않는다면 글쓰기는 곧 일상의 한 부분으로 자리 잡을 것이다. 이제 첫걸음을 내디딜 때다.

독서, 글쓰기에 연료를 공급하는 일

단언컨대 독서를 많이 하지 않고는 좋은 글을 쓸 수 없다. 꾸준한 독서가 밑거름이요, 밑밥이다. 글쓰기를 시작하는 순간 매일 손에서 책을 떼지 말고 오랜 시간 연마한 작가가 쓴 좋은 문장을 밥을 먹듯 섭취해볼 것을 권한다. 그리고 무작정 읽고 끝내지 말고 독서기록장을 만들어 몇 줄이라도 감상을 적어보자. 무엇이든 습관을 들이기가 어렵다. 하지만 독서기록장을 쓰기 시작해서 습관이 된다면 좋은 글쓰기 자료가 된다. 귀찮을 때는 제목이라도 적어두면 일정 기간이 지난 뒤 몇 권의 책을 읽었는지 알 수 있다. 내가 읽은 모든 책이 다 글쓰기 교재다.

비우고 채우고, 독서가 인생의 연료다

모든 작가가, 선생이, 어른이 독서를 권한다. 뭔

지는 몰라도 엄청 좋은 것이 책 속에 있다는 듯이 책을 읽으라고 협박한
다. 책을 안 읽는 인간은 사람 구실도 못 할 것처럼 책 읽기를 강조한다.
어릴 때부터 숱하게 독서의 중요성을 듣기는 했는데 과연 독서가 그렇게
중요하단 말인가. 결론을 말하자면 '그렇다'이다.

책을 읽지 않으면 모르는 게 많아서 너무 답답하다. 하루에도 몇 번씩
스마트폰을 열고 검색어를 치며 궁금증을 해소한다. 간단한 것들이야 인
터넷 검색으로 해결되지만 문제의 난이도가 높을수록 나보다 앞서 뭔가
를 알아낸 사람이 쓴 책을 읽어야 답이 나온다. 마치 직소퍼즐 조각을 맞
춰 한 장의 그림을 완성하듯이 책을 읽으면 지식의 얼개를 맞추기가 인
터넷보다 훨씬 수월하다. 무엇보다 시간 보내기에 독서보다 더 좋은 걸
아직 발견하지 못했다.

독서 역시 습관이다. 한 번 길들이고 나면 독서를 안 하는 게 이상하다.
늘 신간을 확인하고 마음에 드는 책을 고르고 사서 책꽂이에 꽂아둔다.
바로 읽을 수도 있고 시간이 흐른 다음에 읽을 수도 있다. 어떤 책은 몇
년이 지나도록 못 읽기도 한다. '책은 산 것만으로도 절반은 읽은 셈'이
라고 나는 항상 생각한다.

바쁠 때는 책 전체를 읽을 시간이 없다. 우선 제목과 작가를 보고 목차
를 훑어보고 추천사를 읽고 때로는 작가의 말까지 읽는다. 그게 어딘가.
그 정도 읽고 진짜(내용)는 나중을 위해 남겨두는 것, 이 시대의 독서법으
로 그리 나무랄 일은 아니다. 사랑하면 돈을 쓰라고 했다. 책을 사서 소
유하는 것만으로도 관심을 표현하는 최상의 일을 한 것이다.

수입의 일정액을 도서 구입에 쓰는 사람은 꽤 많다. 일만 원어치든 이 만 원어치든 읽은 책이 일 년, 삼 년, 십 년 쌓인다고 생각하면 실로 엄청난 결과를 가져올 것이다. 그것이 무엇이든 오래 할 수 있다는 건 대단하다. 작은 것도 쌓이면 크다. 크다는 것은 그만큼 나를 바꾸는 데 기여했다는 뜻이다. 책 속에서 내 나름의 보석을 찾아내 아름다운 목걸이를 만들 수 있다. 보배를 만들려면 구슬을 가져야 한다. 구슬 서 말 만들기가 독서다. 책 속에서 내가 피상적으로 알고 있던 일에 대한 속 이야기를 들을 수 있다.

소설 《철도원》을 쓴 작가 아사다 지로는 오전에는 글쓰기에 집중하고 오후에는 주로 독서를 한다. 글을 쓰려면 반드시 남의 글을 읽어야 한다는 게 그의 창작론이다.

"읽지 않으면 쓰는 게 두려워집니다. 콘텐츠를 생산하느라 자기 속을 비웠다면 읽어서 그 빈 곳을 채워줘야 합니다. 만일 읽지 않고 살기 위해 글만 쓴다면 참 불행한 생이니 그만두라고 말할 겁니다."

읽지 않으면 쓸 수 없다는 극단적인 주장이다. 독서는 글쓰기의 연료다. 빈약한 어휘와 다듬어지지 않은 거친 문장으로는 아무리 좋은 내용을 담고 있어도 독자를 설득할 수 없다. 탄탄한 인문학적 소양과 정확하고 유려한 문장은 독자와 소통하기 위한 필수 도구다. 요리를 하기 위해

칼을 갈듯 글을 쓰기 위해 독서로 나의 문장을 다듬어야 한다.

글을 쓰는 것을 업으로 삼는 사람들은 독서에 대해서도 뚜렷한 자기만의 스타일이 있다. 독서 방식은 글쓰기 방식과도 통한다. 한 가지 일을 반복하면서 자기만의 세계관이 생겼을 것이다. 그러면서 자기 글에도 그 세계관이 드러나 개성으로 빛을 발한다. 그때쯤이면 글쓰기에 대한 심정적인 부담은 사라진다. 그냥 내 생각이나 감정을 편안하게 글로 쓰고, 쓰는 동안 생각을 정리하고 하루를 마무리하는 것이 자연스러운 일상으로 자리 잡는다. 그렇게 물 흐르듯이 좋은 습관 하나를 내 것으로 만들어 간다. 작은 일처럼 보이지만 내 인생을 바꿀 수도 있는 중요한 습관이다. 작은 변화를 온 마음으로 느끼고 누리는 태도 자체가 행복한 삶의 첫 단추다.

독서에도
방법이 있다

직업적인 버릇일 테지만 나는 사람들을 만나면 그 사람이 사용하는 단어들을 유심히 듣고 살핀다. 당연히 그 단어의 출처를 추적한다. 삶의 현장에서 배운 어휘든 독서를 통해 배운 어휘든 그 사람의 생활방식이나 여가생활까지 짐작할 수 있다. 말은 인간의 거의 전부다. 말을 잘해야 한다. 남이 잘 이해할 수 있게 내 감정과 생각을 잘 표현하고 전달하는 것이 말을 잘하는 것이다. 말을 많이 하거나 말이 번

드르르하지 않아도 된다. 정확히 말할 줄만 알아도 그 사람이 매력적으로 보인다.

말만 잘해도 사회생활의 많은 부분이 순조롭다. 보통은 명확하게 똑 떨어지는 문장을 사용하지 않고 대충대충 이야기한다. 네가 한 말 내가 알아듣고 내가 한 말 네가 알아들었으니 그다음은 문제를 해결하기 위한 행동만 하면 된다. 이 간단한 일이 잘 안 된다. 정확한 의사표시를 위해서는 적확한 단어를 써야 하는데 그러려면 어휘가 풍부해야 한다. 그건 오직 독서밖에 길이 없다. 많은 책을 읽고 거기서 이삭 줍듯 단어를 줍는 거다.

많이 읽으라고 했지만 많은 양의 책을 읽기보다 많은 시간 동안 읽으라는 뜻이다. 가능하면 좋은 책을 정독하자. 한 장 한 장 단어와 문장과 의미를 새기며 책과 대화를 나눠 작가가 전하고자 한 모든 것을 꿰뚫어야 한다. 마음에 드는 문장은 두세 번 반복해서 읽는다. 해보면 알겠지만 그때마다 감상이 다르다. 내가 이 책을 읽은 건가 싶게 새삼스러운 내용이 많다. 내 경험으로는 이런 사람들이 대체로 말을 잘하고 생각도 깊다.

하지만 많은 양의 책을 읽어서 지식이 많고 모르는 게 없는 사람들은 의외로 소통을 잘 못한다. 제 이야기하느라 바쁘다. 아는 게 많으니 할 말도 많다. 들을 시간이 없다. 이런 사람과 대화하기란 참 곤란하다. 지루하다. 피곤하다. 때로는 불쾌하다. 왜 그들은 남이 자신의 말을 듣고 싶어 한다고 생각하는 걸까? 책을 빨리 많이 읽은 만큼 말도 빨리 많이 하고 싶은 걸까?

찬찬히 음미하면서 책을 읽은 사람, 선별한 독서를 한 사람은 말도 비슷한 방식으로 한다. 조심조심 상대와 반응을 주고받으며 대화하고 상대의 말에 귀기울일 줄 안다. 행간을 읽으려는 마음이 있기 때문이다. 인간은 자기가 아는 대로, 겪은 대로밖에 할 줄 모른다. 행간을 읽고 느껴본 사람만이 타인의 말에도 행간이 있다는 걸 안다. 제발 남의 말 좀 듣자. 하고 싶은 말은 절반으로 줄이고 들어주는 말은 두 배로 늘리자. 인간관계에서 분명 남는 장사가 될 거라고 장담한다. 소통이 뭐 별건가. 이런 게 소통이다.

다독이 필요한 경우도 있다. 직업상 많은 지식이 필요한 경우, 트렌드를 파악하고 재빨리 새 환경에 적응해야 하는 경우에는 그때그때 필요한 책을 찾아 섭렵해야 한다. 사적인 수다를 위해서건 술자리 환담을 위해서건 화젯거리를 풍부하게 만들기 위해선 이런저런 잡다한 책을 읽는 게 도움이 될 수 있다. 사람의 성격이나 스타일도 작용한다. 대강 빨리 읽어 치우고 새 책을 읽는 게 재미있는 사람은 그렇게 해야 한다. 한 책을 오래 붙들고 있을 수 없는데 공연히 시간만 끌어봤자 아무 소용없다.

특별한 경우가 아니라면 대개는 자기가 정한 계통에 따라 양서를 선별해서 정독하는 섯을 기본으로 삼는다. 이따금 새로운 흐름을 쫓는 책이나 가벼운 책으로 다독의 시간도 갖는다. 정독과 다독을 자기 리듬에 맞게 번갈아 하면 된다. 뭐든 한 가지를 오래 하면 진력도 나고 몸의 활력을 잃어버리기 쉽다. 상황 따라 마음이 가는 쪽으로 흘러가자.

관심 분야가 뚜렷한 사람이라면 그 분야의 잡지를 구독할 것을 권한다. 매달 업데이트된 내용을 따라잡으며 훑어보는 식의 독서가 머리를 식혀준다. 어쩌면 한 가지쯤은 관심을 두고 그 분야의 최신 경향을 파악하는 생활 리듬을 유지하는 게 정신건강에 좋을 수도 있다. 누군가를 만나 얘기를 나누다 보면 그런 점을 많이 느낀다.

자기만의 특별한 느낌과 안목이 있고 어떤 대상에 대해서 신선한 대화를 펼쳐나가는 상대를 보면 기분이 좋다. "아, 그 얘기 흥미롭네요. 좀 더 들려주세요." 이런 말을 해가며 대화에 열정을 보이는 사람은 육십이 넘어도 청년이다. 그 또한 다른 사람에게 더 듣고 싶은 이야기를 하는 유쾌한 대화상대임이 틀림없다. 독서만 꾸준히 했다면 최소한 대화의 기피 상대는 되지 않는다. 책이 전부는 아니지만 요즘처럼 스승이나 선후배, 동네 어른 없이 개체화된 삶을 사는 우리에게는 독서가 소통과 배움의 많은 부분을 해결해준다. 책과 즐겁게 친하게 지내시라.

소설가의 독서법

몇 해 동안 꽤 이름난 인문학 아카데미에서 글쓰기 수업을 해왔다. 처음 일반인에게 글쓰기 강의를 시작한 이유는 단순했다. 퇴직자들이 늘어나고 취업을 준비하는 사람들이 많아지는데 정작 그들은 자신의 능력을 정확히 알지도 못하고, 앞으로 무엇을 해야 할지조차 몰라서 쩔쩔매며 시간을 보냈다. 그들은 평소 명민하고 성실한 사람들이었다. 그야말로 '스마트'한 내 친구들이나 가까운 선배들이 막상 퇴직 후 새 인생 앞에서 난감해하는 것을 보면서 글쓰기 전도사가 되기로 했다.

"글을 좀 써보세요." 많은 사람이 내게 인생 상담 비슷한 걸 해온다. 그때 내가 종종 하는 말이 바로 글을 써보라는 거다. 지금 나한테 한 이야기들을 글로 써보면 좋을 것 같다고, 그리고 나면 분명 무슨 생각이 날 텐데 그때 나하고 다시 얘기하자고 말한다. 글은 참 묘한 구석이 있다. 분명 말로 했어도 글로 쓰고 나면 새로운 것들이 그 사이로 끼어들어 전혀 다른 느낌의 문장들이 이어진다. 글 사이에 뭔가가 고인다. 내뱉자마자 공중으로 휘발되어버리는 말과는 대조적이다. 타인에게 말을 거는 것보다 혼자서 글을 쓰고 쓴 글을 들여다보는 것이 인생살이에 어려운 문제를 푸는 데 도움이 되는 이유도 바로 느닷없이 튀어나온 문장들 덕분이다.

단도직입의 글쓰기와
필독서 읽기

무수하게 떠오르는 생각을 글로 쓰고 나면 대화의 내용도 달라진다. 소위 말이 통하는 것이다. 비로소 진짜 이야기를 할 수 있는 순간이 되었다. 윗물을 걷어낸 아랫물로 바로 들어가는 대화가 시작된다. 문제의 뿌리는 그곳에 있다. 이렇게 말과 글의 변주를 통해 현재를 파악하고 미래를 계획하는 것이 내가 생각하는 글쓰기의 가치와 의미다. 그러면 누구나 이런 글쓰기에 도전할 수 있을까?

내 강의를 듣는 수강생 중에는 글을 꽤 써본 사람도 있고 마음은 늘 있었지만 써보는 건 처음인 사람도 있다. 어떤 경우든 3~4주가 지나면 달라진다. 거의 예외 없이 일어나는 일이다. 단순히 문장만 달라지는 정도가 아니라 글에 접근하는 마음과 태도에도 변화가 찾아온다. 멋을 부리거나 연출을 하려는 태도는 사라지고 하고 싶은 말을 있는 그대로 할 수 있게 된다. 가짜는 진짜를 못 이긴다. 가짜를 지어내거나 변죽만 울리는 게 재미없다는 것을 쓰면서 알아버렸다. 단도직입으로 달려가는 것이 가장 쉽고 또 얻는 것도 많다는 이 간단한 글쓰기의 핵심을 꿰뚫었다.

나는 학생들에게 매주 필독서를 권한다. 일주일에 한 권이지만 반드시 읽으라는 뜻은 아니다. 그 책의 존재를 알고 있으면 언젠가는 읽게 된다. 내가 이십 년 동안 글을 쓰면서 '읽어온 책 중에서 정말 이 책은 한때 내 인생에 빛이었어' 하는 책만 골라서 추천한다. 처음에는 독서를 해야 글쓰기 모드로 들어가기 쉽다. 학생들이 차츰 책 읽는 재미를 느끼면서 좋은 책을 추천해줘서 고맙다는 말을 한다. 알고 보니 사람들은 책이 읽고 싶어도 뭘 읽어야 할지 몰라서 못 읽고 있던 것이다.

그런 의미에서 서평 쓰기를 공부하는 건 여러모로 쓸모가 있다. 이 세상에는 정말 다양한 책이 존재한다. 그 책들 중 내 손이 선택한 몇몇 책에 대해 내 마음이 불러주는 말을 받아 적은 것이 서평이나 독서일기다. 그럴 때 조금씩 정신의 키가 크는 것이 아닐까 짐작해본다. 예쁘거나 귀한 물건을 수집하는 일만큼이나 흥미로운 게 새로운 책 수집하기다. 요즘은 북디자인도 어찌나 세련됐는지 내용을 떠나 책이라는 물건을 가지고 싶은 마음이 먼저 든다.

콩나물시루에 물을 붓듯 매일 책을 읽는 것이 내 생활이다. 물은 아래로 다 새버린다. 그래도 콩나물은 자란다. 내가 할 일은 그저 물을 붓는 것이다. 물을 먹고 안 먹고는 콩이 알아서 할 일이다. 이렇게 느린 호흡으로 기다리는 일이 인문학적인 태도라는 생각이 든다. 당장 눈에 보이는 것만을 추구하는 삶을 살고 있지만 삶의 10퍼센트, 혹은 5퍼센트쯤은 실용과 무관한 맑은 공기를 쐬듯 책을 읽고 글을 쓴다.

길게 보면 어떤 것이 더 실용적인지 단언하기 어렵다. 실직을 하거나 실연을 당하거나 다른 어떤 커다란 인생의 재앙을 만났을 때 무엇이 나를 도와줄 것인가. 여간해서 쓰러지지 않는 투지, 쓰러졌다가도 어찌어찌 다시 일어설 수 있는 회복력은 어디서 만들어지는가 생각해볼 일이다. 이 세상에는 나보다 더한 일을 겪고도 인생에 감사하며 사는 사람이 많다는 걸 책에서 숱하게 보아왔다. 나는 삶의 아주 작은 부분밖에 모른다. 더 살아보고 더 견뎌보고 나서 말하겠다고 용기를 내는 삶에 대한 애정은 어디서 나왔을까?

나만의
책꽂이 만들기

몇 년 전부터 집에서 책 버리기 운동을 하고 있다. 책이 너무 많고 공간은 적으니 어쩔 수 없이 안 읽는 책은 버릴 수밖에 없다. 그런데 이게 참 쉽지 않다. 버리고 싶은데 버려지지 않는다. 그래서 우선 잡지와 판형이 오래돼서 읽기 어려운 책부터 정리했다. 한 번에 버릴 수 없어서 한두 권씩 책꽂이에서 빼낸 뒤 모았다 버리곤 한다.

목수한테 부탁해서 내 방의 한 면을 다 차지하는 책꽂이를 짰다. 그리고 그중 한 칸은 내가 반복해서 보는 책이 꽂혀 있다. 글이 안 풀릴 때, 어떤 일로 심장이 두근거리며 안정이 안 될 때, 아무 이유 없이 그냥 책장을 넘기며 손끝에 닿는 종이의 감촉을 느끼고 싶을 때, 그 작가의 문장이 주는 긴장감을 경험하고 싶을 때 그 책꽂이를 찾는다. 이유는 매번 다르지만 손가락 끝으로 책등을 훑어본 뒤 기분 따라 한 권을 뽑아 펼친다.

어린아이들한테 '필로우 콤플렉스'라는 게 있다는 말을 들었다. 자기가 꼭 베는 베개를 베야만 잠이 온다. 베개일 수도 있고 잠옷이나 곰인형일 수도 있다. 그게 곁에 있다는 것만으로도 심리적 안정을 얻는다. 아마 작가에게는 책이 그런 역할을 할지 모른다. 여행을 떠날 때도 꼭 한 권을 가방에 챙겨 넣는다. 어떤 책을 가져갈지 심사숙고한다. 왜냐하면 여행지에서 수없이 반복해서 읽고 또 읽을 책이기 때문이다.

세월이 흐르면서 나만의 책꽂이에 있는 책도 늘어난다. 그 책의 저자는 나와 함께 이 공기를 호흡하기도 하고 이 세상을 떠나기도 했다. 로맹 가리와 김승옥과 나쓰메 소세키는 지금 어디서 뭘 하고 있을까? 죽음 다음의 세상은 과연 있을까? 이런저런 상상을 한다. 그들 셋이 지옥이든 천국이든 어딘가에서 만난다면 참 재미있는 일이 벌어질 텐데.

이상한 일은 나와 동시대를 살아가는 작가들보다 오래전에 죽은 옛날 작가들에게 더 쉽게 감정이입이 된다는 사실이다. 백 년 전에 일본에 살던 그 남자의 마음이 어떻게 지금 서울에서 사는 나와 비슷할 수 있는지 불가사의하다. 모든 마음에는 여간해서 메워지지 않는 틈이 있다. 그 틈에 무엇이 깃들어 있는지 알아보는 사람들이 작가다. 그 틈에서 흘러나오는 작은 속삭임을 알아듣고 귀 기울인다.

"모든 아름다운 것에는 슬픔이 있다"는 오스카 와일드의 말을 사람들은 자주 인용한다. 그는 자신이 쓴 동화를 아들에게 읽어주곤 했는데 그때마다 눈물을 흘렸다. 왜 아름다운 이야기를 들려주면서 우느냐고 아들이 물었을 때 오스카 와일드가 들려준 대답이다. 이것이 비유든 실재든 아주 가끔 누구나 지극한 아름다움 앞에서 눈시울을 적신 적이 있을 것이다. 반대로 지극한 슬픔과 고통의 장면에서 아름다움을 읽어내기도 한다.

자신의 세계를 갖는다는 건 중요하다. 필수적이다. 내가 들어서면 주인공이 되고 나만의 방식과 취향으로 이루어진 세상을 꾸몄다면 그곳은 지하 벙커처럼 유사시에 나를 보호해준다. 독서 성향도 인간관계도 내 인생의 계획표도 나만의 세계 위에 세워야 한다. 나를 잘 알고 나를 잘 이해해야 타인도 잘 이해할 수 있다. 타인은 나의 바깥 버전이라고 생각한다. 자신을 충분히 이해하고자 노력해본 사람은 타인의 노력을 알아볼 수 있다. 그렇게 우리는 하나씩 배워가며 나와 남 사이에 다리를 놓아야 한다.

좋은 책을 갖는 것은 좋은 친구나 스승을 만나는 일과 같다. 책은 나의 부족함을 조용히 일러주며 더 나은 나로 만들어주는 존재다. 나만의 책꽂이를 만들고 거기서 나를 위안하는 법을 찾을 줄 아는 사람은 자신을 지키기 위한 타인의 노력도 존중할 줄 안다. 손을 뻗어 책 한 권을 꺼내 들고 나에게 말을 거는 작가와의 나직한 대화를 시작하는 시간. 글을 쓰는 것도 책을 읽는 것도 마음의 틈을 건너 대화를 시작하는 일이다. 거기서 모든 것이 싹튼다.

어쨌든 문장이다

글쓰기 강의에 참가하는 사람들의 목적은 분명하지만, 글을 쓰러 온 이유는 제각각이다. SNS에서 인기를 얻고 싶어서, 책을 한 권 출간하기 위해서, 인생을 글로 정리해보고 싶어서 왔다고 수줍게 자기소개를 한다. 그런데 빠뜨리지 않고 하나같이 하는 말이 "저는 글을 잘 못 쓰지만 언젠가 한번 꼭 써보고 싶었어요"라는 겸손의 관용구다.

왜 스스로 글을 못 쓴다고 생각할까?

뛰어난 한국어 실력에다 책도 많이 읽었고 공부도 할 만큼 했다. 그런데 왜 다들 글을 못 쓴다고 생각하는 걸까. 실제로 써보면 실력이 상당한데도 여전히 못 쓴다고 우긴다. 잘한다고 우겨도 시원찮을 판에 왜 정색하면서 못 한다고 펄쩍 뛰는 걸까? 얼핏 떠오르는 건 이런 생각들이다. '학교 다닐 때 칭찬을 별로 못 받았구나.' '누군가 이 것도 글이냐고 핀잔을 주었구나.' 글을 쓰든 안 쓰든 그건 자유다. 그러 나 자기가 글을 못 쓰기 때문에 안 쓴다고 철석같이 믿고 있다면 그건 불 행한 일이다. 글을 써서 맛볼 수 있는 다른 형태의 삶이 시도도 안된 채 차단당하는 셈이니까.

인문학 아카데미에서는 소수 그룹으로 강의를 해서 과제를 내주고 써 온 과제를 피드백하는 방식으로 수업을 진행한다. 요즈음은 공공도서관 에서도 글쓰기 강의 요청이 제법 들어온다. 도서관의 경우 30명 정도 불 특정다수의 사람이 모이기 때문에 과제를 내기가 어렵다. 수업시간에 주 제를 정한 다음 15분의 시간을 주고 그 자리에서 A4용지에 쓰라고 한다. 수업이 끝나면 집에 가져가서 읽고 간단한 리뷰를 적어 다음 수업시간에 돌려준다. 번거로운 과정이지만 글쓰기는 이렇게 직접 쓰고 객관적인 의 견을 듣지 않으면 늘지 않는다. 늘 같은 오류를 반복하고 반성 없는 글쓰 기를 계속한다.

막상 해보면 알겠지만 처음 글을 쓰려고 하면 눈앞에 있는 A4용지가 엄청나게 큰 종이로 보인다. 상당수가 절반을 채우는 것도 어려워한다. 엉뚱한 자기소개를 잔뜩 늘어놓거나 글씨를 크게 써서 단 몇 줄로 모든 공간을 채우는 변칙을 쓰는 사람도 있다. 자기 이야기를 글로 쓰는 일에 대해 무척이나 긴장하고 있음을 글과 행간에서 느낄 수 있다. 준비가 안 된 만큼 두서없기도 하고 거칠기도 하지만 그 어떤 글보다 그 사람의 진 심이 담겨 있다. 왜 글을 쓰려고 하는지 속마음이 보인다는 얘기다. 글이란 참 묘해서 아무리 짧아도 글 쓴 사람의 정체성이 드러난다.

기적은 그다음에 일어난다. 불과 2~3주 지났는데 글이 완전히 달라진다. 첫 실마리를 풀기가 어렵지 누군가 그것만 해주면 그 사람 안에서 잠자고 있던 말의 샘이 봇물 터지듯 쏟아진다. 차츰 문장도 가지런해지고 자신의 생각을 표현하는 방식도 안정을 찾아간다. 한 여자 수강생은 기억이 뚜렷하다.

오 년 전에 이혼했고 그 충격으로 우울증 치료를 받고 있다는 그녀는 첫 시간에 글쓰기에 심적 부담을 느껴서 낙서처럼 몇 자 끼적거린 글을 제출했었다. 세 번 정도 글을 쓰고 나니까 A4용지 한 장을 앞뒤로 빼곡하게 채운 글을 쓸 수 있었다. 내용도 처음의 격정과 울분을 가라앉히고 현재의 자신과 미래의 일에 대해서도 말할 수 있는 상태까지 발전했다. 그럴 수 있는 에너지가 자기 안에 있었는데 찾지 못해 그동안 그토록 힘든 삶을 살아왔던 거다.

예외 없이 매번 그런 일이 생겼다. 불과 5주 수업 동안 글과 사람 둘 다 많은 변화를 통과한다. 내 안에 무엇이 있는 줄도 모르고 살던 사람이 의외의 잠재력을 발굴하기도 한다. 생각지도 못한 글쓰기 재능을 발견해서 계속 글을 쓰겠다는 사람도 한둘 이상 꼭 나온다. 오랫동안 눌러놓고 지냈던 감정들도 제자리를 찾아간다. 아픔은 아픔대로 소망은 소망대로 반짝이며 슬며시 얼굴을 내민다. 어떤 대책을 마련하기 전에 그 사실을 있는 그대로 바라보았다는 사실에서 큰 위안을 얻고 치유 받는 것을 여러 번 목격했다. 그런 일을 되풀이해서 경험하는 동안 나는 누구에게든 글을 좀 써보라고 권하는 사람이 되었다.

짐작보다 센 묘사의 힘

이제 남은 문제는 '어떻게 쓸 것인가'다. 글쓰기에 대한 울렁증, 과장된 공포증을 극복하고 나면 다들 글을 잘 쓰고 싶어 한다. 어떻게 하면 글을 잘 쓸 수 있나요? 이 질문을 던진다면 한고비는 넘긴 것이다. 이제 쓰는 건 어느 정도 할 수 있다는 자신감이 생겼고 앞으로는 더 잘 쓰는 데 집중하겠다는 다짐이 들어 있는 말이다. 쓰는 사람도 즐겁고 읽는 사람도 재미있는 글, 한마디로 감동적인 글을 쓰려면 역시나 좋은 문장을 구사해야 한다. 어떤 것이 좋은 문장이고 좋은 문장이 어떻게 만들어지는지는 사실 왕도가 따로 없다.

나는 무조건 정확한 문장부터 쓰는 훈련을 한 다음 기교를 부리라고 말한다. 아름다운 문장도 비문이 없는 깔끔하고 정확한 문장에서 나온다. 그러려면 책을 많이 읽어서 어휘력을 늘리고 감정과 생각을 최대한 내가 원하는 만큼 근사치로 표현할 수 있어야 한다. 사유가 깊어져야 스스로 만족할 수 있는 여운이 남는 글을 쓸 수 있다. 많이 읽고 많이 생각하고 쓰는 것, 귀가 닳도록 들은 이 단순한 방법 말고 다른 비법은 없다.

한 가지 내 생각을 더 보탠다면 서술보다는 묘사의 문장을 구사하는 것이 독자의 공감을 불러들이기에 더 좋다. 문장에는 크게 두 가지가 있다. 묘사 문장과 서술 문장. 묘사는 말 그대로 사진을 찍은 것처럼 상황을 보여주는 것이다. 서술은 상황을 설명해주는 정보가 담긴 문장이다. 이를테면, '그녀는 아름답다'는 서술 문장이고, '그녀의 입술은 앵두같이 붉고 머리카락은 새까만 명주실처럼 윤기가 난다'는 묘사 문장이다.

어떤 사람이 실연의 고통으로 죽을 것 같다는 서술 문장을 풀어내서 실연당한 사람이 하는 행동을 하나하나 보여주면서 그의 고통을 독자가 느끼도록 하는 것이 묘사의 역할이다. 서술은 단박에 한 문장으로 상황을 정리해버리니까 문장에 속도가 붙는다. 글 쓰는 사람 입장에서는 길게 묘사하기보다 한두 마디로 재빨리 정리해서 끝내버리고 싶다.

독자의 마음을 움직이는 것은 한 사람이 장애인인지 아닌지 여부보다 그 장애로 말미암아 겪게 되는 진짜 고통의 모습이다. 박탈당해서 누리지 못하는 그 무엇을 볼 수 있어야 공감을 불러일으킨다. 독자만을 위해서가 아니다. 글을 쓰는 사람 자신을 성찰하거나 치유하고 위안받고 때로는 즐거움을 느끼고 싶다면 언어의 맛을 충분히 보아야 한다. 그러기 위해서 거리를 두고 대상을 그려 보이는 묘사가 필요하다.

서술과 묘사를 변주하면서 때로는 속도를 내고 때로는 장면을 그려주어 글에 탄력을 가져오는 감각은 많이 써야 생긴다. 글을 쓰면 남의 글을 읽을 때도 훨씬 자세히 들여다보게 된다. 독서의 밀도가 높아지면서 문장 실력이 늘어간다. 모든 배움이 다 그렇듯이 그 과정을 즐겨야만 오래 할 수 있고 잘할 수 있다.

담담히
그러나 꾸준히 나아갈 것

손과 머리의 거리는 천 리다. 머릿속에서는 만리장성 같은 이야기가 펼쳐져 있고 용광로처럼 들끓어도 손은 꿈쩍도 안 한다. 처음 글쓰기를 시작했을 때 가장 난감한 것은 그것 때문이었다. 내 머릿속에 있는 생각은 금강석인데 손으로 꺼내는 순간 숯덩이로 변한다. 머리에서 손까지 내려오는 동안 그 숱한 생각들은 다 어디로 사라지고 앙상하고 초라한 몇 줄의 글만 남았는가. 그 지점에서 절반 이상은 포기한다.

그렇다면 어떻게 해야 이 안고수비眼高手卑의 시기를 무사히 통과할 수 있을까. 절박함, 책임감, 자존심이 있다면 여기서 백기를 들 수는 없다. 어떻게 해서든 갈 데까지 가봐야 한다. 마지막 정거장에서 뭐가 기다리고 있는지 알기 위해서는 자갈밭이든 진흙탕이든 지나가야 한다. 어떤 사람들은 이 과정을 미리 짐작하고 침착하게 대응할지도 모른다. 단숨에 정상까지 도달할 수는 없다. 담담히 그러나 꾸준히 나아간다.

초라한 몇 줄을 며칠 동안 계속 쓴다. 쓰고 또 쓴다. 길이는 점점 길어진다, 조금씩 덜 초라하고 덜 거칠다. 뭔가 기미가 보이는 것도 같다. 고수는 호들갑을 떨지 않는다. 고수가 될 싹수가 보이는 사람은 어지간한 뚝심으로 초기의 이 울퉁불퉁한 감정을 태연히 넘어선다. 이 고비만 넘

기면 곧 긴 숨을 내쉬면서 산의 중턱쯤 올라와 먼발치에 아름답게 펼쳐
진 능선을 볼 수 있다. 이때부터는 여태까지 해온 속도로 계속 가기만 하
면 된다.

한 수 거든다면 처음에 손가락이 움직이지 않으려고 할 때 스스로에게
이렇게 명령하라.

"세 줄만 써. 딱 세 줄만!"

그다음 날도 또 그다음 날도 그렇게 하면 된다. 어느새 한 달이 지나 있
을 것이다. 그때는 스스로에게 명령할 필요가 없다. 써놓은 글이 쌓이는
시간이 필요하다. 어느 정도의 양이 나오면 그때는 자기가 하려는 말의
형태가 어렴풋이 보인다. 그게 전부다. 이 일을 계속 반복하는 것이 글쓰
기의 핵심이다.

마음을 다잡는 글쓰기의 기술

글은 쓰고 싶은데 어디서 시작해야 할지 모르는 사람이 많다. 글감을 찾지 못해 고심하는 사람에게는 인생 이력서를 써보라고 권한다. 지금까지 살아온 삶을 겪은 대로 마음의 소리에 귀기울이며 풀어낸다. 나중에는 어떻게 될지 몰라도 우선은 창작의 답을 찾을 수 있다. 자기 안에 실마리가 있다고 생각하면 쉽다. 하지만 어떤 경우는 내 안에서 글감을 찾기가 더 어려울 수도 있다. 그렇다면 주변에 있는 누군가를 내세우면 된다. 의외로 글을 쉽게 시작할 수 있는 방법이다.

미학적
거리 두기 연습

시작하기가 어렵지, 시작하고 나면 속도는 나게 마련이다. 주변 인물을 빗대어 쓰기 시작한 글이라도, 쓰다 보면 결국 자기 얘기다. 인간은 자기 자신밖에 관심이 없다. 가족이나 친구, 주변 사람들에게 마음을 쓰고 사랑을 주고받으며 살고 있지만 궁극적으로는 자신에게 가장 많은 관심과 애정을 보낸다. 지극히 정상이다. 자기보다 남에게 애정이 많은 사람이 있다면 오히려 건강하지 않은 사람일 가능성이 높다. 많은 신경증이나 정신과적 증상이 자기보다 타인을 더 의존하는 데서 생긴다. 무엇이든 나를 믿고 사랑하는 마음가짐에서 시작해야 한다.

자기중심적인 사람이 되라거나 타인에게 공감하지 못하는 냉혈한이 되라는 말이 아니다. 가장 가까운 사람인 자기 자신을 알고 자신의 문제를 깊이 들여다볼 줄 알아야 남의 문제도 그만큼 잘 다룰 수 있다. 전문용어로는 '미학적 거리 두기'라고 부르는데, 타인을 빌어 내 이야기를 시작하면서 나와 타인을 동시에 아울러 이해하는 지점에 도달한다.

인간은 자신의 진실을 표현하고 인생을 기록하고자 하는 욕망을 가진 존재다. 자기 이야기를 솔직하게 한다고 하면서도 나쁜 건 숨기고 좋은 건 부풀리게 마련이다. 처음 글을 쓰면서 누구나 겪는 과정이다. 참 이상하게도 솔직하지 않은 글은 독자가 다 알아차리게 되고, 결국 감동을 주지 못한다. 쓰는 사람조차도 점차 흥미를 잃는다. 스스로 마음의 빗장을 열고 진솔하게 써나간 글만이 필자와 독자 모두를 움직인다. 기술보다 마음이다. 머리로 생각하고 마음으로 써야 한다. 기술은 그 과정에서 저절로 터득하게 된다.

오래도록 글을 쓰려면 자신만의 리듬을 파악해야 한다. 어떤 때 제일 잘 써지고, 어떤 때는 도저히 한 줄도 못 쓰는지 알면 싫은데 억지로 쓰는 일을 피할 수 있다. 적어도 나 스스로 재미있어서 자발적으로 한다는 느낌이 들어야 한다. 이것 또한 나(의 능력)를 알아가는 과정에 해당한다.

도망갈 수 없는
첫 문장으로 시작하라

첫 문장이 중요하다는 것은 모든 작가가 강조하는 대목이다. 작가들의 빼어난 첫 문장만 모아놓은 책이 출간될 정도로 첫 문장은 독자의 관심사다. 책장을 펼쳐 만나게 되는 첫 번째 문장에서 많은 것이 판가름 난다. 모든 감각과 내공을 집중시켜서 첫 문장에 승부를 거는 것은 쓰는 이의 당연한 의무다.

그럼 어떤 문장을 써야 첫눈에 독자를 사로잡을 수 있을까. 그에 따른 고견들은 넘쳐나겠지만 우선 말해두고 싶은 것은 빠져나갈 지점이 많은 느슨한 문장을 피하고 단도직입적인 문장을 써야 한다는 점이다. 빠져나갈 곳이 없고 정곡을 찌를 수밖에 없는 문장 말이다.

"그 일은 삼 년 전에 일어났다."

이런 문장으로 글을 시작했다고 상상해보자. 그리 나쁜 문장은 아니다. 하지만 앞으로 나올 문장이 뻗어 나갈 곳이 너무나 많다. 느슨하다.

"삼 년 전 나는 감옥에 갔다."

이 문장 다음에 어떤 문장이 나와야 할까. 바로 본론으로 질러갈 수밖에 없다. 무슨 죄를 저질렀는지 말해야 할 것이고, 죄를 짓게 된 사연이나와야 한다. 다른 데로 도망갈 수가 없다. 직진밖에 할 수 없다. 글을 시작한 지 얼마 안 된 사람일수록 강렬하고 인상적인 첫 문장으로 시작하는것이 비결이다. 그래야 문장에 힘이 생기고 글이 샛길로 빠지지 않는다.

글을 쓰다가 어쩐지 맥이 빠지고 재미가 없다는 기분이 들면 맨 처음으로 돌아가 첫 문장을 바꿔보는 것도 방법이다. 첫 단추를 달리 끼워보는 것이다. 뭐가 잘못됐는지 알게 된다.

학생들이 쓴 글을 읽을 때 이 점을 유심히 본다. 사람에 따라 다짜고짜하고 싶은 말을 쓰거나 배경 설명만 열 줄 이상인 사람도 있다. 본인도 금방 깨닫는다. 서두가 길면 매력 없는 글이 된다는 것을. 뒤로 갈수록 점점좋아지는 뒷심도 필요하지만 처음 날리는 강펀치의 힘은 절대적이다.

요즘에는 더더욱 핵심이 맞닿는 첫 문장으로 시작하는 것이 독자의 감각과 맞아떨어진다. '아, 이런 이야기를 하려는 거구나.' 미리 알려주면그걸 붙들고 계속 읽어나간다. 물론 마지막 순간까지 사이사이에 이야기의 맥락을 일깨우는 문장을 심어주는 것도 잊지 말아야 한다. 그것이 복선과도 연결되고 글의 자연스러운 흐름을 만든다.

끝없이 퇴고하라

내가 쓴 글은 계속해서 읽고 고쳐야 한다. 내 문장력이 늘어갈수록 이전에 쓴 글에서 전혀 다른 요소를 발견한다. 아는 만큼 보이는 것을 넘어 쓴 만큼 보인다. 그때가 퇴고로 더 나은 글로 만들고 완성도를 높이는 시기다. 아무리 재능 있는 작가라도 자기가 쓴 글을 수없이, 적게는 두세 번에서 많게는 열 번 이상 퇴고한다. 헤밍웨이가 《노인과 바다》를 서른 번 넘게 고친 이야기는 유명하다. 십 년, 이십 년 써온 작가도 예외는 아니다. 훌륭한 작가일수록 고치면 고칠수록 좋아진다는 것을 잘 안다. 한 문장만 끼워 넣거나 빼도 전혀 다른 느낌을 주는 게 글이다. 그 사실을 발견하려면 거듭 읽고 수정하는 길밖에 없다.

퇴고가 중요한 이유는 또 있다. 글에 오자나 탈자, 띄어쓰기 등 기초적인 오류가 많으면 읽는 사람이 짜증을 내고 흥미를 잃는다. 기본을 갖추기 위해서도 퇴고가 필요하다. 기본이 돼 있어야 한 단계 높은 차원의 평가를 들을 수 있다. 사소한 지적을 계속 받으면 창작 의욕만 꺾이고 모처럼 얻은 피드백 기회를 아깝게 날린다. 독자가 기대하고 읽고 싶어 하는 글은 이렇게 사소해 보이는 일을 사소하지 않게 해낼 때 탄생한다.

"작은 차이가 큰 차이다."

이 말을 명심해서 한 번 읽을 때 한 가지 이상의 문제점을 발견한다는 마음으로 샅샅이 문장을 헤쳐서 읽자. 그렇게 읽어도 지겹지 않은 글을 쓰는 것을 목표로 삼는다. 내가 읽기 싫은 글은 독자도 읽기 싫다. 내가 몰두해서 애정을 갖고 조금이라도 나은 글을 쓰려고 꼼꼼히 살핀 글은 그 기운이 글에 배어난다. 읽는 사람도 똑같은 집중력으로 몰입하게 된다.

퇴고의 장점 중 하나는 글을 반복해서 읽으면서 겸손을 배운다는 점이다. '이렇게 단순하고 지루한 작업을 반복하면서 쓰는구나.' 그런 생각에 도달하면 이제 작가라는 직업의 껍데기가 아닌 알맹이를 맛보는 단계에 이른 것이다. 작은 것 하나도 허투루 넘기지 않으려는 '작가정신'만이 내 글을 살린다는 각오는 끝까지 지켜내야 할 재산이다.

오래 하는 일이
잘 하는 일이다

이제 계속 글을 쓰는 일만 남았다. 매일 글쓰기를 이어가고 있다면 이제 생각과 감정을 글로 표현하는 일이 조금은 익숙해졌으리라. 내 언어가 나 자신임을 알게 되었을 것이다. 더 정직하고 더 정교한 나만의 표현, 오롯한 나의 글을 얻기 위해 우리는 책을 읽고 생각을 하고 글을 쓴다. 우리가 써 내려간 글 속에 앞으로 하고자 하는 바가 녹아 있고 지금 해야 할 일들이 담겨 있다.

뜬구름이 아니라 손바닥을 적시는 빗방울. 그리고 그 빗방울이 땅에 떨어져 키울 씨앗과 새싹. 우리는 이제 그런 실제적인 것을 발견하고 바라볼 수 있게 되었다. 앞으로의 인생은 스스로에게서 위안을 찾고 스스로를 격려하자. 적어도 그 가까이 다가가는 법을 익혔으리라 믿는다. 위안도 기쁨도 슬픔도 고통도 절반 이상 이미 내 안에 있다. 내 속에 숨죽이며 기다리고 있는 여러 얼굴의 나와 사이좋게 잘 지내는 법, 그것들과 나란히 걷는 법. 배우기를 멈추지 말자.

나를 믿음이 모든 것의 맨 앞자리에 있다. 나를 믿고 나의 주변을 믿고 세상을 믿으려면 내 손에 닿고 내 눈에 들어오는 것이 실체가 있어야 한다. 매너리즘과 허세, 실체 없는 두려움은 눈을 흐리게 하고 판단을 헝클어놓는다. 눈을 밝게 하고 손과 발을 부지런하게 하는 것들로 주변을 채우는 일이 자연스럽고 즐거워야 삶이 가볍다. 힘을 내자. 그래도 힘이 안 나면 잠깐 쉬어도 좋다고 스스로에게 말해줄 수 있는 여유. 그것은 삶에 대한 용기요 자신감이다.

여태까지 잘해왔다. 더 잘하면 좋겠지만 이만하면 나쁘지 않다. 가장 중요한 것은 '오늘'이다. 내가 발 디딘 오늘이 온전히 '나의 오늘'이 되도록 오늘도 삶을 사랑할 수밖에 없는 것이 우리 인간의 운명이다. 기쁜 오늘은 기쁜 내일을 불러온다. 애쓴 오늘은 덜 버거운 내일을 데려온다. 삶이 아무리 비관 속에 진행되더라도 낙관을 향한 의지만은 잃지 않도록 스스로를 믿고 사랑하자.

PART 2

건축과 공간

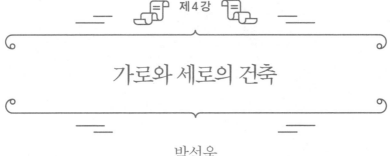

제4강

가로와 세로의 건축

박선욱

건국대 건축공학과 대학원을 마치고 파리 제10대학교에서 도시계획 및 도시공간 계획 박사학위를 취득했다. 프랑스와 국내 유수의 건축사무소를 거쳐 현재 경남대학교 건축학과 교수로 재직하고 있다. 국립중앙박물관, 가평 쁘띠 프랑스, 송도 IFEZ 아트센터 등의 설계에 참여했으며, 한국산업단지공단 건설자문평가위원, 한국생태건축학회 이사, 한국프랑스문화학회 편집위원 등으로 활동하고 있다.

광장, 사람과 건축물이 평등한 가로의 공간

아테네, 런던, 파리, 로마, 베네치아, 바르셀로나. 사람들은 유럽을 꿈꾸고 유럽으로 떠난다. 고대 그리스의 헬레니즘과 중세 기독교 사상, 그리고 근대 르네상스로 이어진 문명사의 궤적이 고스란히 담긴 도시로 시간 여행할 수 있는 곳이 바로 유럽이기 때문이다.

유럽을 대표하는 도시에는 과거와 현재가 공존한다. 솟구친 첨탑과 스테인드글라스, 그리고 예수의 가르침을 조각으로 묘사한 성당에서 고딕, 로마네스크 등 전통 건축 양식을 확인할 수 있으며 포스트모더니즘, 아르누보, 해체주의, 포퓰리즘 등 예술사조와 맞물린 근현대 건축 양식에 이르기까지 수천 년의 시간을 압축한 서양 건축사의 흐름을 조망할 수 있다.

근대 이후 500년간 정치·경제·문화의 중심지가 된 유럽은 뒤처진 근대역사를 따라잡으려 나선 아시아 국가들의 오랜 벤치마킹 대상이자 부러움의 상징이었고, 아시아에서는 그들의 문화를 배우기에 바빴다. 그래서일까. 유럽은 모두에게 '죽기 전에 꼭 가 봐야 할' 여행지가 됐다.

도시의 역사
광장의 역사

도시의 역사는 건축의 역사다. 근대 이후 급격히 발달하게 된 도시는 역사와 문화가 깃들어 있는 공공의 장소이자 개인적인 삶의 바탕이 되는 사적인 공간이 혼재돼 있다.

유럽의 도시를 거닐다 보면 빠지지 않는 공간이 있다. 바로 광장이다. 광장은 고대 그리스의 아고라agora, 고대 로마의 포럼forum 등에서 유래했다. 상호 의사를 교환하는 장소이자 상거래를 하는 장터이며, 종교의식이 펼쳐지는 제의 공간일 뿐 아니라, 문화를 생산하고 소비하는 무대로 철학자와 시민들이 자연스럽게 만나는 소통의 공간이기도 했다.

광장에서 빠지지 않는 건축물이 있다면 성당과 시청 등 정부 기관과 상업시설이다. 중세로 접어들면서 통치 수단으로써, 그리고 구성원을 결속시키고자 왕실이 나서서 받아들였던 가톨릭의 번성으로 광장의 중앙에는 교회와 성당이 중요한 건축물로 들어서게 된다. 이곳에서 상거래가 이루어지고, 인허가 및 도시의 재정과 관리를 총괄하는 정부 기관도 있었다. 종교와 정치·경제적 측면에서 구심점 역할을 해 온 광장은 시대의 변화에 따라 주변의 건축 요소와 도시의 구조를 상징하며 진화해왔다. 또한 누구나 누릴 수 있는 공유의 공간으로 자리 잡았다.

이탈리아 베네치아의 산마르코 광장은 중세의 전형적인 광장으로 손

꼽힌다. 동쪽 끝에는 산마르코 대성당이 있고 남측에는 성
당의 아홉 행정관 관저가 자리하고 있다. 당시 행정관은
베네치아에서 도제와 내부 장관 다음으로 지위가 높았다.

비잔틴 건축 양식의 대표적인 건물인 산마르코 대성당은 15세기 말에 부
를 축적하면서 재산을 관리하기 위한 행정관서의 역할도 담당했다. 이곳
은 투우나 마상시합은 물론 도제 선출을 축하하기 위한 행진이나 성대한
종교행사, 축제에 이르기까지 세속적 혹은 종교적 공공행사를 위해 사용
되기도 했다. 광장을 둘러싼 아케이드를 따라 상점이 늘어서면서 상업활
동의 중심지가 됐고 종탑은 감옥, 소광장은 범죄자들을 공개적으로 처형
하는 곳이기도 했다. 근대에 들어서 광장은 성난 민심이 모여 집회를 벌
이는 시민운동과 저항의 공간이자, 기득권을 놓지 않으려고 술수를 부리
는 지배계층을 처단하던 재판의 장소이기도 했다.

프랑스 파리 1구에 위치한 방돔 광장Place Vendome은 근대 유럽의 정체
성을 보여준다. 앙리 4세의 아들 방돔 공작 저택이 있던 곳으로 1702년
루이 14세가 베르사유 궁전을 설계한 건축가 쥘 아르두앙 망사르Jules
Hardouin Mansart에게 맡겼다. 루브르 박물관에서 상젤리제로 이어지는 튈
르리 정원의 북쪽에 위치한 팔각형 모양의 방돔 광장은 17~18세기까지
주요 왕실의 광장으로 초기에는 10미터 높이의 루이 14세 기마상을 세
워 루이 대왕 광장으로 불렸다. 프랑스 혁명 이후 공화국이 들어서면서
동상은 사라지고 방돔이라는 원래의 이름을 되찾게 됐다. 현재 광장에는
조각가 피에르 N. 베르제Pierre Nolasque Bergeret가 조각한 거대한 동상이 세

워져 있는데, 1806년 나폴레옹 1세의 오스트랄리츠 승리를 기념하기 위해 승전지에서 획득한 133개의 대포를 포함해 유럽연합군에게서 빼앗은 청동대포 1천250개를 녹여 주조한 것이다.

파리에서 가장 넓은 면적을 자랑하는 광장은 1755년 앙제 자크 가브리엘이 설계한 콩코드 광장Place de la Concorde으로 루이 16세와 마리 앙투아네트가 참수된 형장이기도 하다. 혁명광장으로 불리던 이곳이 '화합' '일치'라는 뜻의 콩코드로 바뀐 시기는 1830년으로, 프랑스의 어두운 역사를 넘어 평화와 화합으로 나가자는 국가적 염원이 담겨 있다. 광장의 중심에는 이집트 룩소르Luxor 신전에서 가져온 룩소르 오벨리스크가 놓여 있다.

스페인의 수도 마드리드 중심에 자리 잡은 마요르 광장Plaza Mayor은 15세기 펠리페 2세가 톨레도에서 마드리드로 천도하면서 조성한 광장으로 초기에는 상업적 용도로 기획해 이른바 주상복합 건물을 쉽게 볼 수 있다. 지상에는 상점이 위치하고 위층은 아파트로 사용할 수 있도록 설계됐다. 마요르 광장은 'major'와 같은 뜻으로 주요 행사가 열리는 곳이었다. 국왕의 취임식을 비롯해 종교의식, 투우 등 세속과 종교행사는 물론 가톨릭으로 거짓 개종한 유대교도와 이슬람교도들을 종교재판으로 처단하는 형장이기도 했다.

한때 유럽에 자동차가 증가하면서 주차장으로 사용되는 등 광장 본래의 기능을 잃어버리기도 했다. 하지만 1950년대 이후 도심의 보행자 공간화가 유럽의 주요 도시에서 진행되면서 도시재생 프로젝트의 구심점에 광장이 다시 들어서게 됐다. 역사적 문화유산으로서의 광장에 쇼핑과 문화를 접목한 복합적인 기능을 내세우면서 공존과 공유의 개념이 다시 주목받게 됐다.

국가 주도적인 도시 디자인의 대표적 결과물로, 영국 버밍엄의 빅토리아 광장이 있다. 버밍엄의 중심에 있으며 시청사와 의사당 등에 둘러싸인 빅토리아 광장은 1960년대 도시계획 규범에 따라 구조를 재정비하면서 오늘의 모습을 갖추게 됐다. 버밍엄 운하에 물길을 다시 내고 보행로를 개선하고 교통 시스템을 정비하면서 인근의 컨벤션센터, 체임벌린 광장, 센터너리 광장, 뉴스트리트 기차역 등을 연결해 사람들의 발길을 끌어들였다. 활기차게 변화한 광장에는 분수와 공공미술 작품 등이 조화를 이루어 도시재생의 성공 사례로 소개되고 있다.

1989년 베를린 장벽이 붕괴된 역사적인 현장이었던 포츠담 광장Potsdamer Platz은 지역과 정부 기관과 인접해 있으며 주요 교통중심지다. 이곳은 베를린과 베를린 남서쪽에 위치한 작은 도시 '포츠담'을 잇는 중요한 교통의 요지로 세계대전 이전까지 유럽에서 가장 혼잡한 지역이었다. 독일 최초로 신호등이 생긴 곳도 포츠담 광장이다. 브란덴부르크 문Brandenburg Gate에서 서쪽으로 약 1킬로미터 떨어진 곳에 있는 이 광장은 높은 현대식 건물이 들어서면서 빌딩 숲을 이루고 있지만, 옆으로 광활한 잔디밭을 조성해 휴식공간을 제공하기도 한다.

건축학적으로 광장은 건축물과 사람을 연결하는 매개체가 되기도 한다. 유럽의 광장은 독특하게 건축물로 둘러싸인 폐쇄된 공간이면서 건물 중앙이 빈 열린 공간이기도 하다. 프랑스의 라데팡스La Défense 광장은 보행자들만이 넓은 거리를 자유롭게 활보하며 도시를 둘러볼 수 있는 열린 공간이다. 사람들이 서로 소통하고 교류하는 유기체와 같은 생명력을 가진 빈 공간이다.

인간 중심의
도시계획

광장과 더불어 도시의 허파와 같은 공간으로 공원이 있다. 파리에는 크고 작은 규모의 공원에 빽빽하게 나무가 들어차 있다. 주거지 근처의 작은 공원에서부터 잠시 걷다 보면 마주치는 대로변 안쪽의 공원, 그리고 주말이면 수많은 사람들을 품어주는 공원에 이르기까지 도시의 형태를 다양하게 변주한다. 별다른 시설물은 없지만 나무와 풀밭과 벤치만으로도 조용한 휴식의 공간을 제공한다. 주민들뿐 아니라 잠시 지나가는 외지인에게도 낯설지 않다. 파리의 중심인 1구 루브르 박물관 옆 대로변을 걷다가 우연히 꺾어져 들어가는 크고 작은 도로, 그리고 골목길 중간중간에는 작고 큰 광장과 공원들이 시간을 함축하고 있는 건축물과 어우러져 도시 곳곳의 풍경을 완성한다.

박물관이나 공연장 등 대규모 건물들 앞의 계단 역시 사람들을 받아들이는 매개적인 공간의 역할을 하는 경우가 많다. 파리 중심부의 오페라 극장 앞과 몽마르트르 언덕의 사크르 쾨르 대성당Basilique du Sacré-Cœur 앞 계단이 대표적이다. 비잔틴 양식으로 세워진 하얀 돔이 우아한 자태를 뽐내는 성당의 건물만큼이나 유명한 명소로 알려져 있다. 관광객과 주민들이 뒤섞여 사람들이 없는 모습을 상상하기 어려울 정도로 건축물과 사람들이 멋진 풍경을 만들어내는 곳이다.

19세기 말 오스트리아의 도시기획가인 카밀로 지테는 도시 건축물은 상호 관련 있는 유기적 조직으로 연속돼야 하며, 보행자 우선의 공간을 구성해야 한다는 점을 강조했다. 광장 중심의 도시계획이다. 마치 방과 같이 폐쇄됐으면서도 공간의 구성은 불규칙적이며 시각적인 의외성을 갖춰야 한다는 게 그의 주장이다. 광장의 크기와 규모에 따라 이곳을 지나가는 혹은 살아가는 사람들은 의외의 느낌을 받으며 그 속에서 휴식과 공유, 그리고 소통을 하게 된다. 유럽의 광장은 지테의 건축 이론을 충실히 따르고 있는 것이다.

철강과 유리, 세로의 건축을 실현하다

"자, 어서 도시를 세우고 그 가운데에 탑을 쌓자. 탑 꼭대기가 하늘에 닿게 해 우리의 이름이 날려 흩어지지 않게 하자."

《구약》 창세기 11장에 등장하는 바벨탑 건설에 얽힌 이야기의 일부다. 시날(Shinar, 티그리스강과 유프라테스강 주변)에 터를 잡던 고대 바빌로니아인들은 돌 대신 벽돌을 쓰고 흙 대신 역청(천연 탄화수소 화합물 전체를 일컫는 말로 당시에는 송진이 유력함)을 사용해 단단하고 높은 건축물을 지었다. 신은 이를 자신에 대한 도전이라 여기고 인간들이 서로 다른 부족의 말을 알아듣지 못하게 하는 벌을 내려 뿔뿔이 흩어지게 했다는 게 이야기의 줄거리다.

파리의
도시계획

문명의 탄생 후 인간의 역사는 끊임없는 도전의 연속이었다. 실제 지었다고 전해지는 바벨탑은 세로의 건축을 시도한 첫 번째 사건으로 기억된다. 지난 2,000년 역사에서 종교 교리는 사회규범이자 가치관으로 굳어졌다. 따라서 근대 이전까지 높은 건물을 세우는 일은 신을 거역하는 행위로 간주되었다. 건축물이 권력의 상징이던 중세시대에 가장 높았던 건축물이 교회 첨탑 정도에 불과했던 이유기도 하다.

하지만 인본주의가 부활한 르네상스시대를 지나 과학기술 혁명과 대량생산이 가능해진 산업혁명 이후부터 건축물은 점점 높아지기 시작했다. 프랑스 파리에 세워진 300미터 높이의 에펠탑은 건축물의 세로 확장이 가능하다는 사실을 보여주었다. 1889년 프랑스 혁명 100주년을 기념하며 유치한 세계박람회의 출입 관문으로 조성된 에펠탑은 전 세계에 자국의 선진기술을 선보이고자 국가가 나서서 집중 투자한 구조물이다.

파리 마르스 광장에 건설된 에펠탑은 당시 프랑스의 기술적 진보의 상징이 된 구조물로 총 1만 톤에 달하는 철골로 세워졌다. 에펠탑은 1930년 뉴욕 맨해튼에 크라이슬러 빌딩이 완성되기 전까지 세계에서 가장 높은 건축물이었다. 에펠탑 조성이 가능했던 또 다른 배경으로는 40여 년 전부터 대대적으로 추진됐던 파리 개조사업의 영향이 컸다.

파리는 프랑스의 심장입니다. 이 위대한 도시를 꾸미고, 거기 사는 많은 사람을 개선하는 데 모든 노력을 기울입시다. 새 길을 열고, 공기와 빛이 들지 않는 밀집 지역을 정화합시다. 모든 곳에서 유익한 빛이 우리의 벽을 관통하게 합시다.

프랑스 최초의 대통령이자 두 번째 프랑스 황제였던 나폴레옹 3세가 1850년 파리 시청에서 파리의 도시 개조사업을 선포했다. 이 사업의 책임자인 오스만 남작은 1853년 파리 지사로 임명된 후 도시를 대대적으로 바꿔나가기 시작했다. 그때까지 파리는 중세의 낙후된 모습을 벗어나지 못했다. 좁은 길이 미로처럼 얽혀 있어 만성 교통체증에 시달렸을 뿐 아니라 상수도와 하수도 체계가 없었으며 녹지공간도 찾기 어려웠다. 전염병이 창궐하는 등 위생적으로도 뒤떨어져 있었다.

오늘날의 파리 전경은 나폴레옹 3세와 오스만 남작이 완성했다고 할 수 있다. 파리 개조사업의 주요 방향은 크게 다섯 가지였다.

첫째, 낙후된 지역에 새 도로가 지나가도록 할 것
둘째, 행정기관 간의 소통을 원활하게 할 것
셋째, 철도를 중심으로 간선도로를 연결해 정비할 것
넷째, 녹지를 조성할 것
다섯째, 역사적 건물 주변에 공간을 둘 것

19세기 과학혁명과 산업혁명의 성과에 힘입어 산업과 통상이 획기적으로 발전하면서 대량생산이 가능해지고, 시민혁명으로 민주주의의 기틀이 세워지면서 정치·경제에서 변화가 일어났다. 이 같은 변화의 물결은 건축에도 영향을 주었다. 고전주의, 양식주의, 자연주의 및 구조주의 포스트모던, 포퓰리즘 등의 사조들이 지나가면서 근대화로 넘어가게 된다. 상업과 교통, 그리고 물류의 발달로 인구가 몰리면서 도시가 빠른 속도로 팽창하기 시작했던 것이다. 공장, 대규모 상점, 물류창고 등 새로운 건물이 필요하게 됐고 금융과 행정 등 공공시설과 더불어 주택단지도 들어섰다.

사회 변화는 건축의 내용과 방법, 기술에도 변화를 가져왔고 용도와 기능에 맞는 건축물을 세울 수 있게 됐다. 과거와 달리 대형 건축물이 건설됐으며 빠른 속도로 산업화 도시를 형성하게 됐다. 시야에 들어올 정도의 차분하고 단정했던 건물들의 높이와 면적에서 벗어나 더 크고 더 높은 건축물이 들어설 수 있는 조건이 갖춰진 것이다.

높이의 건축

높이의 건축이 가능하게 된 데는 강철과 유리 등 재료공학적 기술 발전의 힘이 컸다. 이 두 가지는 현대건축의 구조와 형태를 실현시킨 주역이기도 하다. 불순물을 제거하는 제강기술의 발달로 탄소를 줄인 강철의 대량생산이 가능해졌고, 건축물 전면에 유리를 세우는 현대적 건축공법이 개발되면서 조립식 건설의 시대가 열렸다. 무엇보다 공사 기간을 단축시키면서 도시의 외연을 확장해 나갈 수 있게 됐다.

강철의 대량생산은 교량 건설에 획기적인 혁신을 가져왔다. 교량 건축의 주재료였던 목재나 돌 대신 강철 프레임을 사용하면서 곡선 형태의 구조물을 만들 수 있게 된 것이다. 흔들림도 완충하고 기둥과 기둥 사이의 간격span을 늘리자 전체 교량의 길이가 늘어났다. 더욱이 현수구조, 커튼월curtain wall 공법 등 건축공학의 거듭된 발전으로 철강을 이용한 고층건물의 설계가 수월해졌다. 아울러 유리가공기술이 발전하면서 19세기 초부터 거대한 판유리(2.05m×1.07m)를 생산할 수 있었다. 중세 유럽을 대표하는 고딕 양식의 성당 내부를 장식한 스테인드글라스와 비교해보면 유리가공기술의 혁신을 가늠해볼 수 있을 듯하다.

본격적으로 철강과 유리가 건축에 쓰이면서 천장을 만드는 새로운 기술도 개발됐다. 이를 적용한 건물이 1895년 파리의 1호 시장 그랑 마르셰Grand Marché다. 이 건물은 천장을 유리로 조성해 실내는 넓어지고 자연 채광을 끌어들이면서 건물 전체가 더욱 밝아졌다. 화려한 아르누보 양식의 천장과 발코니로 장식한 실내공간은 시각적인 아름다움을 구조적으로 실현했다.

19세기 유리와 강철을 사용한 대표적인 건축물은 영국 런던에 세워진

수정궁Crystal Palace*이다. 산업혁명의 열매를 거둬들이면서
고도성장을 이룩한 영국에게 수정궁은 프랑스 파리와 견
줄 만한 상징물이기도 했다. 모더니즘 건축의 시작과 끝을
예고했던 수정궁은 조경가이자 엔지니어 조셉 팩스턴Joseph Paxton이 1851
년 런던 만국박람회를 개최하기 위해 설계한 건물로 벽과 지붕을 유리로
만들었고 주철로 기둥을 세웠다. 수정궁의 실내 면적은 축구장 18개를
합쳐놓은 크기였다. 벽돌, 석재 등 전통적인 건축 소재를 쓰지 않고 유리
와 강철 등 첨단 소재와 선구적인 설계공법이 축약된 건축물로 기술혁신
의 상징이기도 했다.

　같은 유럽이지만 런던과 파리의 도시 건축은 서로 다른 모습이다. 런
던에는 수백 년의 시간을 거쳐 온 건물 사이에 현대적인 건축물이 들어
서 있지만, 파리에는 중심부에 위치한 극히 일부의 건축물을 제외하고
는 과거의 모습이 고스란히 남아 있다. 오스만의 파리 개조사업 당시의
외관을 유지하는 건축물과 성당, 그리고 공공건물이 근대 시간에 머물러
있는 듯하다. 반면 현대적인 도시의 모습은 루브르와 샹젤리제를 거쳐
신개선문을 축으로 한 라데팡스 지역, 미테랑 국립도서관과 베르시 집합
주거지 및 베르시 공원이 있는 12구의 지역이 대표적이다. 파리에서 느
끼는 자유로움과 아름다움은 건축물에서 그치지 않는다. 그곳을 걸으며
만나는 사람들과 과거와 미래가 혼재된 시간, 그리고 화합의 메시지를

---

* 1851년에 설계된 최초의 철골 건축물. 1853~1854년에 재건한 후 1936년 화재로 소실됐다.

느낄 수 있기 때문이다.

건축물의 높이에 숨겨진 기술은 한 가지 더 있다. 바로 엘리베이터 기술이다. 2,200년 전 아르키메데스가 시칠리아에 위아래로 이동이 가능한 기구를 최초로 만들었지만, 실제 높이의 건축을 실현할 만큼 안전성을 확보한 시기는 증기기관이 발명된 이후부터다. 매튜 볼턴과 제임스 와트가 1780년대 증기엔진을 동력으로 상하 이동이 가능한 기계를 만들고, 1845년 영국의 윌리엄 톰슨이 수압을 이용한 승강기를 개발했다. 하지만 줄이 끊어지는 사고가 잦아 쉽게 건물에 적용하기 어려웠다. 오늘날 엘리베이터의 기본구조와 비슷한 승강기는 1852년 미국인 발명가 엘리사 그레이브 오티스가 개발했다. 줄이 끊어져도 안전한 최초의 엘리베이터는 1857년 뉴욕 맨해튼에 위치한 하우워트 백화점에 최초로 설치했다. 엘리베이터 기술은 증기기술과 기계기술이 접목돼 지속적으로 발전하면서 도시의 스카이라인을 바꾸고 현대화를 재촉했다.

높이의 건축은 관광객을 불러 모으는 랜드마크가 되고 있다. 어느 도시를 가던 여행자들은 가장 높은 건물에 올라가 도시 전체의 풍경을 조망하면서 낯선 도시에 빠져들게 된다. 2012년 이탈리아 북구 몬차 브리안차 상공회의소의 조사에 따르면 에펠탑의 브랜드 가치는 4천346억 6천만 유로(약620조 원)로 로마 콜로세움(910억 유로)보다 다섯 배나 더 높다.

지금은 에펠탑이 관광객을 불러 모으는 파리의 매력적인 랜드마크로 유명세를 치르고 있지만, 건설 당시에는 도시 미관을 손상시킨다는 이유로 거센 반발에 시달렸다. 에펠탑 건설에 반대했던 소설가 모파상이 파리 외곽으로 이사한 후 부득이 파리에 오면 꼭 에펠탑 1층 레스토랑에서 식사를 했다고 한다. 모파상이 "에펠탑을 보지 않을 수 있는 유일한 장소는 에펠탑 안이다"라는 말을 남긴 일화는 유명하다.

19세기 건축사에 큰 획을 그은 에펠탑. 도시의 흉물이라는 비난에 철거 대상이 될 뻔했던 구조물이 이제는 자유와 공존의 상징인 파리의 아름다움을 더욱 돋보이게 하는 랜드마크이자 '관광객을 빨아들이는 진공청소기'로서의 역할을 톡톡히 해내고 있다.

근대 건축을 이끈 사람들

건축은 곧 사람이다. 기술의 혁신을 가시화하고 예술적으로 실현해내는 건축가가 없었다면 오늘날의 도시는 상상하기도 어렵다. 포스트모더니즘 건축을 대표하는 건축가로는 르코르뷔지에Le Corbusier가 있다. '도미노 이론'을 제시한 그는 현대디자인 이론의 선구자이며, 도시 거주자의 생활환경을 개선하는 데 집중한 도시계획가, 화가이자 가구 디자이너였다.

과감한 도시건축의 도전가, 르코르뷔지에

도미노는 집을 의미하는 라틴어 '도무스domus'와 혁신을 의미하는 '이노베이션innovation'의 합성어다. 르코르뷔지에는 1914년 도미노 이론에 근거해 얇은 기둥으로 건물의 하중을 떠받치는 건축기술을 고안해냈다. 도미노 이론의 핵심은 최소한의 철근 콘크리트 기둥이 모서리를 지지하고, 평면의 한쪽에는 위아래 층으로 이동하는 계단을 만드는 개방적인 구조다.

그의 초기 작품들은 산업과 기술의 발달로 신기술과 신재료가 등장하면서 가능했다. 각 층을 나타내는 슬라브를 제거하자 구조체로서의 벽이 사라지면서 평면 공간을 더욱 자유롭게 설계할 수 있었다. 벽이 사라지면서 공간이 개방돼 열린 방을 만들 수 있게 된 것이다. 열린 방이라고 하지만 전통 건축가들의 눈에는 낯설기만 했을 것이다. 비난이 잇따랐지만, 이러한 공간적 구성은 상당히 혁신적이었다. 기둥으로 막혔던 입면을 열어주는 건축물 설계와 시공이 가능해진 것이다.

르코르뷔지에는 고층 건물이 많은 도시계획도 연구했다. 그는 1925년 파리의 북서쪽에 위치한 구도심을 철거하고 60층의 고층건물과 넓은 도로, 녹지를 조성하는 도시계획을 제안했다. 센강의 비위생적인 상태와 열악한 도시환경 문제를 해결하기 위해 고층건물을 세우고 지층은 녹지와 도로로 활용하자는 취지였다. 현대 도시계획의 교과서로 국내에서도 자주 인용되는 '빛나는 도시계획Ville Radieuse'이 바로 이것이다. 하지만 심한 반대에 부딪혀 성사되지는 못했다.

1929년 파리 근교의 푸아시에 건설한 빌라 사보아Villa Savoye는 르코르뷔지에가 추구했던 건축의 5원칙에 근거해 지은 주택으로 평가받고 있다. 건축 5원칙이란 ①필로티(pilotis, 철근 콘크리트 기둥), ②자유로운 평면, ③자유로운 파사드, ④연속적인 수평창ribbon windows ⑤옥상정원roof garden 등으로 압축된다.

필로티 원칙에 근거해 기둥 위에 주거층이 올라앉은 빌라 사보아는 확실한 건물의 규모를 갖춰 존재감을 부각시켰다. 입구가 있는 1층에는 벽이 없어 파사드와 평면을 자유롭게 설계할 수 있을 뿐 아니라 가로로 길게 낸 수평창을 통해 최대한의 자연채광이 들도록 했다. 성직자를 위한 건축물에도 그의 혼이 담겨 있는데, 대표적인 건축물이 롱샹 교회다. 다양한 크기의 창과 흰 벽 위에 곡선 모양의 지붕, 그리고 내부로 밝은 빛이 들어오게 한 수직 탑 등 전체적인 조형미가 뛰어날 뿐 아니라 성스러운 느낌이 건축물에서 풍겨 나온다.

르코르뷔지에는 1920년대에 시작되는 근대합리주의 건축의 국제 양식 속에 서양건축의 기조인 고전주의 미학을 현실화한 인물로 평가받고 있다. 그의 건축 5원칙이나 도미노 이론 등은 주거환경으로 현실화했을 때 다소 불편한 점이 있다. 하지만 혁신적인 발상으로 현대적 도시화를 가능하게 한 인물이다.

천재라는 수식어가 가장 잘 어울리는 건축가, 가우디

프랑스에 르코르뷔지에가 있다면 스페인에는 천재 건축가 안토니오 가우디Antonio Gaudi가 있다. '아르누보Art Nouveau'*

---

* 19세기 말에서 20세기 초에 유행하던 유럽의 예술사조로 새로운 미술을 뜻한다. 자연물 중에서 특히 꽃이나 식물 덩굴에서 따온 장식적인 곡선이 특징이다.

시기에 스페인의 지역 특색을 건축물에 살려낸 그는 근대 이후 건축사에 가장 큰 영향을 준 인물이다. 전통적인 고딕 양식을 벗어나 자신의 건축적인 창의력을 아르누보의 요소에 입각해 정교하게 만들었다. 특히 곡선의 유려함을 띤 건축물에 타일, 도자기, 금속 파편 등으로 다채롭게 장식해 독창성을 뽐내고 있다. 장식화, 자연화, 기하학적 외형이라는 건축학적 특징을 감지하지 못하더라도 그의 건축물은 어린아이부터 어른에 이르기까지 보는 이의 상상력을 자극하기에 충분하다.

18세기 계몽주의 정신을 바탕으로 한 '구조합리주의'* 건축에 곡선과 곡면을 자유자재로 실현시킨 것이 가우디 작품의 특징이라고 할 수 있다. 그는 벽돌과 석재를 주된 재료로 사용하면서도 고딕 양식의 틀을 벗어나 새로운 시대를 담아내기 위한 건축구조를 개발했다. 가우디가 설계한 건축물의 형태는 구조적 원리에 사회적 의미와 상징적 의미를 정교하게 담아내고 있다. 대표작으로는 사그라다 파밀리아 성당과 카사밀라 공동주택, 구엘 공원 등이 있다.

"독창성이란 근원으로 돌아가는 것"이라고 말한 가우디의 작품 세계의 근원에는 자연과 가톨릭이라는 종교가 자리하고 있다.

────────────────────────────────

* 17세기 과학혁명을 바탕으로 건축을 운영하려는 새로운 방법론을 말한다. 과거 건축 양식에 숨어 있는 합리적인 특징을 찾아내 새로운 건축 원리와 표현 체계를 찾아내려는 해석운동이다. 엄밀히 말하면 건축의 양식 사조라기보다 건축물을 바라보는 기본 태도와 방법론을 설명하는 명칭이다. 즉 건축의 창작 기준을 직관이나 심미성이 아니라 합리적인 논리에 두고 객관적으로 결정하자는 태도다.

그는 스페인 바르셀로나 근교에 위치한 가톨릭 성지인 몬세라트 수도원의 산악지대 등 카탈루니아 지역의 자연에서 영감을 받아 설계하고 건축했다. 또한 매일 새벽 미사에 빠지지 않을 정도로 독실한 가톨릭 신자로서 영적인 세계를 건축물로 재현해냈다. 여러 작품 중 사그라다 파밀리아 성당에는 가우디의 철학이 고스란히 녹아 있다.

2018년 현재에도 공사가 한창인 이 성당은 아르누보의 요소를 그의 독창적인 해석으로 현실화한 건축물로 평가받고 있다. 처음에는 고딕 양식을 근거로 설계했으나, 이후 가우디가 설계를 맡으면서 자연의 형태를 건축물에 적용해 성당은 고딕과 자연을 결합한 독특한 구조물로 바뀌었다. 고딕 양식의 상징적인 구조인 '공중버팀벽(flying buttress, 벽체와 완전히 분리된 독립된 벽)'과 부벽(건물 붕괴를 막기 위해 외벽에 덧댄 구조물)을 제거하고 최소한의 덩어리로 조성되는 새로운 구조설계를 선보인 것이다.

기둥과 벽, 천장을 하나의 표면으로 구성하고 나머지는 제거함으로써 삼위일체의 상징을 표현하고 있다. 여기에는 헬리코이드helicoid식의 뒤틀린 기둥이 나오고 중심축에서 다양한 형태로 기둥이 드러나면서 조형미를 완성한다. 가우디는 말년에 상업적인 일은 모두 접고 이 성당을 건축하는 데에만 집중했다. 자연에서 따온 형상으로 아르누보적 분위기를 건축에 실현해 유기적인 조화를 이룬 그의 작품 앞에 서면 인간의 한계가 어디인지를 되묻게 된다.

그 밖에도 카사밀라 공동주택은 공상적인 동물이나 식물이 모인 가공의 정원 같은 정경을 이룬다. 소용돌이치는 유연한 개념의 파사드가 평면, 벽 등의 실내공간에도 적용됐다. 입면의 표현은 파도의 일렁임을 연상시키고, 밖에는 절벽과 물결 모양의 형태가 조각됐는데 도면으로만 봐서는 공간을 상상하기 어려울 정도로 건축물에 곡선이 가득하다. 이 모든 건축적 섬세함으로 인해 채광과 환기 등을 구조적으로 엄격히 계산해 불편함이 없으면서도 아름다운 외형을 자랑한다.

현대 건축의
3대 거장

미국에서 활동한 건축가로 근대 이후 건축사에서 빼놓을 수 없는 인물이 있다. 독일 출신의 건축가 미스 반 데어 로에 Ludwig Mies van der Rohe 와 프랭크 로이드 라이트 Frank Lloyd Wright 다.

미스 반 데어 로에는 19세기 모더니즘 건축을 대표하는 건축가로 르코르뷔지에와 함께 근대 건축의 개척자로 손꼽힌다. 그는 극적인 명확성과 단순성을 건축으로 표현해내면서 모더니즘 건축의 선구자로 평가받고 있다. 독일의 바우하우스 학장이던 미스는 1938년 미국 일리노이 대학교 건축학 과장직을 맡으면서 미국으로 활동무대를 옮겼다. 최소한의 구조골격에 열린 공간을 만들어낸 그의 건물을 스킨 앤 본skin and bones 건축이리 불렀다. 건축물이 보수적이면서도 새로운 것에 잘 적응한다는 점이 가장 큰 특징이다. 그는 건축적인 개념에서 '기능'을 가장 중요하게 여겼다. 기능은 시간이 흐르면서 변하기 때문에 설계할 때 융통성과 가변성을 주어야 한다는 것이다.

미스의 건축설계 원리는 여섯 가지로 압축할 수 있다. 첫 번째는 용도를 규정짓지 않은 다목적 기능의 방, 두 번째는 질서정연한 4각 단일체의 통일된 형태, 세 번째로 건축 외관의 구성에 내부형식을 반영하지 않으며 사용자를 고려하지 않는 것, 네 번째는 격자 틀과 유리로 조합된 평평하고 매끄러운 건물의 외형, 다섯 번째로는 좌우대칭을 중요하게 생각하면서도 질서정연한 외관, 여섯 번째는 재료의 종류를 줄이고 중요한 몇 가지를 선택한 후 반복 사용하는 것이다. 이를 바탕으로 미스는 두 가지 독특한 건축 형식을 발전시켰다. 여러 층의 골조구조로 된 고층건물의 블록 건축 형식과 중간에 기둥을 없애고 지붕을 덮은 단층 홀로 이루어진 대형 건축 형식이다.

그의 건축물은 급진적이면서도 동시에 보수적이다. 과학기술을 적극적으로 받아들여 급진적이지만, 건축의 기능과 표현방식을 고려하고 질서·공간·비례 등 건축의 원칙에 근거하고 있어 보수적이라는 의미다. 미스의 건축은 근대건축운동에 광범위하게 확산됐다. 크고 개방적인 공간을 대량생산하는 건축 정신을 만들어낸 그의 건축은 미국의 고층건물을 건설하는 기본 양식으로 받아들여졌다.

프랭크 로이드 라이트는 미국을 대표하는 건축가로 20세기 초반부터 1950년대까지 활발하게 활동하면서 젊은 건축가들에게 큰 영향을 준 인물이다. 르코르뷔지에, 미스 반 데어 로에와 더불어 현대 건축의 3대 거장으로 불리는 그는 18세에 아들러와 설리번 설계사무소에서 조수로 건축계에 첫발을 내디뎠다.

이곳에서의 실무경험으로 별다른 대학 학위나 경력 없이도 26세라는 젊은 나이에 독립 건축사무소를 차리게 됐다. 자연과 인간을 결합한 유기적 건축론organic architecture을 주장한 그는 자연을 관찰하고 사랑하며 자연과 가까이 하라고 했다. 자연은 절대로 배신하지 않는다는 이유에서였다. 뉴욕 맨해튼에 위치한 구겐하임 미술관은 그의 건축정신을 이해할 수 있는 건축물이다. 나선형으로 돌아가는 외부와 내부 공간은 전시관 역할에 충실하면서도 관람객의 움직임과 시간의 차원이 명확한 역할을 하고 있다. 나선형이라는 형태의 특성상 연속성과 조형성의 개념을 실현할 수 있었던 것이다.

유기적 건축은 그의 스승인 루이스 설리반이 말한 '형태는 기능을 따른다Forms follows function'는 모더니즘 건축의 정의에 자연이라는 개념을 접목한 것이다. 건축과 자연의 밀접한 관계 속에서 특성을 찾아내 건축물의 기능을 살려내는 데 집중했다. 자연을 모방하는 데 머물지 않고 형태를 단순화해 기능을 극대화했다.

낭만적인 사고방식과 합리적인 이성을 바탕으로 혁신을 거듭했던 건축가 라이트는, 인간의 정신적 세계를 통해 걸러진 자연과 피사체가 조화를 이룰 때 진정한 건축이 탄생한다는 신념을 실현해낸 인물이다.

해체주의와 자연 중심적 건축의
새로운 시도

1960년대 이후의 건축은 지역주의, 미래주의, 구성주의, 포스트모던, 포퓰리즘, 바우하우스와 신조형주의, 다다이즘 등 다양한 이름의 사조와 경향으로 나뉘어 기존의 틀을 벗어나 새로움을 추구했다. 1980~1990년대에 걸쳐 주목을 받은 해체주의 건축이 대표적인 사례다.

정형화된
모든 것을 거부하다

해체주의는 1960년대 말 프랑스에서 시작돼 유행한 철학적 회의론의 사조로 문학, 예술, 건축 등 다양한 분야에 영향을 주었다. 종래의 전통적인 형이상학과 구조주의를 철저히 비판하는 프랑스 철학자 자크 데리다가 주장한 독자적인 사상이기도 하다.

건축 분야에서는 미국 건축가 피터 아이젠만이 자크 데리다와 교류하면서 해체주의가 본격적으로 도입됐다. 포스트모더니즘의 대안으로 등장한 해체주의 건축은 파괴 또는 해체 등 행위적 관점에 집중됐다. 1980년대에 시작됐으며 디자인의 원리적인 측면에서는 구성주의적 건축미학과 모더니즘의 기본정신인 미학적 자율의식을 바탕으로 하고 있으나 시대적 사조로 보아 포스트모더니즘의 흐름 속에 있다. 이들은 모더니즘과 포스트모더니즘 사이 행간의 관련성 intertextuality* 을 바탕으로 교류하면서 전통을 거부하는 새로운 사조를 만들어냈다.

해체주의 건축의 특성은 건축의 전통적인 양식이나 기능, 균형미, 완전성 등 기존의 틀을 벗어나는 데서 출발한다. 건축물의 기본 원리인 용도, 기능, 중력, 구성, 거주성, 편의성 등을 해체해 건물의 외형 자체가 정형화된 도형의 형태가 아니라 일그러진 듯한 모습을 하고 있다. 마치 무중력 상태에 떠 있는 것처럼 착각을 일으키기도 하며, 모더니즘 건축과 달리 직선과 도형의 형태가 아닌 비틀어지고, 휘어지고, 겹쳐지는 왜곡된 모습을 하고 있다. 대표적인 해체주의 건축가로는 피터 아이젠만 Peter Eisenman, 렘 쿨하스 Remment Koolhaas, 프랭크 게리 Frank Gehry, 베르나르 츄미 Bernard Tchumi 등이 있다.

기술, 과학, 이론 등에 집중하지 않고 현대의 환경 변화에 주목해 건축 삭업을 꾀하는 흐름이 있다. 바로 1960년대 독일에서 시작한 생태적, 친

---

* 해체 이론과 포스트모던 철학의 주요 개념 중 하나로 일방적인 관계 또는 종속적인 관계를 의미하는 것이 아니라 건축 안에서 개념을 재해석하고자 하는 움직임이다. 장르의 해체와 개념을 같이 한다.

환경적인 건축의 흐름이다. 1990년대에 들어 전 세계적으로 확산되면서 유기적 건축, 생태주의 건축ecological architecture, 친환경적 건축environmental architecture, 지속가능한 건축 등의 이름으로 발전하고 있다. 자연과 하나 되는, 자연을 중심으로 하는 건축 등으로 관점이 바뀌고 있다.

유기적 건축은 기능주의 양식과는 다르게 자연, 생물, 그리고 인간과 밀접한 형태를 고려해 미국의 루이스 설리번과 프랭크 로이드 라이트의 주장이 반영됐다. 기계적인 계획과 형태를 고집하는 기술 중심의 한계를 넘어 풍부한 예술성, 친환경적인 재료 사용, 그리고 환경과의 조화를 존중하는 철학을 기본으로 한다. 유기적 혹은 친환경적 건축은 산업혁명 이후 적용된 대량생산에 의한 기술우선주의 건축과는 대립한다.

건축이 자연과 인간을
이해하는 방법

유기적 건축보다 자연과 더 깊이 관계를 맺으려 시도하는 건축 철학은 친환경 건축과 생태주의 건축이다. 친환경 건축과 생태주의 건축은 자연을 중심으로 하는 건축계의 흐름을 따라가지만 실제 추구하는 방향과 적용방법은 서로 다르다.

친환경 건축이란 건축물을 계획하고 설계하는 단계부터 철거하기까지의 전체 과정에서 주변 환경에 미치는 영향을 최소화하려는 건축이다. 사람들이 이용하는 건축적인 환경을 쾌적하게 만드는 것을 최우선과제로 내세운다. 녹색 지붕을 올리거나, 에너지 절약과 쾌적한 공기 등을 고려하거나, 흙을 재료로 쓰는 등 환경과 조화를 이루면서 인간에게 쾌적함을 제공하고 폐기물 발생을 최소화하며 재활용을 확대하는 일련의 과정을 통해 지속가능한 건축을 실현하고자 한다. 풍력을 이용한 건축물, 빗물을 활용해 에너지로 바꾸는 방법, 그리고 건물의 적절한 위치에 태양열 집진판을 설치해 에너지를 생산하고 절약하는 등 다양한 친환경기술과 기법을 접목하고 있다.

반면 생태주의 건축은 철저하게 자연을 중심에 두는 생태 중심적 사고다. 생태라는 단어는 19세기 독일에서 형성된 생태학에서 유래된 개념으로 근대화와 자본주의 문명에 따른 파괴를 자성하자는 목소리에서 시작됐다. 당시 이 분야의 활동가들은 산업자본주의의 발전으로 지구 환경이 급속도로 오염되는 상황이 이미 심각한 수준이라고 감지한 것이다.

생활환경이 악화되는 상황에서 인류가 저지른 과오에 대한 우려와 고찰에 기인해 건축 분야에서도 인간과 자연의 공존을 모색하려는 움직임이 발생했다. 영화 〈반지의 제왕〉에 등장했던 나지막한 언덕에 파묻힌 듯 잔디로 덮인 집이 생태적 주택에 가깝다.

미래의 건강한 생활환경을 불투명하게 만든 장본인이 인간이라고 보는 생태주의 건축은 전통적인 환경주의보다 급진적인 경향을 보인다. 이탈리아 출신의 화가이자 건축가 겸 환경운동가인 훈데르트 바서는 종종 근본 생태주의자로 소개된다. 그는 인간과 자연을 중심에 놓고 작업하면서 현재 인류가 처한 환경에 대한 문제의식과 방안을 회화, 건축 등 다양한 방식으로 표출했다. 자연을 떠나 살 수 없는 인간이기에 자연 속에서 아름다움을 찾아야 행복할 수 있다는 게 그의 주장이다.

바서는 인간에게 표피, 의복, 집, 사회적 환경과 정체성, 글로벌 환경이라는 다섯 개의 피부가 있다고 정의했다. 자연의 중요성을 강조한 그의 사상이 담긴 개념이다. 자연환경 속에서 살고자 했던 바서는 나무 심기에 특별히 관심을 기울이면서 도시 안에서도 인간과 나무가 공존하는 건축물을 짓고자 했다. 대표적인 건축물이 오스트리아 슈타이어마르크주에 위치한 블루마우 온천이다. 이곳은 마치 건물이 자연의 일부인 것처럼 땅과 지붕을 연결해 잔디와 나무를 심어놓았으며, 나선형의 건축물이 나지막하게 들어서 자연과 조화를 이룬다.

생태주의 건축은 우리에게 아직 낯설다. 하지만 환경파괴 등 현대 건축이 지닌 문제를 풀기 위해 근본적으로 자연에서 해법을 찾으려는 노력은 재평가받아야 한다. 옥상에 나무를 심어 정원으로 녹화하거나 콘크리트 혹은 돌로 된 벽면에 나무를 심는 등 다양한 실험을 하고 있다. 하지만 미적인 특성을 만족할 만한 생태주의 건축 디자인은 찾기 어렵다. 친환경적인 건축물은 에너지 절약, 주변 환경에 대한 고려, 탄소 절감 혹은 탄소 제로, 그리고 태양열이나 태양광을 적용하려는 정책적인 지원이 필요하며 설계 단계부터 이 같은 사상과 철학이 충분히 고려돼야만 한다.

인간이 주인이 되는 미래의 건축

SF 영화에 나오는 도시는 미끄러질 듯한 유리 외관의 초고층 건물이 가득 차 무채색의 암울한 분위기를 연출해낸다. 오가는 자동차와 알 수 없는 기계들이 만들어내는 무미건조한 거리의 풍경, 그리고 무표정한 사람들 탓에 영화 속의 미래 도시는 낯설기만 하다.

가보지 않은 미래의 도시는 어떤 모습일까. 한 가지 분명한 것은 과거에도 그랬고 지금도 그러하듯 미래의 도시도 사람이 중심이어야 한다. 도시는 사람들이 여유롭게 걸을 수 있는 공간을 확보해 인간적인 삶을 누리도록 설계해야 한다는 의미다.

거듭되는 기술혁신이 만들어낸 현대의 도시는 경제적 효율성을 제1원칙으로 삼아 자칫 인간성에 대한 고려는 줄어들 수 있다. 도시의 가로街路는 건설에 편리하고 교통에 적절한 격자를 이루고, 용적률과 건폐율을 최대한 높이도록 계산해 지금의 빌딩 숲이 탄생하게 됐다. 도시의 건축을 규모와 효율성으로만 따진다면 휴머니즘은 사라지고 건축물만 들어서게 될 뿐이다. 그 속에서 인간은 왜소해져간다. 여기에 최근 건축물은 첨단 기술 및 최신 재료를 사용해 조형미를 뽐내듯 초고층으로 높이 솟구치게 건설된다.

퐁피두에서 배우는 소통과 공유의 건축

인간은 미래의 최첨단 도시에서 어떻게 존재를 확인하며 공간의 주인이 될 수 있을까. 광장을 바라보며 여유로움을 즐기는 사람들의 옆에는 어떠한 공간을 조성해야 할까. 건축물은 또 어떻게 설계돼야 할까. 해답은 파리의 퐁피두 센터Centre Pompidou에서 찾을 수 있다. 파리의 중심인 보부르에 위치한 퐁피두 센터는 루브르 박물관, 오르세 미술관 등과 어깨를 나란히 할 정도로 많은 관광객이 찾는 복합문화센터로 기술과 인간의 상호작용을 고려한 건축물로 평가받는다. 프랑스 제19대 대통령인 조르주 퐁피두의 이름에서 딴 이 건축물은 국제 공모전을 거쳐 설계를 선정해 1977년 개관했다. 당시 국제 설계 공모전에는 전체 492개의 건축설계가 접수됐는데 프랑스에서만 186개가 제출됐다. 프랑스 정부는 영국 런던의 건축협회 건축학교AA School, Architectural Association School of Architecture 출신인 리처드 로저스와 이탈리아 밀라노 공대를 졸업한 렌조 피아노를 대표 건축가로 결정했다.

텃세가 심했던 유럽 건축계에서 두 신예 건축가는 그때까지만 해도 '듣보잡'이었다. 경험은 부족했지만 창의적인 발상에 높은 점수를 주면서 세계적인 건축물을 현실화해내는 프랑스 정부의 철학을 보여준 결단이었다. 그럼에도 불구하고 프랑스 정부의 결정은 사회적 논란의 여지를 남겼다. 한 국가의 랜드마크 설계를 외국인에게 맡긴다는 것은 국가의 자존심을 훼손시킨다며 여론몰이를 하기에 충분했기 때문이다. 그래서일까 퐁피두 센터는 완공되기 전까지 끊임없이 구설수에 올랐다. '파리의 역사적인 중심지에 들어서는 건축물이 노골적으로 산업적인 미학을 드러내고 있다' '기존의 문화시설과 어울리지 않는다' 등의 이유였다.

하지만 자신들을 믿고 지지했던 프랑스 정부의 기대에 화답이라도 하듯 피아노와 로저스는 이전까지 한 번도 시도하지 않은 특별한 형식의 건물을 기획했다. 1977년 완공된 해에만 600만 명이 이곳을 찾으며 해묵은 구설수를 털어냈고, 이후 파리의 랜드마크로 자리 잡았다.

퐁피두 센터가 건축학적으로 중요한 이유는 정치·사회적 배경과 건축적인 실험정신이 인근 도시의 색채와 어우러졌기 때문이다. 건물의 대표적인 관전 포인트는 입구에 서면 한눈에 들어오는 형형색색의 굵은 배관이다. 이곳을 찾는 사람들의 호기심을 자극하는 알록달록한 굵은 배관은 실제 배선과 냉난방 배관이다. 이전까지 배관은 벽 속에 숨기는 설비요 소였지만, 피아노와 로서스는 밖으로 과감히 드러내고 이를 건물 외관의 디자인적인 요소로 적극 활용했다. 혁신적인 실험정신과 과감한 시도로 탄생된 퐁피두 센터는 초창기엔 시대적인 사건이었으나 점차 파리 시민의 자랑이 되었고 관광객의 사랑 또한 받고 있다.

퐁피두 센터 앞 넓은 광장에는 많은 사람이 휴식과 여유를 즐기며 건축물과 인간의 조화가 무엇인지를 체험하고 있다. 이러한 풍경은 도시를 더욱 활기차게 만든다. 현대적인 도시의 가치는 광장과 같은 공공의 공간 디자인에 있다. 퐁피두 센터는 대중과의 소통과 공유라는 광장의 핵심기능을 전면에 내세우며 부지의 절반 정도를 광장으로 조성해 대중의 즉흥적인 참여와 공유를 활성화했다.

사람을 위한
스마트

IT기술과 인공지능의 발전으로 현대의 건축은 U-시티와 스마트 건축이라는 개념으로 발전했다. 기술과 재료가 발전하면서 편리성과 안전을 책임지는 첨단도시를 건축적으로 해석해내려는 움직임이다. IT 강국의 면모를 자랑이라도 하듯이 U-시티와 스마트 건축은 국내에 빠르게 도입되고 있다. U-시티란 첨단정보통신망을 도시의 기본 인프라로 채택하고 이를 바탕으로 다양한 유비쿼터스 서비스를 제공하는 미래지향적 도시를 말한다.

언제 어디서든 네트워크에 접속할 수 있는 초연결사회는 이미 일상생활 속에 하나씩 들어오는 중이다. 광케이블과 무선통신기술 덕분에 인터넷 기반 네트워킹이 단순히 휴대폰이나 PC 등의 접속에 그치지 않고 건축에도 적용되었으며 교통이나 지반기술 분야에도 빠르게 도입되었다. 바로 지능형 교통시스템[ITS], 홈 네트워크, 지리정보시스템[GIS], 지능형 빌딩시스템[IBS] 등이다.

미래를 배경으로 한 영화에서 쉽게 접하는 첨단도시 풍경은 이 같은 기반기술을 건축에 접목해 과장한 모습일 것이다. 과거의 도시 기반시설과 건축물이 파이프와 전선으로 연결됐다면, U-시티에서는 광케이블과 무선 인터넷 등으로 연결돼 부가 서비스로 확장해 나간다. 관련된 개념으로 스마트 도시 혹은 스마트 건축이 있는데, 이는 첨단정보통신기술[ICT]을 이용해 주요 도시의 공공기능을 네트워크화한 똑똑한 도시를 의미한다. 즉 U-시티와 스마트 시티, 혹은 스마트 건축은 부가서비스를 이용해 부가가치 창출을 이루는 건축학의 변화나 흐름이라기보다 사회경제적 배경에 따라 첨단기술을 미래도시와 건축 분야에 적용하는 현상이다.

하지만 이러한 현상은 인터넷 서비스망과 기술에 집중돼 인간을 배제한 채 설계되기 쉽다. 첨단기술로 얻는 편리함과 쾌적함 이면에는 점점 차가워지는 무채색의 도시가 있다. 게다가 인공적으로 자연을 조성해 부자연스럽고 딱딱한 환경으로 변질되지 않을까 우려된다.

2009년 건축 분야의 노벨상 '프리츠커상'을 받은 스위스 출신의 건축가 페터 춤토르[Peter Zumthor]는 건축물과 지역 환경의 조화를 상조해왔다. 건축가들이 가장 존경하는 건축가로 명성이 높은 그의 작품에서는 초고층의 높이나 최첨단기술을 적용한 세련미보다 주위 환경과 조화를 이루는 아름다운 건축미를 느낄 수 있다. 친인간적이면서 친 환경적인 건축으로 독보적인 위치를 차지한 그는 미래 건 축의 방향을 설정하는 선구자 역할을 하고 있다.

도시라는 문명과 인간의 공존, 환경과의 조화에 대한 고민이 녹아 있는 그의 건축작업과 표현방법으로 완성된 건축물은 도시 전체의 분위기를 감동적으로 바꿔놓는다. 주변 환경과 조화를 위한 건축물의 크기와 비율, 재료 선정과 본질에 대한 탐색을 우선적으로 고려하는 데 그의 건축철학이 담겨 있다. 아울러 건축의 공간적 기능과 활용 등에 대한 고려도 빼놓지 않는다. 하나의 건축물이 완성되기까지 주변 환경을 세심하게 반영하고 건축물의 안과 밖을 완성시키는 재료를 선정할 때도 빛과 소리, 그리고 전체를 아우르는 분위기마저도 놓치지 않고 배려한다. 더욱이 공간을 이용하는 사람들의 감성까지 충실하게 배려하며 건축물의 아름다움을 완성하는 데 집중한다.

이러한 도시를 만들어 나가려면 건축가의 철학과 기본 개념을 받아들이고 이를 적극적으로 지지하는 사회 분위기가 먼저 조성돼야 한다. 첨단건축기술을 무시할 수는 없지만 자연과 조화를 이루고 인간을 배려한 건축이 바로 현대 사회가 추구해야 할 미래 건축의 방향이 돼야 한다.

시간과 공간으로 풀어낸 서울 건축문화사

박희용

도시와 건축을 역사적 관점에서 연구하는 장소인문학자. 서울시립대에서 박사학위를 마치고 현재 서울시립대 서울학연구소 수석연구원으로 건축역사 분야를 연구하고 있다. 서울시립대, 순천향대 등에 출강하며 서울역사박물관, 서울자유시민대학 등에서 동양 건축사를 주제로 대중 강연을 한다. 주요 저서로는《궁궐의 눈물, 백 년의 침묵(공저)》《한국건축개념사전(공저)》, 주요 번역서로는《중국 건축(공역)》외 다수가 있다.

태종과 박자청,
세계문화유산을 건축하다

"내가 송도(松都, 지금의 개성)에 있을 때 여러 번 수재와 가뭄으로 인한 한재의 이변이 있어 의견을 물었더니 정승 조준 이하 신도(新都, 한양)로 환도하는 것이 마땅하다고 말한 자가 많았다. 그러나 신도도 또한 변고가 많았으므로, 도읍을 정하지 못해 인심이 안정되지 못했다. 이제 종묘에 들어가 송도와 신도와 무악母岳을 고하고, 그 길흉을 점쳐 길한 데 따라 도읍을 정하겠다. 도읍을 정한 뒤에는 비록 재변이 있더라도 이의가 있을 수 없다. 이천우李天祐*에게 명해 반중에 척전하게 하니 신도는 2길 1흉이었고, 송경松京과 무악은 모두 2흉 1길이었다."

— 《태종실록》 8권, 태종 4년 10월 6일

----

* 태조의 조카. 태조 이성계의 맏형 이원계李元桂의 아들로 어려서부터 활쏘기와 말타기에 능했으며 품채가 좋았다고 전해진다.

조선을 개국한 태조는 새로운 통치질서를 확립하기 위해 신하들의 이견을 무릅쓰고 1394년(태조 3년) 송도에서 한양(공식명칭은 태조 4년 한성으로 됐음)으로 도읍을 옮겼다. 그러나 뒤이은 정종은 왕권의 취약함과 제1차 왕자의 난 등으로 정치적으로 불안정지자 다시 송도로 돌아갔다. 정종의 뒤를 이어 송도 수창궁에서 등극한 태종은 1405년(태종 5년)에 다시 한양으로 재천도하게 된다. 당시 지배계층의 협조가 있었겠지만 태상왕 태조의 암묵적인 동의와 지지가 재천도에 큰 힘이 됐고, 무엇보다도 이를 추진한 태종의 정치적인 수완이 있었기에 가능했다. 즉 재천도를 두고 제기된 여러 반대 의견이 있었지만 태종은 왕조국가의 근간이자 신성한 공간인 종묘에서의 척전(擲錢, 동전을 던져 길흉을 점치던 일)으로 결정해버렸다. 대신들의 충격은 대략 상상할 수 있지만, 종묘에서 거행한 결정은 누구도 거역할 수 없는 선조의 결정이었다.

태종, 점괘로 천도하고 창덕궁을 건설하다

태종은 뛰어난 무인으로 알려졌지만 고려 말 우수한 성적으로 과거에 급제한 문인이기도 했다. 그와 동문수학한 인물로는 이색李穡, 정몽주鄭夢周와 함께 고려말 삼은三隱의 한 사람인 길재吉再가 있다. 한양 재천도와 함께 조선을 빠르게 안정시킬 수 있었던 것은 태종이 무인으로서의 자질뿐 아니라 학자로도 뛰어난 능력을 겸비했기 때문이었다.

태종은 뛰어난 도시계획가이기도 했다. 태조 때 천도하면서 흙으로 쌓은 도성의 성곽을 돌로 다시 쌓고, 도성 한복판에 개천(청계천)을 파서 홍수 피해를 방지했으며, 종로에 시전인 행랑을 건설해 도시 경관을 단장했다. 현재에도 서울 도심부에서 흔적을 찾아볼 수 있는 결과물들이 다수다. 그는 조선시대 수도로서 한양의 품격과 기본적인 도시구조를 완비했다.

창덕궁도 재천도하면서 창건을 명한다. 경복궁이 있는데 왜 굳이 창덕궁을 건설했는지 이유는 명확하지 않다. 경복궁에서 일어난 제1차 왕자의 난으로 경복궁을 꺼렸다는 추정이 지금까지 내려오는 일반적인 견해다. 그러나 설득력이 부족하다. 《조선왕조실록》에는 창덕궁이 경복궁보다 생활하기 편한 궁이라는 기록이 여러 차례 나온다. 또 태종 외에 역대 조선시대 왕들도 창덕궁을 더 선호했다. 창덕궁을 창건한 이후 왕들이 경복궁보다 창덕궁에 주로 거처했던 이유를 다각도로 분석해야 한다.

여기서 힌트 한 가지. 실록에 기록된 두 궁궐의 창건 당시 규모를 보자. 경복궁은 총 775칸 중 외전이 602칸이고 내전은 173칸이다. 창덕궁은 경복궁의 약 3분의 1 정도인 287칸에 불과했지만, 내전이 195칸으로 경복궁보다 더 넓었다. 즉, 신하들이 근무하는 외전의 규모가 컸던 경복궁은 재상의 정치를 실천하려던 정도전의 이상적인 국가 경영의 단면을 반영했다. 반면, 내전의 규모가 큰 창덕궁은 높아진 왕권의 위상을 보여준다. 즉 신하들의 권력을 제압하면서 왕권을 강화해간 태종의 생각을 반영해 왕과 그 가족의 생활공간인 내전의 규모를 더 크게 지은 것이다. "공간이 권력을 만든다"라는 프랑스 철학자 푸코의 말처럼 권력과 공간은 밀접한 관련이 있음을 엿볼 수 있다.

경복궁과 창덕궁은 공간의 형태도 사뭇 다르다. 경복궁은 백악(북악산의 다른 이름)에 기대어 비교적 평탄한 지형에 방형으로 반듯하게 배치하고, 광화문에서부터 흥례문과 영제교, 근정전, 사정전, 교태전 등 주요 전각이 좌우대칭을 이루면서 중심축 선상에 위치한다. 이러한 공간 구성은 중국의 예제건축*을 참고해 권위적인 느낌이 든다. 반면 창덕궁은 응봉鷹峯*에 기대어 돈화문에서 금천교와 인정전, 선정전, 대조전 등에 이르는 축이 자주 꺾여 다양한 시선을 유도해 느낌이 자연스럽다. 건물로 에워싸인 공간의 형태도 다양하게 전개돼 율동감을 부여한다. 이러한 공간 구성은 부석사, 통도사 등 한국 최고의 건축으로 손꼽히는 건축물에서 볼 수 있는 공간적 특성이다. 창덕궁을 조선시대 최고의 궁궐로 꼽는 이유이기도 하다. 그 밖에 자연과 건축이 조화를 이루는 창덕궁의 후원은 조선 정원 건축의 높은 수준을 보여준다.

---

* 유교의 이념을 시행하기 위한 실천윤리를 반영한 건축 형식으로 종묘와 사직이 대표적이다.

궁궐 문지기에서
재상의 반열에 오른
박자청

태종의 명으로 창덕궁을 조성한 건축가는 경상도 영해군 출신의 박자청朴子靑이다. 미천한 가문 출신이던 그가 어떻게 창덕궁을 건설하게 됐을까. 그에게 운명 같은 날이 다가왔다. 박자청이 태조 때 입직군사入直軍士*로 궁문을 지키던 어느 날, 태조의 이복동생 의안대군이 궁궐로 들어가려 하자 태조의 명이 없다는 이유로 들이지 않았다. 이에 화가 난 의안대군이 박자청의 얼굴을 발로 차서 상처를 입혔지만 박자청은 끝까지 의안대군을 입궐시키지 않았다. 이 사건이 태조의 귀에 들어갔고, 박자청은 태조에게 강렬한 인상을 주어 호군으로 승진됐다. 이후 그의 신임을 얻은 덕에 여러 관직에 임명됐다.

왕실이 인정한 평민 출신의 최고 건축가인 그는 태종 때 대규모 국가 공사에서 두각을 나타내 공조판서에 오르면서 국가의 중요한 공사에서 늘 감독관을 맡았다.《조선왕조실록》과《연려실기술》에 따르면 경회루에 못을 파 물을 채웠더니 물이 샜는데, 그가 바닥과 옆면에 검은 진흙을 메우는 시공법을 개발해 경회루를 완성했다.

조선 초 문신 하륜河崙이 지은《경회루기慶會樓記》를 보면 박자청은 경회루를 새롭게 고쳐 지으면서 지세와 입지에 대해서 전문가적인 식견으로

---

* 조선시대 궁궐에서 숙직을 하던 군사를 말한다.

공사를 추진했으며, 태종의 명을 어기면서까지 안정되게 규모를 넓히고 형태를 새롭게 고치는 등 자신의 건축적 소신을 굽히지 않으면서 공역에 임했음을 알 수 있다.

그는 신도시 한양에도 건축 혁신을 불러왔다. 조선 최초로 송파나루에 부교浮橋를 만들었으며, 애국가에도 나오는 남산 위에 소나무를 최초로 심었고, 서울의 상징이 된 청계천 준천 공사를 진행했으며, 종로와 남대문로 가로변에 시전 행랑을 건설했고, 중랑천과 한강이 만나는 살곶이에 다리를 놓는 등 중요한 국가 공사는 박자청이 도맡아 했다.

특히 세계문화유산으로 지정된 창덕궁은 그의 천재적인 재능이 돋보이는 건축물이다. 진선문과 숙장문 사이의 사다리꼴 공간은 실수로 비뚤게 만든 것이 아니다. 진선문에서 바라다보이는 공간의 깊이감을 배가시켜 구중궁궐이라는 엄숙한 느낌을 주려는 의도였다. 시각적인 착시현상을 이용한 일종의 건축적 장치인 셈이다. 그는 비뚤게 지은 이 공사 때문에 감옥에 갇히기도 했지만, 그의 뛰어난 능력과 장인정신 덕분에 창덕궁은 세계문화유산에 등재됐다.

조선 초기 도성과 궁궐 조영의 실무자들

조선시대 법궁(法宮, 왕이 거처하는 공식적인 궁궐 가운데 으뜸이 되는 궁궐)인 경복궁과 이궁(離宮, 부득이한 사정이나 자의적 판단에 따라 거처를 옮길 목적으로 지은 궁궐)인 창덕궁은 서로 비교되는 공간이기도 하지만, 궁궐 조영의 실무자를 보면 흥미로운 점을 찾을 수 있다. 바로 역사적으로 주목받지 못한 사람들의 역할이다.

경복궁은 유교정치를 표방하며 예제건축에 충실한 궁궐로 정도전의 사상이 설계 개념에 스며들어 있다. 그러나 경복궁을 창건할 때 건축실무자 역할을 맡은 사람으로 환관 김사행의 이름이 자주 등장한다. 김사행의 처음 이름은 광대廣大로, 고려 말 정릉正陵과 영전影殿의 공사를 담당하는 등 왕의 총애를 받았다. 조선을 창건한 태조 때는 계룡산에 도읍을 정하면서 종묘와 사직, 궁전과 조시(朝市, 조정과 시정) 등을 만드는 과정에서 땅을 측량하는 등 공역을 담당했고, 계비인 신덕왕후 강 씨의 무덤인 정릉 옆에 흥천사를 세우고 문묘 건립에도 주도적인 역할을 했다.

또한 태조를 도와 각종 궁중의식을 정비하기도 했다. 태종은 왕자의 난 때 김사행을 처벌했는데, 토목 보수공사 때 백성을 괴롭혔다는 죄목이었다. 그러나 태종이 왕으로 즉위한 이후에는 김사행이 태조를 설득해 공역을 일으킨 것은 도성을 창건하는 초기에는 당연한 일이라 말한다. 이는 조선 초기의 국가공사에 김사행의 역할이 컸음을 방증한다.

조선 초기 환관이 궁궐의 공사에 참여할 수 있었던 배경에는 궁중에서 오랜 시간 생활해 궁궐만의 공간배치와 구성 능에 대해 누구보다도 잘 아는 사람이었기 때문으로 보인다. 광해군 때 임진왜란으로 불에 탄 경복궁 옛터를 확인하는 과정에서 경복궁의 구성을 아는 사람이 늙은 환관

한두 명밖에 안 된다고 언급했던 점에서도 이를 짐작할 수 있다.

한편 태종이 즉위한 이후 한양 도성을 다시 수축하는 과정에서 공역을 감독한 사람은 박자청이다. 그는 자신을 믿어준 태종의 릉(헌릉)을 조성하는 데 마지막 힘을 쏟았다. 이듬해 67세의 나이로 생을 마감한 박자청은 한양 도시 건설의 주역이었고, 이때의 한양 경관은 지금에 이르기까지 그 골격을 이루고 있다.

조선 궁궐의 정전과 당가

궁궐건축을 이해하기에 앞서 건축의 공간적인 의미부터 알고 있어야 한다. 조선의 궁궐은 국가통치의 무대, 즉 최고 권력의 공간으로 건국이념이자 지배층의 세계관이던 유학(지식)과 밀접하게 연관된다. 지식과 권력의 연결이 가능했던 것은 당시 지식인이 유학으로 사상적인 무장을 한 사대부 세력이었으며, 이들이 유학의 핵심인 예(禮)를 정치권력의 도구로 사용했기 때문이다. 통치이념으로써 예는 자연스럽게 권력의 위계질서를 형성하면서 정치권력의 근본이 될 수 있었다.

권력과
건축 공간

중국 고대 예법의 이론과 실제를 기록한《예기(禮記)》는 예와 권력의 관계를 설명했다. 이를테면 "예는 사(士)에 그치고 서인까지 미치도록 하지 않는다" 혹은 "예는 임금이 잡은 정치의 자루, 즉 치국의 중요한 수단이 된다" 등 예는 상하의 위계질서가 포함된 지식체계였고, 나아가 정치와 연결돼 결국 권력과 밀접하게 관련된다고 설명한다.

한편 궁중의례에서도 일정한 형식을 갖춘 몸짓과 동작, 방향, 시선 등 구체적인 육체의 움직임을 규정한다. 조선시대 궁중의례가 정신적인 측면만을 강조했다면 오랜 시간에 걸쳐 지속되지는 못했을 것이다. 여기에는 의식에 따른 형식적인 동작과 자세, 지나치게 까다롭고 복잡한 절차와 몸의 움직임, 시선 처리, 상하의 위계질서를 수반하는 의복과 몸동작의 상대적 차이 등을 규정해 정신적인 측면뿐만 아니라 육체를 통해서도 예를 습득하도록 했다. 아울러 조선의 궁중의례는 중요도에 따라 두세 차례 예행연습을 했고, 이는 아침부터 저녁까지 계속돼 육체적으로 고된 훈육의 과정이었다. 따라서 예의 실천에 육체적인 훈육은 중요한 요소로 작용했으며, 이것을 체득하는 과정에서 권력의 관계방식을 지속할 수 있었다.

18세기 무렵 중국 궁정에 초대받은 유럽인의 회고록을 보면, 궁중 연회에 초대된 서양인은 처음에는 기쁜 마음으로 성대한 만찬을 기대하고 참석하지만, 까다롭고 어려운 의식이 진행되면서 육체적으로 힘들고 허기에 지쳐 곤혹스러웠다고 서술한다. 그리고 궁중 연회에서 음식을 하사한 왕의 모습이 마치 모두가 경배하는 신처럼 보였다고 회고했다.

이렇듯 궁중의례는 통치 권력의 수단이자 계층을 구분하는 형식이었다. 또한 의례에 참석했다는 건 권력자에게 선택받은 사람이 됐다는 영

광의 상징으로, 초대받지
못한 사람과 구별되는 지
배계층이라는 지위를 누
릴 수 있었다.

왕의 공간,
집 속의 집 당가

궁궐은 여러 전각들로 이
루어졌다. 각기 전각은
중요한 역사적 사건과 의
미가 있지만 단연 으뜸
인 건축물은 정전正殿, 혹

경복궁 근정전의 당가

은 법전이다. 정전은 국가의 중요한 날에 임금이 신하들의 하례를 받거
나 왕의 즉위식, 탄신 등 국가의 특별한 의식을 거행하기 위해 사용하는
곳이다. 궁궐에서 가장 위계가 높은 전각이라 규모도 크지만 왕권을 상
징하기에 각종 장식으로 화려하게 꾸며졌고, 대규모 의식을 치르기 위해
가장 넓은 뜰이 있다.

한편 정전 내부에는 왕이 앉는 자리인 어좌御座가 있고, 어좌는 화려하
게 꾸며진 별도의 작은 집처럼 된 당가唐家에 배치된다. 당가는 사찰에서

수미단 위에 부처님을 모시고 상부를 화려하게 장식한 닫집*과 유사한 구조물이다. 거둥(임금의 나들이)길에 우산처럼 생긴 화려한 색상의 구조물이 왕의 머리 위에 드리우는 모습에서 알 수 있듯이 존엄자가 있는 곳에는 항상 지붕을 특별한 장식으로 꾸민다.

그러나 당가는 반드시 왕이 위치하는 어탑御榻, 혹은 좌탑(왕이 앉는 자리에 단을 높여 세운 시설물)과 함께 조성된 구조물이라는 점에서 어탑을 포함한 전체를 지칭하고, 이곳에 왕이 거둥하므로 상징적으로 장엄한 공간일 뿐만 아니라 실질적인 건축 공간이기도 하다. 즉 왕이 거처하는 궁궐을 구중궁궐이라고 하듯이 정전 내부에 다시 왕이 앉는 공간을 별도의 집처럼 꾸며 주변의 내부 공간과 분리해 이를 당가라 한다. 당가는 '집 속의 집'이라는 중첩된 공간을 구성하면서 왕(권력)의 공간이라는 상징성과 위엄을 나타내고, 정전에서 거행되는 모든 의식에서 핵심 기능을 하는 건축요소다.

당가와 닫집은 형식상 유사하며, 발전과정을 세 가지로 구분한다. 첫째는 사리나 경전, 신주 등을 보관하는 작은 구조물인 불감佛龕에서 발전된 것이다. 이 형식은 일본 법륭사의 옥충주자玉蟲廚子나 경북 예천의 용문사 윤장대(輪藏臺, 경전을 넣은 불구로 돌릴 수 있게 만든 것) 등에서 볼 수 있다. 또 경복궁 서쪽에 위치한 왕의 생모이자 후궁들의 신주를 봉안한 칠궁과

---

* 사찰의 전각 내 불단이나 궁궐의 어좌 위에 목조건물의 처마 구조물처럼 만들어놓은 조형물.

궁과 궁궐의 선원전(璿源殿, 왕의 초상화를 모신 전각)에서도 볼 수 있다.

둘째, 존엄자나 특별한 사람을 위해 공간을 구분해야 할 경우에 사용하는 장막식 구조에서 발전한 형식이다. 장막식 구조는 공간을 쉽게 만들 뿐만 아니라 구분할 수도 있어 고대로부터 내려온 형식으로 고구려 안악 3호분 고분벽화가 대표적이다.

마지막으로 고대 불전의 내부에 불상을 모신 형식이다. 처음에는 사방이 벽으로 된 닫힌 공간이었으나 차츰 내부로 들어가면서 예배를 드리고 불상을 볼 수 있는 열린 공간으로 변한다. 좀 더 많은 사람들을 수용하도록 불상의 위치가 뒤쪽으로 이동하면서 현재와 같이 불전 후면에 불상을 장식하는 형식으로 발전했다. 당가는 세 가지 발전과정과 의장적으로 서로 영향을 주고받으면서 궁궐만의 고유한 형식을 갖춘 것으로 보인다.

당가의 특징은 지붕구조에서 볼 수 있다. 천장은 네모진 평면의 모퉁이를 접어 팔각으로 만드는 말각조정 기법을 하면서 공포(栱包, 지붕의 하중을 받치기 위해 기둥 위에 짜 맞춘 구조재이자 장식재) 등으로 화려하게 장식했고, 어좌 위에는 봉황(혹은 용)을 매달아 왕의 공간임을 상징적으로 드러냈다. 그리고 정전 내부의 천장 정중앙부에도 봉황이나 용을 매단 당가가 있는데 이것은 부당가浮唐家라 한다. 이에 반해 어좌를 꾸민 당가는 그냥 당가, 또는 좌탑당가座榻唐家라 부르기도 한다. 모두 절대권력자인 왕의 신성함과 상징적인 공간을 표상한다.

궁궐 정전의 구조

정전 당가는 의식을 행할 때만 설치하는 이동식 시설물이 아니라 정전의 건축구조와 밀접하게 연결된 고정 구조물이다. 그리고 당가는 약 10센티미터 정도 높이의 평평한 받침돌 위에 설치돼 정전을 만들 때부터 위치가 정해졌음을 알 수 있다.

《광해군일기》에는 1616년(광해 8년)에 창경궁 명정전 내에서 열리는 의례를 위해 당가를 크게 고쳐 지으려고 했으나 정전과 월대(月臺, 정전 등 건물 앞에 넓은 대를 만들어 놓은 것으로 건물의 격을 높이고 의식 때 사용됨), 그리고 정전 앞뜰과의 건축구성 관계로 당가만을 크게 고쳐 짓기가 어렵다고 기록했다. 즉 당가는 그것이 놓인 정전만이 아니라 월대와 뜰을 포함한 정전 일곽 전체의 건축구성과 밀접하게 관련돼 있음을 알 수 있다.

당가는 내부 공간의 어칸(중앙칸) 후면에 배치되면서 높은 기둥열로 에워싸인 또 하나의 내부 경계 안으로 조금 들어와 있고, 전체 내부 공간의 정중앙 천장에는 보개천장이라 부르는 화려하게 장식한 부당가가 있다. 즉 당가와 부당가는 아래와 위에서 정전의 공간이 왕의 공간임을 상징적으

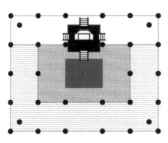

3단계로 중첩된 인정전 평면구성과 내부 공간 구조

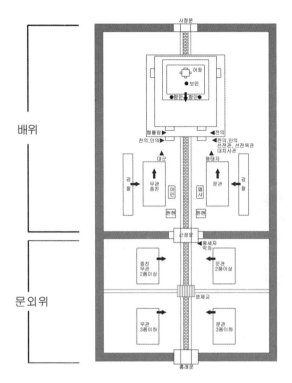

경복궁을 바탕으로 제작한 조하(朝賀)의식의 공간 구조도

로 나타낸다.

내부 공간을 좀 더 자세히 살펴보자. 안쪽 높은 기둥열을 경계로 바깥쪽과 안쪽의 공간이 천장 높이나 의장 등이 다름을 알 수 있다. 따라서 기둥열과 화려한 장식, 천장 등으로 정전의 내부 공간은 부당가가 있는 정중앙부 공간과 높은 기둥열의 안쪽 공간과 바깥 공간의 3단계로 중첩된 공간이라는 것을 알 수 있다.

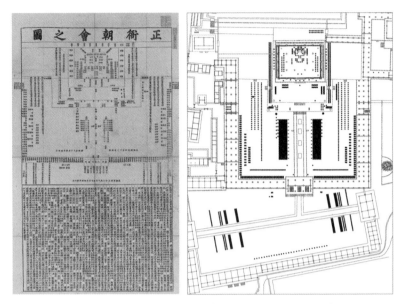

정아조회지도를 현재의 창덕궁 인정전 일곽에 표현한 공간 구성도(출처: 서울대학교 규장각한국학연구원)

　당가가 평면의 중심에서 뒤쪽으로 물러나 중앙부를 비우는 이유는 이곳에서 의식을 거행할 때 공간을 이용하기 위해서다. 즉, 정전에서 의식을 거행할 때 왕의 공간인 어좌와 당가 주변에는 왕의 시위병들이 위치한다. 또한 내부 높은 기둥열의 안쪽에는 신하들이 배열되고, 바깥에는 다시 왕의 근위병들이 위치해 왕을 시위하는 임무와 함께 신하들을 감시하는 역할도 한다. 그리고 정중앙부 부당가 아래는 왕이 허락한 사람만이 들어가는 텅 빈 공간이 있는데, 이곳은 절대권력자를 상징하는 또 다른 공간이다.

　정전의 외부 공간에서는 뜰 중앙에 왕의 길인 어도御道를 중심으로 동

서로 문·무반이 위치하고, 동서남쪽 행랑의 앞에는 시위군과 의장열이
배치되며, 시선은 밑으로 해서 문·무반이 북쪽의 왕을 향하고, 감찰은
문·무반을 감시하는 방향으로 향해 정전 내부와 유사한 공간으로 구성
됐다.

 궁궐 정문부터 정전에 이르는 길에는 바닥에 어도가 깔려 왕이 있는
곳으로 움직임의 방향을 이끌고 있다. 어도에는 1777년(정조 1년)에 설치
한 품계석品階石으로 인해 위계질서가 시각적으로 명료하게 구분되고, 의
례시 왕과 신하들의 공간적 배치의 기준으로 작용한다.

 건축적 구성이 신분에 따른 공간의 위계질서와 몸의 움직임을 통제하
고 이것은 의례시 잘 드러난다. 즉 의례시 왕의 위치(당가와 어도)에서 멀
어질수록 품계가 낮은 신하들이 자리하는 위계질서의 사회적 거리를 나
타낸다. 결국 정전 내부가 외부와 유사한 방식으로 확장되는 중층적인
공간을 구성한다. 이러한 정전 일곽에서 거행되는 의례 모습은 정조 때
창덕궁 인정전을 무대로 제작된 것으로 보이는 '정아조회지도正衙朝會之圖'
를 통해 상상해볼 수 있다.

대한제국과 정동,
그리고 하늘제사 건축

대한제국은 10년 남짓의 짧은 역사에도 불구하고 현재 서울의 도시 공간에서 그 흔적을 쉽게 찾을 수 있다. 특히 덕수궁(1907년 경운궁에서 개칭)이 위치한 정동에는 급변하는 세계질서의 흐름 속에서 부국강병의 근대 국민국가를 실현하려던 문명화의 역사적 기록이 또렷하게 새겨져 있다.

대한제국기의 정동,
그 장소에 담긴 의미

제국의 중심공간이었던 정동은 태조의 계비 신덕왕후의 무덤인 정릉이 이곳에 있었던 까닭으로 지어진 이름이다. 정릉이 위치한 곳은 현재의 영국대사관과 미국대사관저 부근이다(태종 때 현재의 성북구 정릉동으로 옮김). 정동에 관련된 기록은 임진왜란이 끝난 시기에 찾을 수 있다. 의주에서 돌아온 선조가 현재의 덕수궁 터에 있던 월산대

군 후손의 저택을 임시 거처로 사용했던 곳이라는 기록이다.

제국 초기부터 기록에 등장하는 정동은 전쟁의 아픔을 극복하고 조선을 다시 일으켜 세운 장소로 그 의미를 얻게 됐다. 그래서 임진왜란 이후 60년마다 돌아오는 임진년이 되면 역대 왕들은 덕수궁에서 국가의식을 거행하면서 역사적 장소로서의 의미를 유지해왔다. 고종도 임진왜란 5주갑(300년)이 되는 해를 기념해 선대왕들의 전례를 따라 이곳에서 의식을 거행했다. 이 전통은 1952년 한국전쟁 중에도 이어져 충무로 광장에서 6주갑 행사를, 2012년에는 7주갑 기념행사를 하기도 했다.

정동은 근대 격변기의 시작을 알리는 장소기도 하다. 1895년(고종 32년) 10월 8일 경복궁에서 명성황후가 일본군 한성 수비대 미야모토 다케타로 등에게 시해되는 을미사변 이후 고종이 러시아 공사관으로 잠시 거처를 옮기는 아관파천이 벌어진 근대기 격변의 장소다. 당시 정동에는 미국·영국·프랑스·독일 등 서구 열강의 공사관이 밀집했었고, 외국인 선교사·의사·교육자들이 모여 사는 일종의 조계지였다. 당시 연세대와 세브란스병원 설립자 언더우드, 배재학당 설립자 아펜젤러, 이화학당 설립자 스크랜튼 등이 이곳 정동에 살았다. 정동은 국난 극복을 상징하는 장소이자 서구 열강들이 밀집한 국제적인 지역이라는 점에서 대한제국을 시작하는 장소로 손색이 없었다.

고종은 제국을 건설하면서 조선시대 경복궁을 중심으로 형성된 한양의 핵심 공간을 정동으로 옮긴 주역이다. 덕수궁을 황궁으로 정하면서 자연스럽게 옮긴 대한제국의 중심지 정동은 지금도 서울의 대표적인 장소로 기능하고 있다. 몇 가지 특징을 꼽아보자. 첫째, 정동에 황궁을 조성하기 전 이미 서구 열강들의 영역이 형성돼서 조선시대의 전통적인 궁궐의 모습을 갖추지 못하고 불규칙적으로 영역이 조성될 수밖에 없었다. 둘째, 서양 문명이 자연스럽게 유입되면서 궁궐 안팎으로 서양식 건물들이 여럿 세워졌다. 즉, 정동은 문명과 전통이 공존하는 역사적 현장이었다.

황제와 황후의 기억 공간, 태평로와 소공로의 탄생

고종은 제국의 출범과 함께 부국강병을 위한 근대 문명화 사업을 추진해 나갔다. 고종의 근대문명화 프로젝트를 '구본신참舊本新參'이라 한다. 서양의 발달한 문명을 받아들여 근대화를 추진하되 전통을 바탕에 두면서 점진적으로 개혁해 간다는 의미다.

고종이 황제로 등극한 다음 명성황후는 황후로 받들어져 국장을 치렀다. 을미사변 이후 여러 차례 장례가 연기되다가 대한제국이 출범한 1897년(광무 1년)에 청량리 홍릉에 안장된 것이다. 2년여 동안이나 장례를 연기한 이유는 뚜렷하지 않지만, 황현의 《매천야록》에는 고종이 황제로 즉위한 후에 황후의 예로 장례를 치르기 위해 지연시켰으며, 능을 장엄하게 조성하기 위해 중국 남경에 있는 명나라 고 황후의 효릉孝陵을 참고하도록 하는 등 성대하게 준비했다는 기록이 남아 있다.

국장 행렬은 황궁에서 새벽 4시경에 출발해 신교(新橋, 새다리)를 지나 종로를 통해 동대문으로 빠져나간 다음 12시경 홍릉에 도착했다. 동원된 수행원이 무려 4천800여 명인 대규모의 행렬이었고, 국내외의 많은 사람이 이 광경을 보려고 모여들었다. 특히 도성의 동서대로인 종로는 조선시대 이래 제1대로였고, 경제활동의 중심지로 가장 번화한 길이었다. 따라서 이 길을 통한 국장 행렬은 많은 사람들이 볼 수 있었다.

한편 덕수궁에서부터 세종로까지 연결되는 현재의 태평로는 명성황후 국장을 위해 새롭게 개통된 신작로였다. 신작로가 만들어진 후 명성황후의 장례 행렬이 처음으로 지나갔다. 또한 황궁과 조선의 정체성이 함축된 경복궁을 직접 연결하는 상징적인 의미기도 했다. 이는 대한제국기에 고종이 추구한 구본신참의 의미에서 알 수 있듯이 전통을 대표하는 공간(경복궁)과 근대 문명의 상징적인 공간(황궁)을 연결해 고종의 근대화정책의 성격을 잘 보여준다. 나아가 종로에는 1898년(광무 2년) 최초로 전차가 가설되는데, 노선은 서대문에서 홍릉까지 연결됐다. 즉 최첨단 근대문명의 아이콘인 전차는 시민들에게 일본에 의해 시해당한 명성황후에 대한 기억을 상기시키면서 대한제국의 높아진 위상을 오버랩시키는 효과가 있었디.

황궁 동편의 조선호텔은 황제 즉위식을 거행한 원구단이 있던 곳으로 황궁과 원구단은 소공로로 연결됐다. 즉, 소공로는 원구단을 조성한 후 황궁과 연결하기 위해 새롭게 개통한 사선의 신작로였다. 그리고 소공로를 기준으로 원구단 맞은편(남쪽)에는 대관정大觀亭도 위치했다. 대관정은 궁내부 대신관저로도 사용했고, 서양 귀빈들을 접대하기 위한 연회장소 Imperial Guest House기도 했다. 소공로를 사이에 두고 원구단과 대관정을 설치한 것은 소공로가 우연히 만든 길이 아니라 계획된 도로였음을 의미한다. 즉 소공로는 황제의 공간인 원구단과 대관정이 위치한 곳으로 뚫린 길이었다.

이와 더불어 황궁의 동문인 대안문(1906년 대한문으로 개칭)을 정문으로 쓰기 위해 월대를 구성하는 등 새롭게 고치고 앞으로는 넓은 공간을 조성해 민의를 수용하는 장소로 만들었다. 다만 현재의 서울광장과 같은 모습은 아니었다.

이러한 황제의 길과 황후의 길, 그리고 민의 수용공간과 더불어 황궁 주변으로는 상징적인 시설물이 여럿 조성됐다. 서대문 밖에는 독립국의 위상을 보여주는 독립공원과 독립문이 조성됐고, 종로 한복판에는 탑골공원이 만들어졌다. 고종의 즉위 40주년과 육순을 바라보는 51세(망육순), 대한제국 출범 5주년을 기념하기 위한 기념비전도 1902년(광무 6년) 종로와 세종로의 교차지점에 세웠다. 결국 여러 상징공간을 조성하고 도로망과 전차노선을 갖춰나가면서 한양 도성의 중심공간은 경복궁 주변에서 황궁이 위치한 남쪽으로 이동했고, 이것은 현재도 서울의 중심공간으로 자리했다.

반면 대한제국의 근대화 성과는 일본에 강제 병합돼 권력의 주체가 바뀌면서 식민권력의 도시공간으로 변해 갔다. 황후의 길인 태평로에는 경성부청을 비롯한 식민권력의 상징적인 건물이 세워졌으며, 황제의 길인 소공로는 러일전쟁의 일본군 영웅 이름을 딴 하세가와쵸長谷川町로 바뀌었다. 철도호텔과 조선은행, 경성우편국 등 경제와 대중문화 관련 시설물도 채워졌다. 황궁은 궁역이 축소되고 경성부청 앞에는 공원(광장)을 조성하면서 제국의 역사는 잊혀갔다.

제국의 상징
원구단과 돌북

하늘에 제사를 드리는 제천단인 원구단은 동아시아에서 황제만이 소유할 수 있는 권력을 상징하는 건축물이었다. 원구단은 고려 성종 때 만들어졌지만 고려 말 우왕 때 폐지됐고, 제후국인 조선도 원구단은 유지할 수 없었다. 그러나 조선의 왕들은 기곡과 기우의 목적과 산천에 제사를 드린다는 명목으로 현재 용산 미군 부대 위치에 남단南壇*을 만들어 운영하면서 원구단으로 인식했다. 이후 대한제국이 들어서자 공식적으로 하늘제사를 위한 건축물이 도성 한복판에 만들어졌다.

---

* 과거에는 남쪽 교외에서 하늘에 제사를 지냈기에 남단南壇 또는 남교南郊라고 했다.

원구단 일곽 추정 배치도

대한제국기 원구단의 모습은 〈독립신문〉에 실린 기사로 확인할 수 있다. 단은 원형으로 1층은 지름이 144척(1척은 약 30㎝)이고, 2층은 72척, 3층은 36척이며, 높이는 각층이 3자로 구성됐다. 따라서 1층은 지름이 약 40미터, 2층은 20미터, 3층은 10미터고, 각 단의 높이는 1미터로 전체 높이는 3미터가 된다. 당시 하얀 돌로 된 3층의 제단은 한양 도시경관의 랜드마크가 됐을 것이다. 또한 원구단의 건립 위치를 남교라는 도성 밖의 공간에서 황궁과 인접한 도성 안으로 옮겼다는 점에서 도시공간의 획기적인 변화를 가져왔다. 원구단은 건축물로서의 의미를 넘어서 위치한 장소에서도 시대의 상징성이 잘 나타나 있다. 1899년(광무 3년)에는 단의 북쪽에 황궁우를 만들어 제신의 위판을 봉안하고, 동서무東西廡도 세웠다.

아울러 1902년에는 원구단 동쪽에 석고전이 건립된다. 석고전은 석고(石鼓, 돌북)가 안치된 건축물로, 고종 황제의 즉위 40주년을 기념하고 제국의 위상을 과시할 의도로 계획됐다. 돌북 표면에 고종의 중흥공덕을 기리는 문자를 새겨넣으려 했으나 미완성에 그쳤다. 본래 자태도 눕혀진 모습에서 세워진 모습으로 바뀌었고, 석고전은 박문사(博文寺, 1932년 이토 히로부미를 추모하기 위해 세운 사찰로 현재 신라호텔 위치에 있었다)의 종루로 쓰는 바람에 사라지고 돌북만 남아 있다.

한일병탄韓日倂呑* 이후 원구단은 1915년 '시정오년조선물산공진회'가 경복궁에서 개최되면서 참관인들을 위한 숙박시설인 철도호텔(1914년 2월 조선호텔로 개칭됨)을 세우기 위해 파괴됐다. 식민권력이 조선과 대한제국의 상징공간인 경복궁과 원구단을 전시장과 호텔로 만들어버린 것이다. 장소와 건축이 지닌 시대의 상징이 새로운 권력에 밀려 소멸해버린 사건이다.

---

* 한일합방은 두 체제가 평화적으로 합의해 새 국가를 만든다는 의미이므로 강제병합 또는 무력에 의한 침탈인 병탄(倂呑, 남의 물건이나 국가를 강제로 빼앗아 합치는 것)을 써야 한다고 역사학계는 주장하고 있다.

대한제국과 메이지의 공간 충돌, 장충단과 박문사

정동이 제국의 중심공간으로 자리 잡으면서 도성의 동남쪽 남산 기슭에 조성된 중요한 공간이 장충단이다. 장충단은 1900년(광무 4년), 1894년(갑오년)과 1895년(을미년)에 나라를 위해 희생한 군인들을 추모하고 사기를 높이려는 의도로 조성했다고 알려져 있다. '장충獎忠'이라는 이름에서 알 수 있듯이 '충忠을 장려獎勵하기 위해 조성한 제단'이라는 뜻이다.

누구를 위한 제단인가

그러나 장충단에는 더 중요한 의미가 담겨 있다. 장충단에서 초혼제를 지낸 직후 고종 황제는 "1900년은 명성황후가 만 50세가 되는 해이므로 슬픈 마음이 다른 해보다 남다르다"고 말했다. 명성황후는 고종보다 1년 앞선 1851년(철종 2년) 경기도 여주에서 태어났기

에 1900년은 만 50세가 되
는 해였다. 또한 명성황후
가 시해당한 지 5주기가
되는 해이기도 했다. 이에
황태자인 순종은 1900년
에 명성황후를 추모하는
행사를 기획했고, 신하들
은 을미년 역적들을 처벌
하자고 하거나 황후가 묻
혀 있던 홍릉을 다른 곳으

(동아일보) 1935년 1월 1일 기사. 장충단 소개에 명성황후와 을미년 기
억을 소개하고 있다.

로 천봉遷奉하자는 의견도 제기하는 등 제국 최초의 황후를 기억하기 위
한 분위기로 만연했다.

　이러한 분위기 속에서 만들어진 장충단의 제사 대상을 살펴보면 1위
에 홍계훈, 2위에 이경직 외 이도철과 임최수 등이 있는데, 이들은 모두
황후와 관련된 충신들이다. 따라서 당시 사람들에게 장충단은 누구를 염
두에 두고 만든 제단인가를 은유적으로 알 수 있게 했고, 신문에서도 황
후와 을미사변의 기억공간으로 소개됐다. 더욱이 기억해야 할 점은 안중
근 의사의 '이토 히로부미를 죽인 15가지 이유' 가운데 첫째가 명성황후
를 죽인 죄라는 것은 당시 사람들에게 황후의 죽음에 대한 기억이 깊이
각인됐음을 알게 해준다.

장충단을 조성한 이래 이곳에서는 1년에 두 차례 봄가을마다 정기적으로 제향을 드렸다. 제향은 당시 군인들에게 큰 반향을 불러일으켰는데, 1900년 11월 10일 처음 시작해서 1909년 10월 15일 마지막 제향이 있었다. 이후로 제향이 더 이상 거행되지 못한 것은 이토 히로부미가 안중근에게 저격당한 후 그를 기리는 추도회가 장충단에서 열렸기 때문이다. 장충단이 국가에 대한 충의 의미가 담긴 장소라는 사실을 확인한 일본 제국주의가 이토 히로부미의 사후 장충단에서의 제향을 더 이상 허락하지 않았던 것이다.

장충단의 공간 구성

장충단은 도성의 동남쪽인 남소영 일대에 만들었다. 당시 남소영을 비롯한 주변에는 군사의 시재(試才)와 무예 훈련, 병서 습독을 관장하기 위한 훈련원과 하도감이 있었다. 따라서 전쟁터에서 사망한 군인과 충신을 위한 제향 공간을 이곳으로 정했던 것이다.

현재 장충단은 엉뚱한 위치에 장충단비만 세워져 전체가 어떤 모습으로 존재했는지 상상하기조차 어렵다. 《고종실록》에는 충을 기리는 건축형식으로 사당이 아닌 단을 쌓아 조성하라고 한 점에서 제단의 형식이라는 것은 알 수 있다. 여기서 '단(壇)'이라는 건축형식은 '제사나 의식, 행사 등을 지내기 위해 흙이나 돌 등으로 주변보다 높게 만든 터나 자리'를 말한다. 장충단은 넓은 터에 인공적으로 단을 조성하고 그 위에 제향을 드리기 위한 시설물을 배치했던 것이다. 즉 장충단은 특정한 하나의 건축물을 지칭하는 것이 아니라 제향을 드리기 위해 성스러운 영역을 조성한 '성역화된 장소'를 가리킨다.

장충단 일곽의 건축공사를 기록한《장충단영건하기책》에는 영역을 '내기지內基址'와 '외기지外基址'로 구분하는데, 내기지는 목책으로 150간(전체 둘레 약 270m), 외기지는 철책鐵柵으로 430간(약 774m)이다. 철책으로 바깥 경계가 구성되고 다시 목책으로 내부 경계를 구성했으며, 내기지 입구에는 하마석(말에 오르내릴 때 발돋움용으로 대문 앞에 놓은 큰 돌)도 설치했다.

1910년 경성부시가도에는 '奬忠壇'이라고 표시된 부분에 여러 개의 건물군이 사다리꼴로 구획된 모습을 볼 수 있다. 또한 '장충단비奬忠壇碑'도 표시됐는데, 비는 물길(남소문동천)을 사이에 두고 장충단의 동쪽 언덕에 위치하며 직선으로 도로가 이어져 있다. 당시 비는 사방 4미터 비각 안에 있었으며, 주위는 목책으로 둘러져 목책문도 있었다. 이러한 경계로 이루어진 장충단의 전체 영역은 현재 덕수궁과 맞먹는 면적이었고 성역의 범위는 더 넓었다.

장충단에는 단사壇祠(이후 장충포열奬忠褒烈로 명명됨)로 불린 사당을 비롯해서 전사청, 양위헌揚威軒, 장무당壯武堂, 요리정料理亭, 석교와 목교 등 여러 시설물이 배치됐었다. 가장 대표적인 건물은 단사로 15칸 규모이고, 처마 밑에는 양철로 빗물받이도 달려 있었다. 그리고 10칸 규모의 장무

당에는 유리창호가 사용되기도 했다. 일곽에서 가장 칸수가 크고 비용이 많이 든 건물은 30칸 요리정으로, 이 주변에는 아름다운 정원시설이 조성되어 있다.

특이한 점은 이곳이 남산 기슭이어서 자연경관에 어울리도록 한 것인지 정확히 알 수 없으나 제향 공간에 각종 화초를 심어서 주변을 꾸민 점이다. 장충단을 경건한 제사시설로 엄숙하게 만들기보다는 일상의 안식처 같은 느낌을 주려 했다고 짐작된다. 즉 일반 군인들을 포함해 제사를 지내는 국가 기념시설이기 때문에, 종묘나 사직처럼 신분 높은 사람들이 드나드는 엄숙하고 정적인 공간이 아니라 일반 시민들도 쉽게 찾는 열린 공간으로 조성한 것이다. 그리고 그곳에는 15미터 높이로 국기를 걸 수 있는 국기게양대가 있었다.

메이지의 공간 이식과 장충단의 변화

장충단 제향은 1905년(광무 9년) 일본에 외교권을 박탈당하는 을사늑약이 체결되고, 1907년 고종 황제가 강제 퇴위되면서부터 서서히 빛을 잃어 갔다. 〈대한매일신보〉 1908년 3월 기사에는 장충단에서의 제향이 군인도 없고 군가도 없는 적막한 모습이라고 기록하고 있다. 그러나 마지막 순간까지 장충단은 독립을 위한 상징적인 장소로 인식돼 이곳에서 '대한독립제'를 지내려고도 했다.

　제향이 사라진 장충단에 처음으로 생긴 변화는 성역에 스며든 장소의 성격과 의미를 지우는 작업이었다. 이에 장충단은 1919년, 공원으로 바뀌기 시작했다. 애초에 장충단은 종묘사직 같은 국가 성역처럼 엄숙한 공간이 아닌 일반 시민들에게도 열린 공원(광장)의 성격이 내재된 장소였다. 하지만 본격적으로 공원화가 진행되면서 벚꽃을 심고 공원시설물이 하나둘씩 설치되면서 제향의 기억은 사라져갔다. 사실 성역의 의미가 손상된 시기는 1904년(광무 8년)에 신정(新町, 현 중구 묵정동 일대)에 유곽이 들어서면서부터였다. 장충단과는 거리가 좀 떨어져 있었지만 당시 사람들은 성역이 훼손됐다고 느꼈다.

　이후 장충단의 성격과 의미를 완전하게 지우려 했던 때는 제단 동쪽 언덕에 이토 히로부미를 기리는 박문사를 세우면서부터다. 이토 히로부미를 위한 사원을 건립하거나 동상을 세우자는 의견이 있었지만, 동상은 자칫 시민들에게 훼손될 우려가 있어 사원 건립으로 결정했다.

　사원은 이토 사후 20주기를 기념해 건립계획이 추진됐고, 1932년 장충단 맞은편에 세워졌다. 그리고 박문사에는 신성한 경복궁의 선원전(璿源殿, 역대 왕의 초상화를 모신 곳) 건물도 뜯어와 고리(庫裡, 절에서 부처에게 올리는 음식 등을 준비하는 곳)로 사용하고, 경희궁의 정문인 흥화문을 옮겨와 이름을 바꿔 경춘문이라는 산문(山門)으로 사용하는 등 건물이 지닌 상징성을 식민지 전략에 맞추어 철저하게 파괴했다. 더욱이 1937년에는 만

주사변과 상해사변으로 희생된 일본군 육탄삼용사의 영웅담을 기리는 동상을 장충단 단사 건물 바로 옆에 세워 일본군을 기리는 초혼단으로 의미를 바꾸는 작업도 했다.

1920~1930년대에 일본은 서울을 완전한 식민지 도시로 만들기 위한 계획을 추진했다. 남산에는 1925년 조선신궁을 건립해 일본의 태양신 아미테라스 오오가미와 메이지 천황을 모셨다. 1926년에는 조선총독부 청사와 경성부청을 세워 식민지 도시로의 변화는 절정에 달했다. 동대문 에는 경성운동장도 세웠는데, 이는 스포츠 진흥의 목적이 아니라 조선신 궁에 모신 신을 즐겁게 하려는 의도가 깔려 있었다. 경성운동장에서 처 음으로 치른 행사가 조선신궁체육대회라는 점에서 알 수 있듯이 조선신 궁에 모신 태양신과 천황을 식민지 경성의 신으로 즐겁게 맞이하고, 시 민들을 식민권력에 걸맞은 신체로 기르게 하려는 것이었다. 또한 조선신 궁 준공 직전에 경성역도 준공됐는데, 경성역의 첫 열차에 조선신궁의 도리이(鳥居, 신사의 입구에 세워진 문)를 일본에서 부산을 거쳐 경성으로 실 어 날랐다.

이렇듯 식민권력은 공간의 지배를 통해 경성을 식민도시로 변화시켰 다. 그리고 새로운 식민도시의 모습을 보여주고자 일본은 경성의 관광 루트에 조선총독부와 경성부청사, 조선신궁, 박문사 등을 포함시켜 관광 객들에게 보여줘 경성의 이미지를 식민도시로 탈바꿈시켰다.

궁궐의 변화, 도시의 변화

도성의 서쪽에 위치해 서궐로도 불린 경희궁. 궁궐이 건립되기 전에는 인조의 부친인 정원군(원종)의 잠저潛邸*가 있었으나 왕의 기운이 서려 있다는 풍문을 제압하고자 광해군이 궁궐을 만들었다고 전한다. 왕기王氣가 서려 있다는 바위인 서암(瑞巖, 또는 왕암)은 현재 숭정전 뒤쪽에 남아 있다.

경희궁, 그리고 궁궐 앞 제국의 시설들

창건 당시 경희궁은 경덕궁으로 불리다가 1760년 (영조36년)에 원종의 시호인 경덕과 동음이어서 개칭한 것으로 알려졌다.

---

* 궁궐에서 태어나지 않았지만 일반 왕족으로 지내면서 궁궐이 아닌 사가에서 지내다가 왕위를 계승하는 왕이 즉위하기 전에 살던 집. 실제 정원군의 잠저인 저경궁(송현궁)은 현 한국은행 부근에 있었다.

그러나 《광해군일기》 중초본* 11년 기사에 '경희궁慶熙宮'이라는 궁호를 썼다는 점으로 미루어볼 때 창건 때부터 궁명이 경희궁이었다는 사실을 알 수 있다. 또한 경희궁은 '야주개대궐夜珠峴大闕'이라고도 했는데, 정문인 홍화문 현판 글씨가 명필이어서 글씨의 광채가 밤에도 낮처럼 훤히 비추었다는 뜻에서 유래됐다. 하지만 사실은 홍화문이 종로를 향해 동향을 했기에 달빛을 받아 현판이 훤하게 비쳤다고 이해해야 맞다.

경희궁은 영·정조 때 그 위상이 부각됐다. 영조가 집권 후반에 거주하다 승하했고, 정조는 영조와 함께 세손 시절을 이곳에서 보내다 숭정문에서 왕위에 등극했으며, 즉위 이후에는 자객에 의해 죽임을 당할 뻔한 사건이 발생한 장소이기도 하다. 이 사건은 영화 〈역린〉의 소재가 되기도 했다.

1868년(고종 7년)에 이르러 경희궁은 왕권강화책의 하나로 경복궁 복원을 단행하면서 이곳의 건축자재를 사용해 대부분의 전각이 사라졌고, 빈 궁터에는 양잠 정책을 통한 상공업 장려책으로 1883년(고종 20년) 뽕나무를 심었다. 그래서 당시 외국인들은 경희궁을 '뽕나무 궁궐'로 부르기도 했다.

황궁인 경운궁 근처에 빈터가 된 경희궁에서는 1899년 덕국(독일) 친왕인 하인리히의 내한을 축하하기 위해 관병식이라는 군사 퍼레이드가

---

* 실록을 편찬할 때 이전 제작본은 없애버리고 마지막 정초본을 보관하는 것이 관례인데, 《광해군일기》는 중간 단계인 중초본이 유일하게 남아 있다.

덕수궁과 경희궁을 연결한 운교(출처 : 서울학연구소)

열렸다. 이는 대한제국 출범 이래 최초의 국빈 방문으로, 관병식은 국내
외 사람들에게 근대국가로 변모해가는 제국의 위상을 보여주고자 기획
한 것이었다. 그리고 군 훈련 장소로 변한 경희궁과 연결을 극대화하기
위해 1902년에 새문안로를 가로질러 황궁과 연결되는 운교雲橋가 설치되
기도 했다.

　　한편 홍화문 동편 현재의 구세군회관 위치에는 부국강병을 위해 무관
학교(사관학교)를 세웠다. 무관학교는 서양의 군사제도를 도입해 건양建
陽* 원년인 1896년에 설치한 사관학교로 1898년 이곳으로 이전했다. 러

---

* 건양은 1896년 1월 1일부터 1897년 8월 16일까지 사용한 조선의 연호다.

일전쟁 이후 일본의 식민지화 정책이 강화되면서 1909년 폐지됐다. 무관학교 출신 장교들은 체조교육을 받았는데 이후 일반학교의 체육교사로 활동하기도 했다.

또한 무관학교 동편인 현재 새문안교회 자리 부근에는 1902년 최초의 실내 원형극장이자 국립극장인 협률사協律社가 건립됐다. 1902년은 고종의 재위 40주년과 망육순, 제국이 출범한 지 5주년으로 협률사는 이를 축하하기 위해 만들어진 기념시설물이다. 협률사도 이토 히로부미가 방문한 1904년에 폐지됐고 이후 1908년 원각사圓覺社라는 극장으로 재탄생하게 된다. 원각사가 건립된 그해 11월 신 연극의 효시로 불리는 〈은세계〉가 무대에 올랐다. 그러나 결국 식민지기에 들어선 1912년 완전히 폐쇄됐고, 오늘날에는 당시 이 일대의 공간을 기억조차 하기 어렵게 됐다.

식민지 시기 경성중학교 설치와 궁궐의 파괴

러일전쟁에서 승리한 이후 서울에 거주하는 일본인의 숫자가 급격하게 늘어났다. 1906년 경성거류민단이 설립됐고, 거류민의 아이들을 위한 교육기관 설립의 필요성이 대두됐다. 그래서 민단은 친일파 송병준 등이 이끄는 일진회가 소유한 독립관(독립문 옆에 위치)을 무상으로 임차해서 1909년 경성중학교를 개교했으며, 다음 해 경희궁터로 교사를 이전했다. 경희궁으로 교사를 이전하기 전 학교 후보지로는 경복궁도 언급됐는데, 이는 궁궐을 비롯한 조선과 대한제국의 역사적 장소가 일본제국주의의 식민지 도시건설을 위해 언제든지 파괴될 수 있었다는 점을 보여준다.

경희궁터로 교사를 이전한 경성중학교는 새로운 교사를 증축해 1913년에 낙성식을 했는데, 이때 초대 조선총독인 데라우치가 직접 축사했다. 이후 1920년대에 들어와 조선총독부는 교육제도의 쇄신이라는 명목하에 보통학교의 증설을 계획했고, 교원양성을 위해서 사범학교를 만들게 된다. 이때 경희궁터에 남아 교원양성소 건물로 사용되던 숭정전과 회상전 등 전각은 더 이상 쓸모가 없어져버리자 다른 곳으로 매각됐다. 정전인 숭정전은 1926년에 조계사*로 매각됐고, 회상전도 1928년에 매각됐다. 그리고 흥화문은 1932년에 박문사의 정문으로 쓰기 위해 뜯어갔다. 이로써 경희궁은 조선의 흔적을 완전히 잃어버렸다.

경희궁의 흔적을 지울 무렵부터 궁역에는 관사가 들어섰는데, 이때 활터인 황학정이 철거 위기를 맞았다. 다행히 조선교풍회회장이자 동아일보사 사장이던 박영효가 총독부의 양해를 얻어 황학정을 사직단 북쪽의 등과정登科亭 옛터로 이전해 현재 이곳에 남아 있다.

한편 경희궁의 서북쪽 송월동 일대에는 조선인들이 토막촌을 형성해 살았는데, 우연히 1932년 이 지역에 화재가 일어나 토막민들은 반강제로 머물게 됐다. 곧바로 식민시 근대건축을 대표한 모던 신청사인 경성

---

* 현재 동국대가 위치한 곳으로, 1977년 학교 법당인 정각원正覺院으로 개원해 남아 있다.

측후소(현 기상청의 전신)가 이곳에 건립됐다. 경성중학교도 1933년에 화재가 발생해 교사 대부분이 전소됐는데, 이때 화재진압을 위해 사용한 물 때문에 가뭄으로 고생하던 경성부의 물 부족 현상이 더욱 심해졌을 정도였다. 화재의 원인은 시험 기피를 위한 학생들의 방화로 알려졌으나, 나중에는 화재 원인을 알 수 없다며 사건은 흐지부지 종결됐다. 주로 고위층 자제들이 다니는 학교라는 점이 반영된 것으로 보인다. 이후 1935년 신 교사를 건립해 낙성식을 하고 다시 경성의 최고 중등교육 기관의 면모를 갖추게 됐다.

현재 서울역사박물관 주차장 한편에는 방공호가 남아 있는데, 이는 일본의 방공법 시행에 의해 1944년 초겨울부터 공사가 시작됐다(당시 공사에는 경성중학교 학생들이 동원됐다). 그러나 해방과 함께 방공호는 미완성으로 남게 됐다. 당시에는 전국의 학생들이 전쟁 준비를 위해 방공호뿐만 아니라 조병창(造兵廠, 무기와 탄약을 제조·수선하며 저장·보급하는 건물 혹은 장소) 등 여러 공사에 동원됐다. 이렇듯 식민지 시기에 조선인들은 경희궁이 파괴되는 모습을 보면서 망국의 설움을 느껴야만 했다.

해방 이후
강남 지역의 탄생

해방 이후 경희궁터에는 식민지 시기의 관성을 유지하듯 서울중학교가 들어섰다. 6년제였던 서울중학교는 1951년 정부의 교육제도 개편에 의해서 3년제의 중학교와 고등학교로 분리됐다. 경제적인 여건상 6년 동안 학업을 지속하기 어려울 수 있기에 3년씩 나누어서 학업을 마무리할 수 있도록 배려하려는 의도였다.

1960년대에 들어와 한국 사회는 신분 상승과 부를 얻으려면 소위 일류대학을 나와야 한다는 분위기가 만연했고, 명문고 입학이 첫 관문이었다. 서울에서는 소위 5대 명문고가 나타났고, 명문고에 입학하려면 명문중에 입학해야만 했다. 중학교 입시 과열이 사회 이슈의 정점으로 부상했다. 이와 관련된 흥미로운 사건 중 하나가 바로 '무즙파동'이다. 1964년 치른 중학교 입시 자연 과목 18번은 찐 찹쌀밥에 물과 엿기름을 섞어 엿을 만들 때 엿기름 대신 무엇을 넣어도 좋은지 묻는 문제였다. 출제위원회는 1번 보기 '다아스타제'를 정답으로 했으나, 2번 보기 '무즙'도 정답 처리하라는 학부모들의 반발이 계기가 된 사건이었다. 무즙에도 다아스타제가 들어 있다는 그들의 항의가 사회문제로 번지면서 교육감들이 줄줄이 물러나야만 했다.

계속된 입시문제로 정부는 1969년 중학교 무시험 입학이라는 정책을 실시하면서 중학교 입학을 위한 경쟁은 사라졌다. 하지만 고등학교로 입시 과열 현상이 집중되자 정부는 1974년 고교평준화를 시행했다. 이에 고등학교 입학 기준은 주변 거주자 중심으로 추첨에 의해 선발하도록 정해졌다. 명문고 근처로 집단 주거지가 형성될 수 있는 조건이 마련된 것이다.

한편 이러한 교육정책과 함께 정부는 서울의 도시 공간을 재편하려는 계획을 세우게 된다. 이른바 '서울 3핵 도시 구상'이다. 도심과 영등포, 영동(영등포의 동쪽이라는 뜻으로 현 강남) 지역을 상호 연결해 도시의 기능을 분산시켜 인구의 도심 집중현상을 해소하려 했다. 영동에는 고속버스 터미널 등 공공시설과 도심에 위치한 고등학교를 이전한다는 계획도 포함됐다. 즉 도시화 과정에서 교육공간을 활용한 강남의 도시계획이 준비된 것이었다.

대표적인 사례는 1976년 강남구 삼성동으로 신축 이전한 경기고였다. 최고의 명문고인 경기고는 당시 공립학교로 이전 과정에 정책적인 걸림돌이 적었다. 경희궁터에 위치했던 서울고의 이전도 자연스럽게 추진됐다. 이와 더불어 서울시는 학원의 강남 이전을 권장하면서 강남으로의 인구 이동은 가속화됐다. 여기에 지하철 2호선 도심 순환선의 완전개통으로 강남의 입지는 더욱 굳어졌다. 과거 성곽을 경계로 사대문 안팎으로 나누던 지리적 구분이 한강을 중심으로 강남과 강북으로 나뉘는 계기가 됐다.

반면 학교가 떠난 경희궁터는 한때 대기업으로 넘어가 고층빌딩이 건립될 위기를 겪었다. 그러나 서울시가 경희궁터를 재매입해 1988년 서울올림픽에 맞춰 역사공원 조성사업을 벌이면서 조선궁궐로서의 위상을 재정립하고 장소에 새겨진 의미를 하나씩 되살릴 수 있었다.

건축가의 시선

정현정

건국대 건축공학과 대학원을 마치고 프랑스 국립 고등사회과학대학원EHESS 박사과정을 수료한 후 파리 라빌레트 건축학교에서 국립 프랑스 건축사 자격증DPLG을 취득했다. 현재 다울림 건축사사무소장으로 장애인을 포함해 소외계층의 이동을 고려한 편리한 도시와 주거 및 건축공간을 실현하고자 한다. 세명대 건축공학과 겸임교수로 학생들을 가르치며 사회적 건축가로도 활동하고 있다.

빛, 어둠에 맞서 공간을 만들다

쌀쌀한 기운이 느껴지는 어느 일요일 아침. 교회에 들어서니 벌써 미사가 시작됐다. 미사를 집전하는 신부님의 목소리에 이끌려 본당으로 조심스럽게 들어가 자리에 앉았다. 스테인드글라스 창문으로 들어오는 영롱한 빛이 사선으로 차분히 내려앉아 있다. 창문으로 들어오는 햇볕이 성모마리아의 따스한 손길처럼 성스럽고 포근하다. 건축학적으로 빛은 비물질적 성격을 띠면서도 실체적으로 건축을 완성시켜주는 요소다.

창문의 길이와 폭, 벽의 두께나 균질함, 재료 등에 의해 건축물 내부 빛의 양은 조절되고 공간의 분위기는 다양하게 변주된다. 태양의 빛, 햇살이 건축물 내부에 적절하게 비치면 공간은 생명력을 띠게 된다. 건축가들은 의도적이든 우연이든 빛을 구사하기 위한 계획에 집중한다. 자연의 빛은 계절과 시간에 따라 공간의 안과 밖에 다양한 분위기를 만들고, 조명을 이용한 인공의 빛은 독특한 공간미를 연출해 건축을 완성한다. 빛은 건축물과 인간의 거리를 좁히기도 하지만, 때로는 긴장감을 조성해 많은 이야기를 만들어낸다.

자연의 빛을
건축물 내부로 초대하다

고대 그리스 건축에서 빛은 외부 형태의 질서를 표현하는 수단이었으며, 중세 교회 건축에서는 그리스도교적 의미가 내재된 스테인드글라스를 통해 빛을 교회 내부로 이끌어와 천상의 이미지를 가시화하고 영적인 공간을 연출하는 데 중요한 역할을 했다. 로마시대의 가장 대표적인 건축물인 판테온(pantheon, 모든 신을 기리는 신전으로 '범신전'이라 부르기도 한다)의 빛은 내외부 형태의 조형성뿐 아니라 존재 자체로 공간에 생명력을 깃들게 한다.

판테온은 둥근 돔 형태가 주는 웅장함이 돋보이는데, 돔 안쪽으로 움푹 팬 모양의 사각형이 천장에 새겨진 듯하다. 43미터 높이의 돔 상부에 뚫린 직경 8.1미터의 오쿨루스(oculus, 신의 눈)를 통해 들어오는 사선의 강렬한 빛이 내부로 들어와 현실을 초월하는 자연조명이 된다. 오쿨루스로 들어오는 원형의 햇빛은 규칙적으로 움직이는 탐조등처럼 대형 로툰다(rotunda, 천장이 돔으로 이루어진 원형 혹은 타원형의 홀) 내부를 비추고 있다. 자전에 따라 수시로 바뀌는 태양의 일조량은 시간에 따라 변화무쌍해진다. 오쿨루스를 통해 들어오는 빛은 계절과 시간에 따라 로툰다 출입구

아치를 지나 바닥에 특이한 형태의 빛을 만드는데, 이는 춘분과 추분, 그리고 정시를 알리는 해시계 효과를 얻기도 했다.

빛의 신비로움이 응축된 건축물의 대표적인 사례는 바로 교회와 같은 종교적인 공간이다. 중세에 이르러 빛은 인간과 신을 연결하는 매개체 역할을 하는 정신적인 현상으로 보았다. 교회를 장식하는 성화에 묘사된 예수의 형상에 빛을 비추거나 천사가 하늘에서 내려올 때 주위보다 더 밝게 표현한다. 또 교회의 스테인드글라스는 신의 존재를 빛의 형태로 느끼게 한다. 특히 건축물을 설계할 때 빛을 적용한 공간을 구현하기 위해 노력하는데, 인간의 불안을 달래주는 데 빛의 효과가 크기 때문이다. 그래서 건축에서 빛은 인간에게 신비로움을 더하는 요소로 다가온다.

파리의 노트르담 교회는 전면에 고딕 양식의 첨탑과 그 아래 성소를 상징하는 장미 문양의 스테인드글라스 창문을 두었고, 중심의 주출입구와 좌우측의 부출입구에 성자 들의 모습을 정교하게 조각해두었다. 그 사이사이에 자리 잡은 스테인드글라스 창문과 좌우측 벽면에 길고 좁게 나란히 선 창문들과 후면의 공중 버팀벽flying buttress과 안쪽에 위치한 벽면에는 둥글게 돌아가며 창문이 배치돼 있다. 창문을 통해 내부로 들어오는 빛은 신성한 분위기를 연출해 기도하는 사람들에게 고요힘과 싱스러움이 극대화된 느낌을 준다.

만약 교회 등 종교 건축물을 설계할 때 빛을 고려하지 않고 환기만을 목적으로 창문을 만들었다면 어떤 분위기가 연출될까. 대부분의 종교적 건축물이 그렇듯이 석재를 주재료로 이용한 까닭에 내부는 위계질서로 인한 긴장감과 엄숙함, 냉철함만으로 가득 찰 것이다. 우리가 기대했던 안식이나 성스러움 등 종교적인 위안을 찾기는 어려울지도 모른다.

관광객이 이곳을 찾을 때도 비슷한 분위기를 느끼는 이유는 교회 내부로 들어오는 빛과 내부 조형물이 조화를 이루면서 빚어내는 영롱하고 은은한 분위기에 도취되고 그 속에서 순결하고 고귀한 느낌을 받기 때문일 것이다. 성당 내부로 들어갈 때 잠시 엄숙해지고 긴장하지만 어느 순간 스테인드글라스로 투과된 한줄기 빛은 형언하기 어려운 절대자의 존재를 느끼게 한다.

빛을 잘 구현하는 것이 건축가의 소명

건축의 역사는 빛의 역사라고 할 만큼 빛은 건축물의 완성도를 결정하는 주요 요소 중 하나다. 빛에 의한 효과는 건축과 그 공간 속 사람들과의 교감에 있다. 노트르담 성당과 판테온은 각각 위치한 장소는 다르지만 시간에 따라, 그리고 계절과 날씨에 따라 들어오는 빛에 의해 내부의 분위기가 다양하게 연출된다는 공통점이 있다. 묵직한 석재로 지어진 고대와 중세시대의 건축물인 만큼 자칫 차가울 수 있었지만, 더운 날에는 선선한 빛으로 공간의 온도를 낮춰주고, 추운 날에는 따스한 빛으로 온기를 더한다.

이와는 반대로 자연채광은 차단하고 간접적 혹은 인공조명으로 빛의 효과를 제어하며 공간을 연출해야 하는 건축물도 있다. 미술관, 박물관, 그리고 공연장 등의 용도로 사용하는 경우다. 루브르 박물관 광장에서 볼 수 있는 유리 피라미드가 대표적인 사례다. 주출입구 역할을 하는 대형 피라미드와 작은 피라미드들이 지상과 지하를 연결하고 있으며 지하에도 거꾸로 삽입된 피라미드가 너른 복도 역할을 겸한다. 자칫 홀 바닥에 뾰족한 꼭짓점이 닿을 것만 같다.

중국계 미국 건축가 I.M 페이^{I. M. Pei}가 1989년 루브르 박물관 진입부에 유리 구조물과 내부 광장을 설계하면서 피라미드는 입구 역할을 하는 동시에 지하 공간으로 빛이 잘 내려가도록 해 어두컴컴했던 실내를 밝혔다. 지상에서 봤을 때 유리 피라미드 구조물은 작지 않은 크기지만, 디귿(ㄷ) 형태의 루브르 박물관 전체 건물의 어느 한 곳도 가리지 않아 광장에 서면 박물관의 주위 풍경을 한눈에 볼 수 있다.

루브르 박물관 광장을 지나 유리 피라미드를 통해 천천히 내부로 들어가면 회전식 계단을 돌아 하부 매표소가 있는 중심 로비에 도달한다. 박물관에 들어가기 위해 두 시간씩 줄을 서서 기다리는 수고를 하게 되더라도 관람객들은 머리 위로 비치는 햇살 덕분에 편안함을 유지할 수 있다. 만약 천장과 벽을 유리가 아닌 불투명한 재료로 마감했다면 복도와 홀의 넓이로 인해 꽉 막힌 듯 답답한 느낌이 들었을 것이다.

건축물 내부에 빛을 상징으로 재현해놓은 곳도 있다. 바로 일본을 대표하는 건축가 안도 다다오가 1989년 이바라키현에 건설한 '빛의 교회'다. 노출 콘크리트 네 쪽을 사방으로 배치하고 각 콘크리트 덩어리 사이에 일정한 간격으로 공간을 비워 외부에서 빛이 들어오도록 설계해 교회 내부에서 보면 빛이 거대한 십자가로 변해 있다. 마치 빛으로 환생한 예수 그리스도를 내부에 모셔온 듯한 느낌을 받는다.

 르코르뷔지에의 롱샹 교회도 단정한 형태감^{volume}이 살아 있는 내부 곳곳에 크고 작은 창문과 종탑이 성스러운 빛을 내부로 이끌어 빛의 건축을 완성시켰다. 르코르뷔지에는 빛 아래에 거대한 형태를 조성하는 예술이 바로 건축이라면서 이 같은 말을 남겼다.

"건축이란 빛 아래 집합된 볼륨의 교묘하고 정확하며 웅장한 연출이다. 우리의 눈은 빛 아래에서 형태를 볼 수 있다. 명암에 의해 형태가 떠오른다."

건축의 본질을 끊임없이 탐구해왔던 미국의 건축가 루이스 칸^{Louis Isadore Kahn}은 빛이란 항상 존재해왔고 앞으로도 영원히 존재하는 건축의 근본적인 실체라 여겼다. 1950년대 그리스와 로마, 그리고 이집트를 여행했던 칸은 파르테논, 판테온, 피라미드 등 고대 건축물에서 빛의 경외

감을 체감하고 자신의 건축 세계를 빛으로 표현하고자 노력했다.

공간의 본질적인 목적을 위해 건축물에 빛을 표출해낸 칸은 "어떤 공간도 자연적인 빛을 갖고 있지 않다면 그것은 공간이 아니다"라고 생각했으며, "자연적인 빛은 한 해의 계절과 하루의 시간에 따라 다양한 분위기를 연출해내기 때문에 건축에서는 공간에 생명을 부여하는 빛이 필요하다"라는 말을 남겼다.

그의 대표작품 중 빛을 가장 잘 담아낸 건축물로 미국 텍사스에 위치한 킴벨 미술관Kimbell Art Museum이 손꼽힌다. 자연채광을 건물로 끌어들여 별도의 조명을 사용하지 않고도 내부가 충분히 밝을 뿐 아니라 시간과 날씨에 따라 다채로운 분위기를 연출해내고 있다. 이곳을 찾으면 그를 '빛의 건축가'라고 부르는 이유를 알게 된다.

국내의 현대 건축물 중에서 빛의 효과를 적절히 살린 곳은 국립중앙박물관이다. 박물관 입구에 들어서면 중앙의 홀 부분에 빛이 가득하다. 반사된 빛이 홀로 자연스럽게 스며들면서 마치 사람들을 반갑게 맞이하는 것 같은 분위기를 만들어낸다.

빛은 사물을 사물답게 비추고, 그림자와 강렬하게 맞서면서 작품 속에 공간을 구성하는 중요한 원리로 작용한다. 빛이 더해진 건축물은 시간의 흐름과 함께 풍성하고 다양한 생명력으로 살아 숨 쉬게 된다.

색, 볼륨과 생동감을 더하다

메트로폴리탄급 대도시를 색으로 표현해보라고 하면 무채색 혹은 회색이 제일 먼저 떠오를 것이다. 사실 도시를 구성하는 건축물에서 딱히 색을 찾기는 어렵다. 분명 곳곳에 다양한 색이 모여 도시가 이루어져 있는데도 말이다.

건축의 역사에서 본격적으로 색에 관심을 두기 시작한 건 현대에 들어서면서부터다. 과거에는 공간과 건축물 자체의 형태감을 부각시키는 데 집중했기에 대부분 무채색을 사용했고, 상징적으로 색을 절제했다. 자연에서 얻을 수 있는 색이 제한적이기도 했다. 이 때문에 그리스와 로마의 신전 등 고대 건축물은 돌과 콘크리트, 그리고 목재나 기와 등 재료 본연의 색채로 이루어져 있다. 중세 고딕 양식의 교회나 교회의 건축물에서 스테인드글라스가 유일하게 색을 머금고 있을 정도로 근대 이전의 건축물에서 발견할 수 있는 색은 상징적 혹은 장식적 차원에 머무르는 경우가 대부분이었다.

색이 주목받는
현대의 건축물

현대 건축에서 색은 시각적 효과를 극대화해 사람들을 적극적으로 유인하면서 건축의 중요한 요소로 자리 잡았다. 건축가들 역시 과감하게 색을 사용하고 있다. 색을 본격적으로 사용하면서 건축물은 통일성과 다양성을 확보했으며 도시의 분위기를 좌우했다. 아울러 건축 재료의 성격은 물론 건축가의 상징적·암시적 표현도 색을 써서 할 수 있으며 사회문화의 가치체계를 건축의 색으로 나타내기도 한다.

건축물이 조성되는 과정을 보면 공간을 고려해 설계한 후 시공을 통해 완공되는데, 실제 건축물의 미학적인 요소는 재료의 질감과 색이 결정한다. 건물 외관뿐만 아니라 건축물의 기능과 내부의 용도를 알리는 방법으로 색은 가장 섬세하게 고려하는 요소가 되고 있다. 색을 통해 건축물을 더욱 직관적이고 감각적으로 알릴 수 있기 때문이다.

건축물을 바라보는 관찰자와 그곳을 찾는 방문객은 공간적인 덩치보다 색깔과 재료를 사용하는 방법에 따라 본능적으로 건물의 분위기와 특징을 간파하게 된다. 색이 주는 시각적 이미지가 첫인상이 돼버리는 것이다. 그래서 현대 건축에서 공간을 구성하는 기술과 더불어 이미지를 생산하는 기법으로서 색의 중요성이 커지고 있다. 도시 건축에서 색은 사람들에게 호기심을 불러일으키고 즐거움을 선사하고 있다. 건축물과 인간의 소통이라는 측면에서 색이 주는 시각적인 이미지가 적극적이며 효과적이기 때문이다.

색채는 건축물의 형태감을 만드는 재료의 종류에서부터 인위적인 내외장재에 이르기까지 다양한 곳에서 등장한다. 특히 재료가 지닌 질감과 패턴은 인간에게 시각적, 촉각적인 경험을 제공한다. 이렇게 색을 의도적 또는 개념적으로 사용하는 현대 건축에서는 재료 본연의 색을 이용해 건축물 전체의 분위기를 연출해내기도 한다.

붉은 벽돌로 지은 집을 떠올려보자. 벽돌은 전통적인 건축 재료로 오래된 건축물에서 느낄 수 있는 친근함과 안정감을 선사한다. 벽돌의 특성상 고층으로 구조물을 쌓을 수는 없지만, 낮은 벽체에 부분적으로 치장을 덧대는 형식으로 붉은 벽돌을 사용한다면 건축물에 정겹고 다정한 분위기를 담아낼 수 있다. '수공예 운동Art&Crafts Movements'* 시기에 건설한 윌리엄 모리스William Morris의 붉은 벽돌집은 건물 외관을 붉은 벽돌이 감싸고 있어 고풍스럽고 점잖은 느낌으로 다가온다. 붉은 벽돌이 건축물의 분위기를 안정되고 편안하게 만드는 것이다. 그러나 오랜 세월 주요한 건축 재료로 사용한 탓에 익숙하기는 하지만 딱히 새롭다는 느낌이 들지는 않

* 19세기 후반 영국에서 시작된 근대 미술사조 운동. 산업혁명으로 일용품과 값싸고 조잡한 기성품이 대량생산되자 이에 반기를 든 윌리엄 모리스, 존 러스킨, 필립 웹과 같은 사상가, 건축가, 미술가 들이 기계에 의한 대량생산 시스템을 반대하고 전통적인 수공예의 가치를 강조한 운동이다. 이들은 중세의 장인 제도에 입각한 수공예 산업을 활성화시키고자 했다. 건축 분야에서는 중세 고딕의 간결한 양식을 따르면서 공간과 건물의 기능의 효율성을 높이는 데 집중했다. 후에 필립 존스 등 포스트모더니즘 건축에 영향을 주었다.

는다.

 사실 자세히 들여다보면 벽돌의 색채는 의외로 다양하다. 붉은색 흙으로 구워낸 붉은 벽돌에서부터 시멘트로 만든 회색 벽돌, 돌을 쪼개 만든 벽돌에 이르기까지 실제로 벽돌은 자연적이면서 인공적이다. 주변 환경에 맞춰서 벽돌을 선택하는 것도 건축가의 몫이다.

 건축물을 설계해서 시공할 때 색은 재료적인 측면에서 판단해야 하는 매우 까다로운 공정이다. 대부분 용도를 나타내기 위해 색을 사용하는 경우가 많다. 바닥에 깔린 붉은 카펫, 벽면의 푸른색, 천정의 황금색, 그리고 카페의 차양과 상점의 간판 등 기능적인 차원에서 색깔을 사용한다. 건축물에 색을 입히는 재료들로는 흙, 벽돌, 돌, 콘크리트, 나무, 유리, 철, 지붕의 기와, 아스팔트 싱글(asphalt shingles, 지붕마감재의 일종), 페인트 등이 있다. 이 재료를 적절하게 사용하면서 건물 전체의 형태감을 살리고 부분적인 용도를 극대화한다.

 파리의 프랑수아 미테랑 국립 도서관에서는 색과 건축물의 부분적인 조화를 만날 수 있다. 복도 바닥에 깔린 붉은 카펫은 소음을 차단하는 기능과 더불어 건물에 시각적인 자극을 주는 역할을 한다. 복도를 중심으로 좌측의 통유리 창과 철제 창틀, 우측 열람실의 벽을 이루는 콘크리트의 회색과 목재의 자연스러운 니무색 사이에 놓인 붉은색은 건물에 생명력을 부여하고 있다. 부분적으로 색을 사용해 전체 건축물의 이미지를 돋보이게 한 사례다.

반대로 색을 건축물 전체에 사용하는 경우도 있다. 건물의 기능을 표현하기 위해서인데, 가령 스포츠 시설 중에서 수영장이나 아쿠아리움 등 물을 떠올리게 하는 건물을 생각해보자. 푸른색을 드러낼 수 있는 건축 재료를 선택하거나 전체 건물을 도색해 건물의 용도를 외부에 알리는 경우가 많다. 외부에서 봤을 때 '아 이곳이 무엇을 하는 곳이구나'라는 것을 직관적으로 알 수 있도록 한다.

도시의
색깔 찾기

하지만 건물에 색을 입히는 것으로 전체 도시의 이미지를 만들어내기는 어렵다. 새롭게 건축물을 조성할 때 주변의 분위기에 어울리는 색의 조화를 고려해야 한다는 말이다. 프랑스 서부 해안가에 위치한 노르망디의 작고 아름다운 항구도시 옹플뢰르Honfleur는 도시 전체가 부드럽고 밝은 느낌으로 다가온다. 구스타브 쿠

르베, 클로드 모네와 그의 스승 외젠 부댕 등 예술가들이 사랑한 도시인데, 자연의 빛과 건축물이 서로 어울려 '옹플뢰르적'인 분위기를 연출해낸다. 옹플뢰르 거리를 걷다보면 자연채광과 알록달록한 건축물의 색이 자연스럽게 어울린다는 것을 느낄 수 있다. 무엇보다도 바닷물 위에 비치는 건물들의 색채가 잭슨 폴록의 원색 추상화를 펼쳐놓은 것 같은 착각을 일으킨다. 옹플뢰르에서

는 편안하게 느껴졌던 빨간색과 파란색을 입힌 건물을 서울 한복판에 옮겨놓으면 마치 놀이동산의 일부를 떼어서 옮겨놓은 듯 어색할 것이다.

기후, 환경과 개별적인 건축물에 입힌 색이 서로를 보듬어주듯 어우러지고 조화를 이루고 있다. 건축물 하나하나를 살펴보면 멋진 색깔을 뽐내기 위해서 특별한 재료를 사용하지 않았다. 또 건축물은 각자의 색을 입고 있지만, 전체적인 분위기가 조화를 이루고 있다. 나지막하게 물결치는 듯 비슷한 높이의 건축물들이 서로 이야기를 주고받는 것만 같다. 각자 건물은 개성을 띠고 있지만 전체적으로 조화를 이루며 도시 전체의 아름다운 풍경을 완성하고 있는 것이다.

색은 건축물 자체로의 구성요소라기보다 환경 속에서 조화를 이룰 때 비로소 돋보이는 요소가 된다. 장식적인 수단이 아닌 건축의 구성 과정과 주변의 맥락적인 관점에서 효과를 내기 때문이다. 건축에서 색은 이제 환경으로 확장되고 있다. 색이 도시 분위기에 생동감을 더하고, 이미지를 결정하며, 보는 사람에게 메시지를 전달하기에 이르렀다. 건축의 색을 뛰어넘어 환경의 색으로서 그 가치가 높아지고 있는 것이다. 거리와 가로수, 벤치와 휴지통에 이르기까지 형태와 색채는 조화를 이루어야 한다.

도시는 도시에 어울리는 색이 있다. 전통적인 건축물과의 조화는 물론 산과 강 등 자연환경, 그리고 사람들의 모습과도 어울리는 색을 찾아야 한다. 지중해의 뜨거운 햇볕 아래 흰색 건물이 줄지어 서 있는 그리스나 이탈리아의 풍경이 아름답다고 해서 주변이 산으로 둘러싸인 서울 한복판 광화문 근처를 그러한 색의 건축물로 조성하기는 어렵다. 도시를 둘러싼 북한산의 높이, 그리고 내부에 위치한 궁궐의 기와와 단청이 조화를 이루듯 도시의 특성과 전체적인 환경이 가진 색채가 서로 어우러져야 하기에 더욱 그렇다.

최근 지방으로 공공기관이 이전하면서 도시의 색이 변하고 있다. 그러나 아직 색에 대한 감수성이 예민하지 않은 탓인지 국내에서 주로 선호하는 색은 빨강, 노랑, 초록, 파랑 등 선명하고 강한 계열이 주를 이룬다. 무턱대고 선호하는 색상을 선정하기보다는 도시 경관과 자연환경의 색, 그리고 태양의 빛과 기후 등을 모두 고려해야만 조화로운 도시의 색을 연출해낼 수 있다.

선, 움직임과 방향을 제시하다

건축에서 선만큼 기본적이고 중요한 것이 있을까. 처음 건축학과에 입학하고 지금까지 그려낸 도면 스케치의 분량을 생각해 보니 건축은 선으로 시작해 선으로 끝난다는 생각이 든다.

건축에서 수없이 그어대는 선은 평면이 되고 세로의 입면을 세운다. 가로와 세로, 그리고 사선으로 혹은 곡선으로 자유롭게 그리는 2차원 설계의 도면작업은 예술작품이 되고 3차원의 입체물로 완성된다. 스케치 단계에서 그리는 선은 건축공학적으로 완성된 선은 아니지만 설계자의 의식과 무의식 사이를 오가면서 떠오르는 느낌을 표현해내는 중요한 과정이다.

고대 건축물의
정석이 된 직선

선은 딱 잘라 두 가지로 구분할 수 있다. 직선과
곡선이다. 선으로 창조한 건축물을 시대적으로 나눠보면 직선의 시대는
고대 그리스로마시대로 이오니아·도리스·코린트 양식의 신전, 고딕 양
식의 교회 등이 대표적이다. 르네상스시대 이후로 들어서면 직선과 곡선
을 반복·연속적으로 사용해 종교적인 상징을 표현하고, 위계감이 뚜렷
한 공간을 창조해냈다. 건물의 형태를 결정하는 외부의 선과 공간을 만들
어내는 내부의 선이 서로 섞여 하나의 건축물이 탄생한다. 건축 스케치에
서는 공간의 분위기와 움직임을 예측해 정교하게 선을 그린다. 선이 입면
이 되고 그것이 바로 생활 혹은 건축의 공간이 되기에 내부의 공간적 느
낌을 상상하며 선을 그어야 한다. 기둥과 난간을 여러 차례 반복해 세운
고대 건축물을 보면 일정한 간격의 선이 두드러지는 것을 보게 된다.

기원전 5세기 그리스 아테네에 세워진 파르테논 신전은

석회암 기반을 깔고 도리스식 열주를 세워 만들어낸 사각
형의 황금비율이 돋보인다. 특히 선의 요소를 반복적으로
사용해 고정된 건축물에 역동성을 주는 역할을 한다. 고대
그리스와 로마에서 신전은 기둥이라는 요소로 신성함과 초월적인 분위
기를 연출해냈다. 선을 반복적으로 활용해 건축물의 기능에 적합한 분위
기를 만들어내는 데 성공한 것이다.

중세로 넘어와서도 선의 요소를 가장 극적으로 사용한 건축물은 교회 등 종교적 건축물로, 특히 교회의 아치는 선의 움직임을 관찰하기에 안성맞춤인 구조물이다. 고대와 중세, 근대에 이르기까지 건축에서는 직선과 비례를 중요하게 생각하며 건축의 재료를 우선적으로 고려하는 원칙을 고수했다. 독창적인 시도를 찾아보기 어려운 이유도 이 같은 건축의 원칙을 고수했기 때문이다. 대부분의 건축물은 직선으로 이루어져 있고 곡선은 계단이나 발코니 혹은 창문과 난간 등 디자인적인 요소로 사용됐을 뿐이다.

현대 건축이 발견한 게리의 곡선

현대 건축에 들어서면서 선의 사용은 과감해진다. 특히 해체주의 건축에서 과감한 선의 사용을 확인할 수 있다. 현대 건축의 아이콘이자 건축 미학의 혁명가로 불리는 프랭크 게리Frank Gehry는 선을 자유자재로 이용한 독보적인 건축가로 유명하다. 마치 손으로 구겨놓은 듯한 외관, 태풍이 불어 어지럽게 쌓인 듯한 건물 등은 보는 사람에게 긴장감과 더불어 호기심을 자극하기에 충분하다.

프랭크 게리는 어린 시절 할아버지가 운영하던 철물점에서 일한 경험에서 건축학적 영감을 얻었다. 당시의 경험이 재료를 활용하는 데 남다른 창의력을 구사하는 토대가 됐던 것 같다. 톱과 망치, 파이프 등 철제

도구와 석판, 쇠사슬 등 다양한 금속자재에 익숙했던 그는 공업재료를 건축물에 사용하는 건축가로 이름을 날린다. 단단하고 정형적인 금속자재를 엿가락처럼 유연하게 적용하는 기술은 섣불리 따라 하기 어려운 게리만의 독창성으로 각인됐다.

건축에서는 직선보다 곡선이 건축물로 실현해내기 어렵다. 요즈음은 설계할 때 직선을 곡선으로 표현하기 위해 CAD^{Computer-Aided Design}를 이용하지만, 1980년대 이전까지는 건축물에 곡선을 표현하기란 쉽지 않다. 게리는 CAD를 사용하지 않고, 모형작업을 통해 형태를 분석한 후 스페이스 프로그램과 형태의 구성적 관계를 스케치했다. 자신이 설계하려는 건축물을 선으로 스케치해 모형을 만들고 형태의 위치를 파악하기 위해 일일이 점을 찍어 3차원 스캐닝을 거친 후 컴퓨터에 데이터를 입력하는 과정을 거쳤다.

건축 모형에서 위치정보를 파악하기 위해 컴퓨터 기술(위치정보 파악)을 접목한 게리는 당시 CAD를 사용해도 구현하기 어려웠던 곡선을 건축물의 외관에 굽이치게 하는 자신만의 방법을 터득했다. 창의적인 형태와 디자인을 건축물로 실현해낸 셈이다. 게리가 공간을 구성하는 방식은 건축설계의 관례를 깨트린 파격 그 자체였다.

전통적인 이론을 배운 건축가들에게는 계획과 설계단계, 그리고 모델 스터디를 거쳐 설계안을 도면으로 완성한 다음 도면을 기준으로 최종 모델링을 마친 후 시공으로 넘어가는 과정이 정석이다. 일반적으로 설계도

면이 완성된 후 모형 제작단계에 들어가지만, 게리는 거꾸로 모형을 먼저 제작한 후 이를 컴퓨터 작업으로 옮기다 보니 도면이 제일 마지막에 나오게 된다. 게리의 건축 작업이 이러할 수밖에 없는 이유는 곡선적인 형태감을 처음부터 도면 위에 표현하기가 불가능했기 때문인 듯하다. 그래서 형태감을 컴퓨터로 모델링하고 데이터화해 도면을 완성하는 형식으로 해결책을 찾은 것이다. 그래서 기존의 설계과정에서 중요하게 여겼던 도면작업이 뒤로 밀려났다.

그는 자신의 창의적인 설계법을 바탕으로 건축용 솔루션 전문업체인 게리 테크놀로지Ghery Technologies를 설립해 '디지털 프로젝트Digital Project'라는 BIMBuilding Information Modeling 솔루션을 개발하기도 했다. 이전까지는 곡선으로 구조물을 표현하기가 쉽지 않았기에 게리가 스케치하고 설계한 후 시공을 거쳐 실제 건물로 완성되기까지의 과정은 그야말로 초현실적이라는 생각마저 든다. 컴퓨터 기술과 구조 및 시공법을 연결하는 게리의 융합적인 시도는 마치 건축에서 선을 해체하고 다시 조합해내는 신기루 같아 보인다. 머릿속에나 머물러 있을 법한 자유로운 사고를 실체화해 이용자들에게 새로운 공간을 체험하게 해준 것이다.

스페인 빌바오의 구겐하임 미술관은 곡선의 미학을 건축으로 실현해낸 그의 대표작이다. 금속 꽃이 펼쳐진 것 같은 독특한 지붕 모양이 시선을 붙들고, 전체적으로 독특한 조형미가 살아 있어 건축학적으로 높은 평가를 받고 있으며 아울러 스페인의 지역경제를 살린 건축물로도 유명하다. 특히 곡선이 살아 있는 형태감은 기존 건축설계의 틀을 파괴한 혁신의 산물이라는 것을 확인할 수 있다. 돌이나 유리가 아니라 강철보다 단단한 합금인 티타늄을 자유자재로 쓸 수 있었던 것도 선을 구사하는 게리만의 자신감이 있기에 가능했다. 자연채광이 들어오는 3층 높이의 중앙 천장 아트리움artrium과 대형 설치물을 전시할 수 있는 공간, 그리고 비스듬히 돌아가는 곡선형의 통로에서 관람객들은 새로운 경험을 하게 된다.

익숙하지 않은 것과
불편한 것의 경계

사실 직선이 편리한 이용자에게 곡선의 건축물은 불편하다. 특히 내부 공간을 고려하지 않고 외부의 크기와 규모가 결정되기도 해 독특한 외형에만 머무른 채 공간 효율성은 떨어지기도 한다.

프랑스 파리 동쪽 베르시 지구에 위치한 베르시 공원Parc de Bercy 근처에 게리가 설계한 건물이 있다. 초기에는 미국 문화원으로 잠시 사용했지만, 화재로 인해 수년간 비어 있어 을씨년스럽게 변해버렸다. 곡선의 율동적인 모습이 살아 있는 건물 외관이 옛 포도주 창고를 개조해 만든 신시가지에 어울리지 않는다는 평가를 받았지만, 2000년 초기에 복합영화관으로 용도를 바꿔 건축물의 제 기능을 다시 살려냈다. 비난과 찬사를 한꺼번에 받은 프랭크 게리의 독창적인 실험은 아직도 진행형이다.

국내에서도 곡선의 아름다움이 살아 있는 건축물이 있다. 바로 동대문 역사박물관에 위치한 동대문 디자인 플라자(DDP)다. 서울시가 2003년 동대문운동장을 잠실로 이전하고 나서 해당 자리는 오랜 시간 뚜렷한 용도를 찾지 못한 채 무허가 좌판식 상가들이 자리를 잡아 도시의 흉물로 전락했다. 2007년 수많은 국내외 유명 건축가들의 설계안이 접수된 국제 현상설계 공모전에서 이라크 출신의 영국 여성 건축가 자하 하디드의 설계안이 선정됐다. 그때까지만 해도 친숙하지 않은 곡선 형태의 '환유의 풍경'이라는 제목의 설계안이 오늘날 DDP가 된 것이다.

동대문 근처는 종합상가가 위치해 도·소매상을 중심으로 한 상거래는 물론 패션 디자인의 메카로 24시간 유동 인구가 많다. 오토바이가 전국에서 가장 많이 오간다는 지역이 바로 이곳이다. 2013년 말 완공과 함께 모습을 드러낸 DDP의 곡선은 서울 시민들에게 한마디로 충격이었다. 주변을 둘러보면 반듯하고 단정한 직선의 건축물이 대부분이고, 그런 환경에서 살아온 사람들에게 굽이굽이 물결치는 유선형의 외관은 주변 환경과 어울리지 않는 낯선 건축물이었다. 게다가 안내판이 설치됐음에도 입구를 찾는 것조차 쉽지 않았다. 경사로 이루어진 나선형 복도를 따라 걷다 보면 자신이 몇 층에 있는지 알기 어려워 공간감을 상실한다는 불평 아닌 불평이 나오기도 했다.

건국 이래 우리나라에서 이토록 호기심과 관심 어린 눈길로 지켜본 건축물이 있었을까. 아름다운 곡선을 자랑하는 이 건물은 이제 서울의 랜드마크로 서울을 찾는 관광객들이 방문하는 핫 플레이스가 됐다.

건축공학과 미학을 통합해내는 예술작품으로서 건축물은 위치, 외관, 규모 등 물리적 조건뿐 아니라 사회의 이념과 경제적 상황, 권력과 자원의 분배 등 사회적 조건에도 영향을 받는다. 비난과 찬사가 쏟아진 DDP는 이제 건축학 전공자가 꼭 찾아야 하는 답사 장소로 젊은 예비 건축가들의 상상력에 날개를 달아주었다. 메트로폴리탄 서울의 중심부에 위치한 DDP를 시작으로 앞으로 어떻게 건축적 상상력이 확장될지 지켜볼 일이다.

틈과 여백, 공간에 사색을 허락하다

색즉시공 공즉시색色即是空 空即是色. 불교의 대표 경전인 《반야심경》의 한 대목이다. 물질 세계인 색色과 텅 비어서 차별이 없는 공空의 세계가 다르지 않다는 뜻이다. 건축에서 비어 있어 비로소 돋보이는 공간이 여기에 해당된다.

건축이라고 하면 대부분 외관의 덩어리로 존재감이 드러난다. 하지만 건축은 바깥에서 보는 존재감과 함께 건물에 얽힌 사람들의 기억과 방문했을 때의 느낌 등 전체적인 공간감이 어우러질 때 비로소 완전체가 된다. 건축은 공간에 의미를 두는 작업이기 때문이다.

현대인들은 빌딩 숲으로 이루어진 도시가 낯설지 않다. 강남대로, 테헤란로, 여의도 등은 고층의 밀집된 건물이 그 지역의 이미지로 자리 잡는다. 이곳에서 만나는 사람들은 지하철역의 출구 번호를 이정표 삼아 약속장소를 정한다. 지하철역 출구에서 가까운 카페에서 만나는 식이다.

테헤란로에는 선릉이 있고 여의도에는 공원이 조성돼 있지만 사람들은 굳이 그곳을 약속장소로 정하지 않는다. 지상에서 천천히 걸으면서 공간이 주는 여유로움을 만끽하기보다는 카페에 앉아 커피를 마시며 이야기를 나누는 편이 더 편안하다고 느껴서일 것이다. 고층 빌딩 사이로 난 넓은 도로는 차들로 가득 차 늘 분주하다. 지나가는 사람들도 느릿한 걸음 대신 무언가 쫓기듯 빠른 걸음으로 서둘러 걸어가야만 할 것 같다.

장소를 옮겨보자. 안국동이나 경복궁 혹은 종로나 광화문에서 만나기로 한다면 사람들의 걸음걸이나 시선, 그리고 표정은 달라진다. 안국역에서 빠져나와 덕성여고 정문을 지나 정독도서관을 거쳐 삼청동 골목길로 들어서면 작은 상점이 나지막하게 이어진다. 상점의 쇼윈도를 구경하거나 내친김에 국립현대미술관으로 발길을 옮겨 전시를 관람할 수도 있다. 발걸음은 느려지고 표정에는 여유가 묻어난다.

우연을 가장한
여백의 존재감

건축은 공간으로 완성된다. 밖에서 볼 때는 거대한 3차원 입체 덩어리지만 이용자가 쓰기 시작하는 순간부터 공간성과 시간성을 갖게 된다. 건축물에서 느끼는 분위기, 그리고 공간의 깊이감 등이 적절하게 조화를 이룰 때 비로소 멋진 건물 혹은 잘된 건축이라고 말할 수 있다.

특히 공간의 틈과 여백이 건축의 아름다움과 이용자의 편리함을 높이는 데 중요한 역할을 한다.

현대 건축에서 공간의 틈이 중요한 의미를 지니게 된 건 해체주의 건축이 본격적으로 도입되면서부터다. 피터 아이젠만과 베르나르 추미의 해체주의 건축에서는 '틈'이란 개념을 본격적으로 적용하기 시작했다.

추미는 건축물의 공간을 구성할 때 기능주의를 넘어서 즐거움을 추구하고자 했다. 기존의 구조를 탈피하는 새로운 형식의 공간을 연출하고자 한 것이다. 그의 대표작은 프랑스 파리의 라 빌레트 공원Parc de La Villette이다. 이곳은 원래 운하와 가축 도살장이 있었지만 주변에 첨단과학기술을 집약해놓은 과학단지가 들어서면서 파리시는 주변 경관과 어울리는 현대식 공원을 조성하고자 했다. 이전까지만 해도 직접 설계한 건축물이 많지 않았던 추미의 설계안이 공모전에서 당선이 되면서 프랑스 건축계는 신선한 충격을 받았다.

점·선·면의 연속과 중첩을 개념으로 설계한 추미는 그리드의 좌표에 점을 찍는 듯 120미터 간격으로 폴리folies라는 10미터 높이의 붉은 건물을 연속적으로 세웠다. 폴리는 대지 위에 위치를 파악하는 수단이 되기도 했지만 원래의 기능은 아니다. 사용자들이 의미를 부여할 뿐 건축적 의미론으로는 해체를 상징한다. 이로 인해 공원을 찾은 사람들은 기존의 건축 구조에서 느끼지 못하는 일탈을 느낄 수 있다. 추미는 점·선·면을 연속적으로 겹쳐놓은 라 빌레트 공원을 시퀀스(sequence, 장면)라는 영화적 표현으로 설명하고, 공원을 찾은 사람들은 시간에 따라 이동하면서 공간적인 변화를 체험한다.

미국의 현대 건축가 루이스 칸이 설계한 소크 생물학연구소Salk Institute for Biological Studies 역시 비움의 미학, 즉 여백으로 완성된 세련된 건축물로 평가받는다. 높은 언덕에 위치한 연구소는 스스로 존재감을 드러내기보다 태평양을 마주한 외부 공간의 넓게 트인 시야를 확보해 마치 자연 속 풍경의 일부처럼 느껴진다. 생명과학 분야에서 독보적인 성과를 보인 소크 생물학연구소는 설립자인 조너스 소크Jonas Edward Salk가 세계 최고의 연구자들을 영입하기 위해 아름다운 건축물을 원했고 이를 실현해줄 건축가로 루이스 칸을 선택했다.

일본 도치키현 나스시오바라의 작은 마을 바토마치에 있는 히로시게 미술관은 건물에 구멍이 난 듯 적절한 크기의 빈 공간을 만들어 마을과 산을 연결하는 시적인 작업으로 완성됐다. 건축물의 덩어리보다 그 사이로 풍기는 분위기를 느낄 수 있도록 해 건축물을 한결 돋보이게 한 것이다. 미술관을 찾는 사람들에게 건물과 주변 산비탈의 풍경이 합쳐진 사색의 시간을 제공한다.

빈틈을 존중하는
동양 건축

국립중앙박물관도 공간의 여백을
느끼기 충분한 공간이다. 길게 펼쳐진 박물관 건물 중앙부
에 액자처럼 공간을 뚫어 입구에서부터 건물로 걸어오는
관람객들은 남산타워가 하나의 수묵화처럼 걸려 있는 풍광을 만난다. 건
물 중앙의 여백이 한 폭의 그림과 같은 느낌을 선사한다. 여백의 공간에
는 넓고 여유로운 계단을 설치해 작은 언덕을 오르는 것 같은 동선을 만
들어두었다. 계단을 오르면 좌측으로 극장이 이어지고, 계단참의 광장
같은 빈 공간은 남산과 그 중간을 이루는 도시를 바라보는 전망대 역할
을 한다. 아이들이 뛰어노는 놀이터와 다양한 이벤트를 할 수 있는 장소
도 만들어두었다.

공간은 시간과 계절에 따라, 그리고 그 속에서 움직이는 사람들과 더
불어 역동적으로 변화한다. 여백이 생명력을 부여하는 공간이 되는 것이
다. 설계를 맡은 건축가 박승홍 씨는 미술가이기도 해 건축물 전체를 풍
경으로 담아내고자 긴 건물에 숨통을 트듯 빈 공간을 건축물 안에 구현
해냈다고 한다.

여백의 미를 논할 때 조선시대 전통 건축 양식도 빼놓을 수 없다. 동양
의 건축물은 전통적으로 유불선(유교, 불교, 도교) 사상을 바탕으로 공간을

기획했다. 특히 불교의 공空 사상과 도교의 무위無爲 사상이 공통적인 공간기획의 정신에 깔려 있다. 사찰이나 서원 건축물이 대표적인데, 사찰의 구조물만으로도 건축적인 조형미가 탁월하지만 주변의 경관과 어우러지는 공간의 아름다움이 더욱 압권이다.

경상북도 영주 봉황산 중턱에 위치한 부석사는 초기 화엄불교의 교리에 따라 건축했다. 사찰건축의 이론에 따라 세워진 부석사의 아름다움을 완성하는 것은 부석사 법당을 등지고 펼쳐지는 장대한 풍광이다. 산기슭에 지어놓은 부석사로 향하면 제일 처음 산길을 오르면서 일주문을 지나 대웅전을 마주하게 된다. 이어 범종각을 거쳐 안양루와 무량수전을 끝으로 사찰 관람은 마무리된다.

하지만 중요한 포인트는 여기서부터다. 사찰을 둘러본 후 무량수전에서 배흘림기둥을 뒤로하고 펼쳐지는 풍광이 바로 부석사를 완성하는 공간과 여백이다. 겹겹이 쌓인 듯 멀리 펼쳐진 산세와 구름, 그리고 탁 트인 하늘이 자연과 내가 하나가 된 듯한 느낌을 선사한다.

안동의 병산서원 역시 공간의 미학이 빼어나기로 유명하다. 학자들을 배출한 학원 기능을 했던 이곳은 안쪽에 위치한 건축물보다 만대루晩對樓에 오를 때 비로소 건축물이 완성되는 느낌이다. 서원 주변이 산으로 둘러싸인 형세지만 만대루에 앉아보면 앞으로는 냇물이 흐르고 뒤는 산으로 둘러싸여 공간이 탁 트였다. 마음이 정갈해지는 느낌이 든다. 이곳에 앉아 글을 읽으면 왠지 쏙쏙 들어올 것만 같은 기분이다.

　도시 건축의 미덕은 흔히 건폐율과 용적률을 완벽하게 채우는 데서 찾을 수 있다. 그래서일까 요즈음 들어서는 건축물에서는 빈틈을 찾기가 어렵다. 물론 '합벽건축合壁建築'*이 아닌 대지경계선을 유지해야 하는 법적인 이유로 건물 사이에 아주 좁은 틈새가 있기는 하지만, 건축적인 특징으로서 틈과 여백이라고 보기는 어렵다. 특히 이 같은 틈새에는 에어컨 실외기가 놓였거나 쓰레기통이 자리를 차지한 후미진 공간이 돼버려 건축의 아름다움을 돋보이게 하는 여백의 공간이라고 말하기는 어렵다. 매끈하게 들어찬 빌딩 숲에서 사람들의 발걸음이 빨라질 수밖에 없는 이유다.

　건물과 건물 사이에 의도된 틈과 여백은 건축물을 돋보이게 하고 이를 바라보거나 사용하는 사람에게는 여유와 휴식을 준다. 서양에서 한때 광장이 비좁은 주차 공간을 대신하는 장소가 됐다가 다시 광장 본연의 모습을 되찾아 사람들의 발길을 이끌었다. 이처럼 우리나라의 전통적인 건축에서도 여백의 미를 살리고 이를 현대화하는 작업은 계속돼야 한다.

---

* 각각의 대지 경계선에 벽을 마주하게 건축해 외부에서 볼 때 하나의 건축물처럼 보이게 하는 건축방법을 뜻한다.

파사드, 건물이 시작되다

얼굴의 원래 뜻은 '얼(魂)이 들어 있는 굴(窟)'이라고 한다. 생김새는 물론 감정이 드러나는 얼굴은 그 사람의 외모는 물론 인상을 결정짓는 요소로 작용한다. 건축의 얼굴은 파사드facade로, 외관과 이미지를 결정짓는다. 파사드는 얼굴을 뜻하는 'face'와 겉모양을 뜻하는 'appearance'의 합성어로, 라틴어에서 얼굴을 뜻하는 'facies'에서 유래했다. 건물의 입면 중에서 현관 측 정면과 거리에서 바라볼 때의 입면으로 정의할 수 있으며, 사람의 얼굴을 정면으로 바라볼 때의 모습에 해당한다. 주로 건축물에 대한 1차원적인 이해가 시작되는 곳이 바로 파사드라고 할 수 있다.

연속적으로 나열된 건축물 혹은 들쭉날쭉 제각각인 건물들의 생김새는 다르지만 사람들의 시선을 결정적으로 붙드는 곳은 파사드다. 파사드는 또 광장이나 거리에서 건물로 다가오는 사람들에게 방향을 제시하는 시각적인 역할을 하기도 한다. 건축물의 주 출입구, 전면에 놓인 정문, 창문과 발코니, 그리고 그 위로 세워진 상부의 지붕선 등 외관을 이루는 재료의 어울림이 건물의 첫인상으로 뇌리에 꽂히기 때문이다. 건축의 빛·색·선·질감 등의 어울림에 따라 파사드는 끝없이 변주한다.

대칭 원리로
장식과 의전을 담당하던
고대의 파사드

파사드의 기능이 가장 극대화했던 시기는 이탈리아 르네상스의 고전주의 건축에서부터 바로크 건축으로 넘어가는 시기까지다. 도시의 구조체계 속에서 시각적인 방향성을 정해주는 기능을 파사드가 맡은 것이다. 근대 이전까지 파사드는 건물의 기능과 의미를 전달하는 기본요소였으며 파사드의 원래 기능은 안과 밖을 격리하는 데 있었다.

르네상스시대의 건축가들은 우주를 수학적이고 조화로운 창조로 인식하면서 건물을 설계할 때도 수학적인 비율을 중요하게 고려했다. 비율과 통일성을 제1원칙으로 두고 전체적인 구성미를 완성하고자 한 것이다. 특히 교회 건물은 높이를 고려한 설계와 성스러운 내부 장식, 조각으로 이루어진 문 등 대부분 비슷한 파사드를 유지한다. 중앙에 예수와 그의 제자들을 조각한 거대한 청동 문이 있고, 양쪽으로 천국과 지옥 등을 양각한 문이 조금 작세 나 있는 형식이 전형적이다.

근대 이전까지 건물의 기능과 의미를 전달하던 파사드는 시대별로 양상을 달리했다. 한 가지 분명한 것은 고전건축에서 파사드는 대칭적인 세계의 원리, 장식과 의전의 기능이 중요했다. 이 시기에 파사드는 고전 건축의 규범을 정의하는 기준이 되기도 했다.

가우디의 대표작인 사그라다 파밀리아 성당을 보면 건축을 전공하지 않은 사람도 어디가 파사드인지 쉽게 알 수 있다. 기암괴석에 종유석이 붙은 것 같은 외관에 세 개의 파사드가 구분돼 있다. 해가 뜨는 동쪽에는 '탄생의 파사드'로 예수의 탄생과 관련된 이야기가 조각됐다. 서쪽에는 예수의 수난을 의미하는 '수난 파사드'가, 주정문인 남쪽에는 '영광의 파사드'가 위치하고 있다.

독실한 가톨릭 신자인 가우디가 종교적 꿈을 완성하고자 참가했던 건축인 만큼, 전통적인 교회 건축물의 형식을 따르면서도 고딕 양식에서 벗어나 아르누보 양식을 집대성한 독창성이 돋보인다. '돌로 만든 성서'라는 찬사가 과하지 않은 가우디의 대표 건축물로 평가되고 있다.

정면성이 사라진
근현대의 파사드

파사드의 기능과 모습이 바뀐 시기는 포스트모더니즘 이후부터다. 현대 건축의 거장 르코르뷔지에는 종전까지 건축설계에서 고정관념인 정면성을 없애버리고 자유로운 입면을 세우는 원칙을 만들었다. 즉, 4면 전체를 파사드로 만든 것이다. 특별히 '여기가 정면이다'라고 할 만한 부분을 없애고 설계했다. 르코르뷔지에는 4면을 파사드로 만들어 모든 면이 건축물의 주인공이 되도록 했다.

이후 모더니즘 건축으로 넘어가면서 파사드를 표현하는 방식은 다양해지고 전통적인 파사드의 기능은 다소 퇴색됐다. 그러나 최근 건축 형태를 구성하는 데 문화적인 의미를 부여하는 시도가 늘어나고 있다. 그러면서 더 이상 물리적으로 존재하는 것이 아니라 의미와 메시지를 담는 상징체계로써 파사드의 의미와 기능이 다시 살아나고 있다. 최근에는 건물의 단면을 광고판이나 미디어아트를 투사하는 캔버스의 기능으로 바꾸는 미디어 파사드까지 등장하면서 영상 콘텐츠가 도시 경관과 보행자의 야간 경관을 이색적으로 만들기도 한다.

현대로 접어들면서 파사드의 기능은 더욱 모호해졌다. 추상성과 비대칭에 의한 건축 구현을 시도하면서 의미가 퇴색한 것이다. 프랑스 미테랑 국립 도서관의 경우 기존의 건물에서 파악할 수 있는 정면성은 매우 모호하다. 네 개의 고층 건물이 독특한 형태를 보이는데, 마치 책이 펼쳐진 모습 같은 건물들이 직사각형의 대지에서 꼭짓점 위치에 자리 잡아 서로를 향해 열려 있는 모습이다.

내부로 향한 공간을 열어두면서 도서관의 전체적인 영역을 확보하고 있는데, 센강 건너편에서 바라보면 도서관이라는 느낌을 확연하게 받을 수 있다. 여기에서 중요한 것은 한 건물의 정면성을 명확하게 구분 짓지 않고 모호하게 해 이용자가 오히려 자연스럽게 출구로 진입할 수 있도록 편리성을 부각했다.

의미와 메시지의
수단으로 재해석

최근 건축 형태를 구성하는 데 문화적인 의미를
부여하는 시도가 늘어나면서, 더 이상 물리적으로 존재하는 것이 아니
라 의미와 메시지를 담은 상징체계로서 파사드의 의미와 기능이 다시 살
아나고 있다. 의외의 요소를 가미해 뚜렷한 정면성을 만들

어내는 건물도 있다. 퐁피두 센터가 대표적이다. 미술관과
도서관, 그리고 광장이 조화를 이루면서 명쾌한 정면성을
자랑한다. 특히 외부로 노출된 입체적인 에스컬레이터는
건축물과 외부 광장을 자연스럽게 연결하면서 독특한 파사드를 완성시
켰다. 광장을 찾는 사람이라면 예외 없이 퐁피두 센터의 정면을 바라보
도록 설계해 누구든 자신 있게 광장에서 바라보는 입면을 정면이라고 단
정할 수 있도록 유도하고 있다. 건물을 등지고 펼쳐지는 활기찬 광장은
전통적인 여느 건축물과는 다른 외관과 급진적인 설계에 이미 익숙해진
방문객들에게 개방적이면서도 진취적인 경험을 선사한다.

건축가의 시선은 개별 건축물에 머물러 있는 동시에 건축물의 안과 밖
의 공간에도 구석구석 깃들어 있다. 건축가는 시대별로 혹은 지역과 나

라별로 그 도시에 담긴 이야기와 도시를 완성한 건축물을 끊임없이 관찰한다. 건축가들은 건물에 각자의 특성이 잘 살아 있는지를 관찰하며 또 주변 건물과 도시 전체의 환경과 잘 어울리는지를 따져본다.

하지만 개별 건물의 특성은 살리면서 전체의 어울림을 두드러지게 한 사례를 국내에서는 찾기 어렵다. 압구정동과 청담동의 화려한 빌딩은 각 건물의 전체적인 완성도는 훌륭하다. 그러나 각자 건물의 독특한 완성도에도 불구하고 주변 건물과의 부조화를 쉽게 발견할 수 있다. 상업성 건물 중심으로 들어서다 보니 도시설계의 마스터플랜을 구현하기 어려웠기 때문이다.

인천 송도를 예로 들어보자. 해안가에 조성된 화려하고 현대적인 건물은 비교적 짧은 기간 내에 들어섰지만, 단기에 기획된 마스터플랜을 실현하기에는 도시의 스케일이 너무 방대한 것이 아니었나 하는 의문이 든다. 마천루의 스카이라인을 자랑하는 고층빌딩이 주변의 환경과 어울리지 못해 건물만 덩그러니 놓여 있어 도시의 분위기는 삭막하기까지 하다.

전체적인 도시의 분위기가 조화를 이루면서도 건물의 독창성과 개별성이 두드러지는 곳으로 대표적인 곳은 파주 출판도시가 손꼽힌다. 앞서 조성된 헤이리 예술마을이 초기 의도와 달리 급격하게 상업화하면서 단지가 전체적으로 조화를 이루지 못한 데 비해, 파주 출판도시는 완공 시 섬까지 도시의 전체 분위기를 섬세하게 고려한 덕분이 아닐까.

파주 출판도시를 가본 사람이라면 방문 전에 가진 기대감을 현장에서 확인하고 돌아오게 되는데, 기대를 저버리지 않는 도시의 조화로운 분위기는 기분 좋은 경험으로 남게 된다. 특히 2014년 6월에 개관한 '지혜의 숲'은 파주 출판도시의 파사드 역할을 톡톡히 담당하고 있다. 출판도시 내 아시아 출판문화정보센터에 자리 잡은 '지혜의 숲'은 개관 당시 '책의 무덤' '북 카페' 등의 혹평도 있었지만 입구로 들어서면 마치 책 속으로 빨려드는 느낌이 들 정도로 건축적인 정면성이 확연하게 드러난다. 이처럼 건축을 어떻게 실현하느냐에 따라 도시의 전체적인 풍경이 조화롭게 바뀌고 더 많은 이용자들이 찾는 효과를 얻을 수 있다. '지혜의 숲'이 완공된 후 아시아 출판문화정보센터를 찾는 사람들이 열 배 이상 늘었고, 이곳은 연간 50여만 명이 찾는 지역 명소가 됐다.

PART 3

클래식과 의식

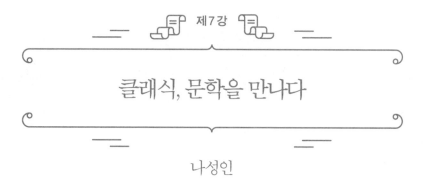

클래식, 문학을 만나다

나성인

문학과 클래식의 연결 고리를 이어가는 클래식 칼럼니스트 겸 음악감독. 서울대 독어독문학과 학사 및 석사. 독일 아우크스부르크 대학에서 음악과 문학의 관계 연구로 수학한 뒤, 현재 클래식 전문지 《음악저널》의 예술감독을 맡고 있다. 추계예술대학 성악과에 출강하고 있으며 신세계 아카데미, 라이나 전성기캠퍼스 등에서 대중강연을 하고 있다. 저서로는 《베토벤 아홉 개의 교향곡》이 있다.

작곡가의 상상 속에 녹아든 괴테의 문학

〈파우스트〉

프랑크푸르트 괴테 하우스에는 특별한 물건이 있다. 괴테가 다섯 살 때 할머니로부터 선물 받은 인형극 상자다. 널빤지로 된 모형 극장은 꼬마 괴테에게 새로운 세계를 열어주었다. 관객이 있든 없든 그는 이 작은 극장의 감독이 되어 상상 속의 연극을 무대에 올렸다. 우리가 아는 대문호 괴테의 시작이다.

인형극 상자에 함께 들어 있던 인형들에 대한 설명도 찾을 수 있다. 다윗과 골리앗이었다고 한다. 하지만 꼭 그렇게 놀아야 한다는 법이 어디 있겠는가? 여느 아이들처럼 괴테도 다양한 상상력을 동원했다. 다윗과 골리앗은 늘 새로운 인물로 바뀌었다. 이웃집 한스 아저씨가 될 수도 있고, 한 대 때려주고 싶은 도둑 호첸플로츠(1962년에 독일 소설가 오트프리트 프로이슬러가 발표한 소설 속 주인공)가 될 수도 있다. 인형극 상자는 괴테의 상상력 놀이터였다.

중요한 사실이 하나 더 있다. 괴테는 그의 자서전 《시와 진실》에서 이 인형극 상자를 언급한다. 자신이 만든 연극이 반복 연습을 거치면서 점점 더 볼만해졌다고 적었다. 꼬마 괴테는 자기 상상에만 빠져 있었던 게 아니라 진정한 공연을 보여준 것이다. 어떻게 보여주어야 관객들이 더 재미있어 하는지, 어떻게 전달해야 더 잘 알아듣는지, 어떤 이야기가 마음을 더 울리는지 등을 골똘히 생각하게 되었으리라. 꼬마 괴테는 상상력 연습뿐 아니라 소통 연습도 함께한 것이다.

꼬마 괴테가 상상으로 재현하는 연극 무대 가운데는 프랑크푸르트 지방을 순회하던 극단들의 흔한 레퍼토리 〈민중본 파우스트〉도 있었을 것이다. 언젠가 지켜본 극단 공연을 자기도 해보겠다며 손때 묻은 다윗과 골리앗에 박사 파우스트와 악마 메피스토펠레스의 이름을 붙이고 한나절 상상의 나래를 폈을지도 모를 일이다. 여기서 중요한 건 괴테가 할머니의 선물 덕분에 자신도 모르게 상상력을 연습하고 소통의 기술을 배우게 되었다는 점이다.

우리는 모두
파우스트와 닮아 있다

괴테는 우리가 잘 아는 대로 〈파우스트 Faust〉라는 명작을 남겼다. 1만 2천여 행이라는 방대한 규모, 60여 년의 집필 기간. 괴테 필생의 역작 〈파우스트〉는 독일 문학의 기념비적 작품이다.

노학자 파우스트는 열심히 살아왔다. 병에 걸린 사람들을 치료해주고 깊이 있게 학문을 연구했다. 하지만 인생을 돌아볼 때면 허무가 엄습해 왔다. 열심히는 살았으나 그의 마음속에 기억에 남는 인생의 장면이 남아 있지 않은 까닭이다. 외부 세계에서 무엇을 얻어내고 성취하느라 인생을 다 써버린 까닭이다.

내면이 공허하다. 그래서 파우스트는 악마 메피스토펠레스와 계약을 맺는다. 단순히 회춘을 하고 싶어서가 아니라 영원히 마음속에 담아둘 수 있는 일생일대의 아름다움을 보고 싶어서였다. 그는 이렇게 계약을 맺는다.

"악마여, 내가 만일 시간아 멈추어라, 너 참 아름답구나 하고 말하거든 그때는 네가 나를 결박해도 좋으리."

이 유명한 계약 장면은 중요한 진리를 말하고 있다. 사람은 오는 즉시 사라져버리는 물리적 시간만을 사는 게 아니다. 만일 그렇다면 인간의 삶은 허무할 뿐이다. 때로 인간은 물리적 시간이 아닌 '영원한 시간'을 살아가기도 한다. 시간이란 인간이 일상에 의미를 부여해 마음속에 간직한 추억이다. '영원한 시간'은 물리적 시간처럼 흘러가버리지 않고 몇 년이 지나도 남아 있다.

생멸하는 시간인 크로노스와 의미가 부여된 시간인 카이로스, 인간은 이처럼 두 겹의 시간을 살아간다. 일상이 바쁘고 경쟁이 치열할 때 우리는 오직 바깥세상에서만 사는 것 같다. 내면을 돌아볼 여유가 없다. 현대를 살아가는 우리는 모두 파우스트와 닮아 있다.

그렇다면 우리는 어떻게 삶 속에 카이로스의 시간을 새겨놓고 있는가. 《파우스트》의 중요한 주제다. 회춘한 파우스트가 그레트헨을 만나 사랑에 빠지는 건 필연적인 일이다. 사랑만큼 시간에 특별한 의미를 부여할수 있는 행위는 없기 때문이다.

예술가들의 상상력을 불러온 '하나의 세계'

시간에 의미를 부여해주는 건 사랑밖에 없을까. 예술은 사랑의 한 종류인 '애호愛好'의 감정에 뿌리를 두고 있다. 예술도 우리에게 카이로스의 경험을 선사한다. 예술은 상상력을 통해 카이로스의 시간을 선사한다. 상상력은 일상을 새롭게 볼 수 있도록 도와준다. 글을 읽고, 음악을 들으며, 그림을 보는 이유는 일상에 의미를 부여하는 인간의 능력, 바로 상상력을 키우기 위해서다.

상상력은 다시 또 다른 상상력을 불러온다. 〈파우스트〉는 여러 방면의 예술가, 특히 음악가의 상상력에 불을 지폈다. 음악가들이 〈파우스트〉에 나오는 시구와 대사에 곡을 붙이기 시작한 것이다. 흔히 〈벼룩의 노래〉로 알려진 악마 메피스토펠레스의 노래는 벼룩을 장관으로 임명한 한 황당한 임금님의 이야기다. 이를 통해 무능하면서 제 식구만 감싸는 정치인들을 시원하게 풍자한다. 이야기에 격하게 공감한 베토벤은 벼룩이 뛰는 모습을 피아노로 재치 있게 묘사한 가곡을 남긴다. 바로 〈벼룩의 노래 (Mephistos Flohlied Op.75-3)〉다.

음악으로 작곡된 〈파우스트〉에서 가장 인상적인 캐릭터는 역시 여주인 공 그레트헨이다. 파우스트를 처음 만났을 때 그레트헨은 어떤 모습이었 을까. 목소리는 어땠을까. 작곡가들도 괴테의 글을 읽고 어떤 음악을 입 힐지를 상상해야 했다. 괴테의 그레트헨은 소박하고 평범하지만 진실한 소녀다.

프랑스의 오페라 작곡가 구노Charles Francois Gounod가 보기에 평범한 여자 들은 모두 보석을 좋아한다. 그게 상식이다. 오페라는 대중적인 장르로 어디까지나 상식적이어야 했으므로 구노는 괴테의 원작을 번안한 불어 텍스트를 가져다 유명한 보석의 노래를 작곡한다. 구노의 오페라 〈파우 스트〉 중 〈보석의 노래Ah! Je Ris De Me Moir〉다. 파우스트가 선물한 보석을 둘 러보고 황홀해하면서 자기가 왕후나 공주처럼 보일 거라고 기대하는 그 레트헨의 모습을 화려한 아리아에 담았다.

슈베르트는 그레트헨을 진중한 성격의 소유자로 느꼈다. 슈베르트는 보석 장면보다 물레를 돌리며 고민하는 그레트헨의 모습을 포착한다. 그 녀는 파우스트를 사랑하게 됐다. 사랑은 진심이다. 그럼 행복해야 하는 데 왜 이렇게 불안한 걸까. 파우스트 곁에 있는 악마 메피스토펠레스 때 문이다. 하지만 순신한 소녀 그레트헨은 그 사실을 모른다.

사랑이 평안을 깨뜨리는 이 장면을 두고 슈베르트는 탁월한 상상력을 발휘한다. 가곡 〈물레 가의 그레트헨(Gretchen an spinnrade D.118(Op.2)〉

은 이렇게 탄생했다.

물레 돌아가는 소리와 페달 밟는 소리가 피아노로 재현된다. 이 묘사는 다시 그레트헨의 소용돌이치는 내면과 고동치는 심장 소리를 연상시킨다. 외적 묘사와 내면의 묘사가 절묘하게 일치한다. 파우스트를 떠올릴수록 그녀는 제어할 수 없는 격정에 사로잡힌다. 안데르센의 동화 〈빨간구두〉의 주인공 카렌처럼 이제 그레트헨도 자신이 물레를 돌리는 게 아니라 물레가 자신을 휘휘 돌리는 것처럼 느낀다.

여기서 물레는 운명의 상징으로도 등장한다. 이처럼 슈베르트는 괴테의 시를 읽고 자신만의 음악적 상상력을 불러냈다. 사람의 내면을 깊숙이 들여다보며 감정을 포착한 가곡은 이전에 존재하지 않았다. 사람들은 슈베르트의 이 곡을 최초의 예술가곡으로 기념한다.

모든 시작은 사소하다. 대문호 괴테의 처음도 다르지 않았다. 하지만 어린 요한 볼프강에게 인형극과 이야기는 그의 증언대로 '하나의 세계'가 되었다. 장난감 그 자체의 힘은 아니었을 것이다. 함께 놀아주고 간식도 만들어주던 할머니의 그 따사로운 마음이 괴테라는 꼬마 안에 하나의 세계를 만들어준 것이다. 손자가 보여주는 인형극을 꼭 한번 보고 싶다는 할머니의 맑고 소박한 관심이 꼬마 괴테의 상상력에 날개를 달아준 것이다. 내 속에 잠들어 있던 하나의 세계를 일깨워준 따사로운 이는 누구였을까. 나는 어떤 선물과 격려로 하나의 세계를 꿈꾸기 시작하는 꼬마들을 응원할 수 있을까.

함께 들으면 좋은 음악

| **벼룩의 노래 Op.75 No.3** | **베토벤** |

바리톤 : 디트리히 피셔 디스카우 | 피아노 : 제럴드 무어

| **오페라 〈파우스트〉 중 "보석의 노래"** | **구노** |

소프라노 : 조안 서덜랜드 | 연주 : 코번트 가든 로열 오페라 하우스 오케스트라 |

지휘 : 프란체스코 몰리나리 프란델리

| **물레 가의 그레트헨 D.118** | **슈베르트** |

소프라노 : 엘리 아멜링 | 피아노 : 외르크 데무스

셰익스피어의 언어, 음악이 되다

〈한여름 밤의 꿈〉

셰익스피어의 언어는 특별하다. 갖가지 인생사와 희로애락을 아우르면서도 광대다운 유연함을 잃지 않는다. 작가 자신의 분신이라고 할 수 있는 유연한 광대 같은 목소리는 짓궂으면서도 지혜롭기도 하고, 공상의 날개를 펴면서도 간결하다. 말을 많이 하지 않지만 한 마디 한 마디가 촌철살인이다. 그 흐름은 물처럼 자연스러우며, 효과는 선명하기 이를 데 없다.

셰익스피어에게는 드높은 지성에 뒤따르는 먹물의 흔적이 없다. 그는 구구절절 설명하려 들지 않고 유머와 순발력으로 받아치는 데 능하다. 그가 현장에 밝았다는 증거기도 하다. 극장의 허드렛일을 하는 잡부였다가 배우·연출가·극작가를 거쳐 극장 관리인까지, 그는 연극과 관련된 모든 일을 밑바닥에서부터 모조리 체험하며 통달한 것이다.

셰익스피어는 동시에 현실 속에 깃들어 있는 환상적 요소를 꿰뚫어 보는 능력도 갖췄다. 인간이 지어낸 환상 속에서 욕망이 어떻게 작동하고 있는지, 그 욕망이 사람의 마음을 어떻게 흐리며 인간 본성의 약한 부분을 어떻게 까발리는지, 그러한 욕망들이 한데 모이면 어떤 난장판이 벌어지는지…. 그는 냉철한 관찰자의 시선을 놓지 않으면서 이를 관객들과 함께 즐긴다. 세익스피어는 탁월한 현실감각과 더불어 현상 이면을 꿰뚫어 보는 통찰을 지닌 최고의 극작가였다.

알고 보면
사랑도 인생도 그런 것

〈한여름 밤의 꿈〉은 세익스피어의 면모를 보여주는 최초의 걸작 희극이다. 한곳에 매이지 않는 세익스피어의 창조 정신은 현실과 환상, 고귀한 이와 비천한 자, 남자와 여자, 본 연극과 막간극을 거침없이 오간다.

〈한여름 밤의 꿈〉은 세 가지 이야기가 뒤엉켜 있다. 첫째 이야기는 아테네 젊은이들의 사랑, 둘째 이야기는 요정의 왕과 여왕인 오베론과 티타니아의 부부 싸움, 셋째 이야기는 바틈 일당의 엉터리 공연을 다룬다.

네 젊은이가 어긋난 사랑 때문에 골치가 아프다. 헬레나는 드미트리우스를 사랑한다. 드미트리우스는 변심해 허미아를 사랑한다. 허미아는 라이샌더를 사랑한다. 다행히도 라이샌더는 헬레나가 아닌 허미아를 사랑한다. 하지만 허미아를 드미트리우스와 결혼시키려는 아버지 탓에 그녀는 아테네 법에 따라 수녀가 되거나 죽을 위험에 처한다. 결국 허미아와 라이샌더는 아테네를 몰래 빠져나가기로 한다. 그런데 허미아를 사랑하는 드미트리우스와 드미트리우스를 사랑하는 헬레나가 숲으로 따라와 네 사람 모두 아테네 근처의 숲속에 있게 된다.

그 숲속에서는 하필 요정의 왕 오베론과 여왕 티타니아가 부부 싸움 중이었다. 싸움의 불똥은 두 쌍의 젊은이들에게 튄다. 오베론이 사랑의 묘약으로 티타니아를 골려주려다가 오지랖을 부린 게 발단이었다. 오베론은 아내가 처음 보는 누군가와 사랑에 빠지게 만든다. '사랑에 빠뜨리는 약이 자기 손에 있으니 이번엔 드미트리우스에게 발라주자. 그런 다음 헬레나를 보여주면 모두 제 짝을 찾고 행복할 것이 아닌가.'

티타니아의 새 연인으로 가장 우스꽝스러운 존재를 골라야 했던 요정 퍽은 숲속에서 연극을 연습하는 무리를 만난다. 그들은 아테네 공작 테세우스와 아마존 여왕 히폴리타의 결혼 축하연 때 연극을 공연하려는 바틈 일당이다. 사회 밑바닥의 이 무식한 장인들은 오직 포상금을 받겠다는 일념으로 〈피라무스와 디스비〉라는 비극을 말도 안 되는 코미디로 바꾼다. 이 비극은 〈로미오와 줄리엣〉처럼 사랑에 빠진 연인이 도망치다 결국 비참한 죽음을 맞는다는 이야기지만, 이들은 원래 이야기가 뭔지도 모르는 작자들이다. 퍽은 이거다 싶어 바틈에게 나귀 머리를 씌운 뒤 잠에서 깨어나는 티타니아에게 데려간다. 졸지에 이 바보는 요정 여왕의 사랑을 듬뿍 받는다.

퍽은 이 세 이야기를 마구 뒤섞기 시작한다. 드미트리우스 대신 라이샌더에게 묘약을 바르는 실수를 한 것이다. 그가 깨어나 헬레나를 가장 먼저 보면서 이제 두 남자 모두 헬레나를 사랑하고 허미아는 버림받는다. 헬레나는 모두가 작당하고 자신을 놀린다며 화를 내고, 허미아는 헬레나가 라이샌더를 가로챘다며 화를 낸다. 그렇게 두 여자는 욕지거리를 하고 두 남자는 결투를 하러 간다. 어이없는 상황과 꼬여버린 욕망 앞에서 자신의 밑바닥을 드러내는 것이다.

알고 보면 누구나 그렇다. 교양 있고 배운 이들도 학벌, 지위, 재산을 떨쳐내고 보면 진짜 밑바닥을 드러낸다. 이처럼 요정 퍽의 실수는 인간의 속내를 발가벗긴다. 이 지점에서 관객들은 질문하게 된다. 네 명의 젊은이가 바틈의 무리와 다른 게 뭘까. 알고 보면 지체 높은 이들이 사회적 위치와 자원으로 제 밑바닥을 가리고 있을 뿐, 그게 사라지고 나면 다를 게 없는 것 아닐까. 이 뒤섞임의 와중에도 자기 모습을 온전히 유지하는 건 밑바닥 인생인 바틈뿐이다. 그는 바보처럼 순수하게 티타니아의 사랑을 받은 것이다.

사태를 파악한 오베론이 나선다. 그는 퍽을 시켜 라이샌더에게 바른 묘약을 지우는 한편 드미트리우스가 다시 헬레나를 사랑할 수 있도록 한다. 그리고 그들에게 깊은 잠을 허락한다. 네 사람이 이 모든 소동을 한낱 꿈이었다고 믿을 수 있도록 말이다. 마침내 자신의 짝을 찾은 허미아와 라이샌더, 헬레나와 드미트리우스는 이제 테세우스-히폴리타 커플과 함께 결혼식을 올린다.

바틈 일당은 비극을 희극으로 바꿔 축하연을 올린다. 이 또한 뒤죽박

죽이다. 하지만 차라리 희극이 낫다는 기분으로 신혼부부들은 이 조잡한 코미디를 즐겁게 본다. 기억은 가물가물하지만 그들이 겪은 일 역시 오베론이 연출하고 퍽이 실행한 하나의 희극이었기 때문이다.

여기서도 바틈의 무리는 자신들의 무대를 가릴 마음이 없다. 그들은 억지로 연극을 하면서도 관객의 반응에 더없이 성실하게 반응한다. 연극의 원작에는 관심도 없지만 여성 관객들이 연극을 보다가 무서워하거나 혼란에 빠질까 봐 노심초사한다. 참으로 순수하고 친절한 광대들이 아닌가. 그래서 그들의 희극은 우스꽝스럽지만 감동스러운 면이 함께 있다.

알고 보면 사랑도 인생도 그런 것 아니던가. 비극인지 희극인지 알 길이 없는 뒤죽박죽 아니던가. 예술가가 연극이랍시고 무대에 올리는 공연도 뭐가 사실이고 뭐가 환상인지 알 길이 없지 않던가. 하지만 간섭(이지우스)과 실수(퍽), 무식(바틈)과 변심(드미트리우스), 다툼(커플들)과 계략(오베론)이 난무하는 복잡한 삶 속에도 상상력만큼은 즐거움과 감동을 준다.

셰익스피어는 퍽의 말을 빌려 이렇게 말한다. "제가 가장 즐거워하는 일은 뒤죽박죽 뒤섞이는 거랍니다." 또 테세우스의 입을 빌려 이렇게 말한다. "광인과 연인과 그리고 시인은 오로지 상상으로 꽉 차 있는 자들이오." 한여름 밤의 소동이 우리에게 전해주는 진정한 메시지는 바로 상상력의 즐거움 아닐까.

한여름 밤에 펼쳐지는
상상력의 축제

셰익스피어 문학의 생생한 세계는 19세기 낭만주의 예술, 특히 음악에 지대한 영향을 미쳤다. 슈베르트, 브람스, 슈트라우스 같은 독일 리트 작곡가들은 그의 몇몇 시에 가곡을 남겼고, 프랑스의 멜로디에서도 다양한 작곡가들이 셰익스피어 시를 작곡했다. 그 밖에 베르디는 〈맥베스〉〈오텔로〉〈팔스타프〉 같은 작품을 오페라로 만들었고, 벨리니와 구노는 〈로미오와 줄리엣〉을 작곡했다. 앙브로와 토마는 〈햄릿〉을 오페라로 작곡하기도 했다. 하지만 이 많은 작품 가운데 대중적으로 가장 사랑받는 작품은 바로 멘델스존이 작곡한 〈한여름 밤의 꿈〉일 것이다.

신비로운 요정들의 음향과 화사한 행진곡풍의 리듬이 인상적인 서곡(Op.21)은 멘델스존이 열일곱 살에 작곡하고 훗날 수정한 것이다. 멘델스존은 슈만류의 어두운 충동이나 리스트류의 압도적 에너지와 달리 단정하고 절제된 음악을 들려준다. 고상하고 격조 높은 낭만성이 곡 면면에 흐른다.

이후 멘델스존은 추가로 극 부수음악(Op.61)을 작곡하는데 여기에도 인상적인 넘버링이 많이 들어 있다. 가장 유명한 건 신랑 신부의 행진 음악인 〈결혼행진곡〉이겠지만, 요정들이 여왕 티타니아를 잠재울 때 부르는 자장가 또한 우아하고 세련된 멘델스존 음악의 진가를 드러내준다.

한바탕의 소동. 아무도 다치지 않았다. 보는 이들은 즐거웠다. 한여름 밤에 펼쳐지는 상상력의 축제 속에서 우리는 너무 심각해지지 않으면서도 현실을 돌아봤다. 우리 안에 들어 있는 욕망을 성찰했다. 이 모든 일을 즐거운 마음으로 할 수 있다니! 셰익스피어는 정말 놀랍지 않은가!

함께 들으면 좋은 음악

| **한여름 밤의 꿈 Op.21 "서곡"** | 멘델스존 |

지휘 : 세이지 오자와 | 연주 : 보스턴 심포니 오케스트라

| **한여름 밤의 꿈 Op.61 No.3 "티타니아의 자장가"** | 멘델스존 |

지휘 : 세이지 오자와 | 소프라노 : 캐슬린 배틀, 프리데리카 폰 슈타데 | 나레이션 : 주디 덴치 |
연주 : 보스턴 심포니 오케스트라, 탱글우드 합창단

자유를 갈망하는 시대정신의 증언자, 빅토르 위고

〈리골레토〉

요제프 단하우저 Josef Danhauser의 그림 〈피아노를 치는 리스트〉에서는 파리 사교계의 이름난 예술가들이 한데 모인 장면을 볼 수 있다. 피아노의 대가 프란츠 리스트는 영감에 사로잡혀 연주를 하고 있다. 그런데 그의 시선이 향하고 있는 곳은 악보가 아니라 창문 밖에 있는 대리석 흉상이다. 흉상의 주인공은 음악가들의 영웅, 베토벤이다. 그가 영웅인 이유는 난청이라는 개인적 어려움을 극복했기 때문만은 아니다. 자유로운 인간의 창조라는 시대정신을 불굴의 의지로 구현했기 때문이다. 그림 속 예술가들은 베토벤처럼 자유를 갈망하던 이들이었다.

리스트의 발치에는 사교계의 안주인 마리 다구 백작 부인이 등을 보인 채 앉아 있다. 소파에는 조르주 상드와 한때 그의 연인이었던 소설가 알프레드 뮈세가 앉아 있다. 소파 뒤쪽에는 불세출의 바이올리니스트 니콜로 파가니니와 천재 작곡가 엑토르 베를리오즈가 서 있다. 그리고 그 옆에 한눈에 봐도 명석함을 알아볼 수 있는 반짝이는 눈빛의 소유자가 있다. 《레 미제라블》의 작가 빅토르 위고다.

당시의 화두는 '혁명은 실패했는가. 자유의 정신은 사라졌는가'였다. 나폴레옹이 몰락하자 빈 회의에 모인 왕들은 케이크를 자르듯 손쉽게 유럽을 조각내며 혁명을 없던 일로 지우고 있었다. 수십 년의 전란으로부터 아무 교훈도 얻지 못했다는 듯 왕들은 자신의 특권을 지키는 데 골몰했고, 시대를 역행하는 검열과 억압이 다시 전면에 등장했다.

오페라 역사상
가장 강력한 바리톤 캐릭터

위고는 1832년 〈왕은 즐긴다〉라는 희곡을 썼다. 그해 6월에 《레 미제라블》에서 영원한 생명을 얻은 바리케이드 봉기가 있었고, 위고는 이를 직접 목격했다. 이후 2주 만에 위고는 희곡을 완성한다.

작품에서 왕 프랑수아 1세는 난봉꾼의 모습으로 등장한다. 쾌락을 위해서라면 신하의 아내든 평민의 딸이든 거리의 여인이든 차별하지 않고 건드리는 그는 일견 자유로워 보인다. 하지만 프랑수아 1세를 조종하는 건 광대 트리불레다. 그는 지루해하는 왕에게 정복 대상을 끝없이 지정해주는 적의에 찬 광대다. 왕을 타락시키고 우둔하게 만들어 자신에게 가해지는 신분상의 억압에 복수하는 것이다. 권력 집단은 그러한 그에게 비열한 복수를 가한다. 광대의 딸인 처녀 블랑슈를 납치해 유린당하게 만드는 것이다.

자식을 강탈당한 트리불레의 고뇌는 숭고하다. 딸의 명예를 위해 국왕 시해를 결단하는 트리불레는 저항자다운 용기로 가득하다. 그러나 그는 목적을 이루지 못하고, 도리어 자기 손으로 딸을 죽이게 된다. 이로서 위고는 가장 지체 낮은 광대 트리불레를 비극의 주인공으로 격상시킨다.

과격하고도 혁명적인 이야기에서 위고는 트리불레에게 가장 선명하고도 깊이 있는 인간성을 부여한다. 반면 모든 것을 할 수 있다는 왕은 쾌락만을 쫓는 일종의 중독자일 뿐이다. 왕에게 당하면서도 그를 버리지 못하는 귀족들은 개성을 거세당한 인간 군상에 지나지 않는다. 비록 어그러졌으나 인간다움을 가장 잘 간직하고 있는 이가 곧 '비참한 광대' 트리불레다.

위고의 〈왕은 즐긴다〉는 과격한 내용 탓에 무대에 오른 지 하루 만에 공연 불가 판정을 받는다. 이후 다시 관객을 만나기까지 무려 50년의 시간이 걸린다. 무대에 오르지 못했다고 사라진 건 아니었다. 이탈리아 오페라로 변신해 생명력을 이어갔다.

베르디의 대표작 오페라 〈리골레토〉는 〈왕은 즐긴다〉를 각색한 작품이다. 당시 오스트리아 합스부르크 왕가의 통치를 받고 있던 이탈리아에서 대본가 삐아베는 검열을 피하기 위해 프랑스 왕가 대신 만토바 공작을 내세웠다. 국왕을 시해한다는 모티브도 청부 살인으로 바꿨다. 정치적 측면을 희석해 개인적 원한을 부각시킨 것이다. 그럼에도 광대 리골레토

와 그의 딸 질다는 여전히 비참하면서도 숭고한 시민의 표상을 간직하고
있다. 만토바 공작은 자의적인 난봉꾼의 모습 그대로다.

신랄한 정치극이 대중적 오페라로 바뀌었다는 것은 중요한 의미를 지
닌다. 위고의 원작 〈왕은 즐긴다〉가 시민들이 즐길 수 있는 작품이 되어
영향력이 더 커진 것이다. 프리마돈나Prima donna 질다의 유명한 아리아
〈그리운 그 이름〉이나 딸을 돌려달라는 눈물겨운 호소가 인상적인 리골
레토의 〈대신들이여, 들으소서〉 등은 위고 원작에 나타나는 생생한 인간
적 감정을 청중에게 제대로 전해주었다.

악역 만토바 공작의 유명한 아리아 〈여자의 마음〉마저 관객들에게 호
소력을 지니는 게 문제라면 문제일까. 유명한 4중창 장면은 오페라에서
만 맛볼 수 있는 짜릿한 감동을 선사한다. 리골레토는 딸 질다의 마음을
돌리기 위해 만토바 공작이 다른 여인에게 작업을 거는 현장에 데려간
다. 만토바 공작은 자객 스파라푸칠레의 여동생 막달레나를 유혹하고 질
다는 충격에 빠진다. 리골레토는 그 모습을 보며 복수를 다짐한다. 이 모
든 대화가 긴장감 있게 진행된다. 그러면서도 음악적으로 더없이 잘 짜
인 하모니를 이룬다.

베르디는 위고의 플롯을 통해 오페라 역사상 가장 강력한 바리톤 캐릭
터를 만들어냈다. 프리마돈나나 테너 주인공이 중심이 아닌 바리톤이 중
심이 되는 오페라. 이는 작곡가 베르디가 위고 원작의 광대 트리불레의
역할을 정확히 꿰뚫어보았다는 증거다.

화려한 아리아를 부르지만 가볍기 이를 데 없는 귀족 만토바 공작은 이 오페라의 주변 인물일 뿐이다. 희생당하는 순수한 처녀 질다 또한 주인공이 될 수 없다. 이 두 사람만으로는 사랑과 치정극이라는 통속적 오페라의 주제를 벗어날 수 없다. 하지만 리골레토는 인간적 고뇌를 품고 있는 광대다. 우스꽝스러운 광대지만 사랑 깊은 아버지다. 천하지만 숭고하다. 희극적이지만 비극의 주인공이다. 새로운 시대의 주인공들은 이처럼 비참함 속에 숭고함을 보여준다.

예술은 그렇게
그들의 희생을 기념한다

〈왕은 즐긴다〉 이후 30여 년 뒤 위고는 《레 미제라블》을 완성한다. 그 사이에 실제로 사랑하는 딸과 사위를 잃은 위고는 놀라운 정신적 발전을 이룬다. 복수 대신 화해를 드라마의 메시지로 내세운 것이다. 하지만 그는 드높은 박애의 정신 없이 혁명을 이룰 수 없다는 점을 회고한다.

프랑수아 1세나 만토바 공작의 모습은 낡아빠진 18세기 귀족 질노르망 노인에게서 나타난다. 그러나 이와 같은 삶의 방식에 동의할 수 없었던 손자 마리우스 퐁메르시는 바리케이드 봉기 현장에 가 있다. 트리불레나 리골레토는 장발장의 모습으로 다시 나타난다. 귀족에 의해 희생당한 질다는 이제 사회 전체에 의해 희생당하는 팡틴이다. 스스로 복수를 감행하고자 했던 트리불레/리골레토와 달리 장발장은 화해의 행보를 이어간다. 일면식 없는 팡틴의 딸 코제트를 구출한다. 이는 질다를 잃었던 리골레토가 또 다른 질다를 품에 안는 것과 같다. 또 그는 질노르망의 손자요 퐁메르시 대령의 아들인 마리우스를 파리의 하수구에서 구출한다. 이는 만토바 공작과의 두 세대에 걸친 화해다. 게다가 그는 추적자 자베르 경감마저 용서한다.

귀족의 후손 마리우스 퐁메르시가 이 같은 화해의 드라마에 참여하기 위해서는 고된 과정이 필요했다. 무엇보다 그는 그와 코제트의 사랑이 비참한 사람들의 희생 위에서 이루어진 것임을 깊이 깨달아야 했다. 이를 위해 그는 귀족 가문을 등진 채 몸소 가난을 체험했고, 바리케이드의 봉기에 참여했고, 또 다른 비참한 사람인 에포닌의 죽음을 목도했다. 죽음의 순간에 그를 구해준 은인이 혁명 이전 시대라면 만날 일조차 없었을 장기수 장발장이다. 또 그가 사랑하는 코제트 또한 이름 없이 스러져 간 비천한 여공의 딸이었음을 온전히 받아들여야 했다.

위고는 팡틴에 대해 이렇게 말한다. "사랑은 하나의 과오다. 그러나 팡틴의 사랑은 과오라 부르기에는 너무 순수했다."

너무 순수했기에 너무 비참했던 사람들. 위고는 그들의 역사를 이렇게 기념했다. 복수를 넘어 화해로. 비참한 사람들의 희생 위에 지금 우리가 누리는 자유가 섰다. 예술은 그렇게 그들의 희생을 기념한다. 우리는 예술을 통해 그 기념 의식에 참여하는 것이다.

신화의 해석, 혁명의 서막

오르페우스와 프로메테우스

아내 에우리디체를 잃은 오르페우스의 이야기는 초기 오페라 역사에서 가장 즐겨 쓰던 소재였다. 오페라 장르의 효시로 알려진 작품은 클라우디오 몬테베르디의 〈오르페오(1607)〉다. 지금도 여전히 혁신적인 작품으로 연주되며, 루이지 로시의 〈오르페오(1647)〉와 안토니오 사르토리오의 〈오르페오(1672)〉 같은 작품들이 연이어 나왔다. 여기서 끝이 아니다. 독일의 하인리히 쉬츠 역시 동명의 오페라를 남겼다. 하지만 음악은 분실되었고, 바로크시대의 아돌프 하세는 2인 독창자에 의한 칸타타 형식으로 〈오르페오와 에우리디체(1736)〉를 남겼다. 전설적인 카스트라토 카를로 브로스키의 일대기를 다룬 영화 〈파리넬리〉에서 그의 형 리카르도가 쓰고 있던 오페라 역시 〈오르페오〉다.

오르페우스,
솔직하고 순수한 인간의 전형

왜 당시 작곡가들은 그토록 오르페우스에 꽂힌 걸까? 오르페우스가 오페라의 핵심을 말해주는 인물이기 때문이다. 그의 어머니는 서사시의 뮤즈인 칼리오페였다. 그는 어머니로부터 시와 노래를, 음악과 의술의 신이자 태양신인 아폴론으로부터 악기 연주를 배웠다. 음악의 명수가 된 오르페우스는 맹수나 용, 바다의 폭풍마저도 잠잠하게 만들었다. 이는 곧 사나운 것을 온화하게 만드는 예술의 서정적 힘을 상징적으로 나타낸 것이다.

그러던 어느 날 그에게 비극이 닥쳐온다. 아내 에우리디체가 산책을 나갔다가 숲에서 독사에 물려 죽고 만 것이다. 그는 슬픔에 빠져 노래한다. 죽은 아내를 되돌려달라는 탄원도, 무정한 명부의 왕에 대한 살기 어린 원망도 아니었다. 그저 제 마음의 슬픔과 돌아올 수 없는 사랑에 대한 완전하고도 깊은 몰입 그 자체였다. 거기에는 타인을 움직이려는 어떤 의도도 들어 있지 않았다. 솔직하고도 순수한 인간의 마음이었다.

그런데 어떤 일이 벌어졌던가. 오르페우스의 노래를 듣고 숲속의 짐승들이 함께 울었다. 사람들도 덩달아 울었다. 올림포스의 열두 신마저 울었다. 하데스 또한 레테의 강물로도 씻기지 않을 눈물을 흘리며 저승 문을 열어주었다. 이것이 곧 인간의 순수한 감정이 보여준 힘이다. 그리고 시의 힘, 진정성으로 자신과 타인의 마음을 공명하게 하는 힘이다.

오르페우스가 제 심장 가장 가까이에 품었던 수금을 그리스 사람들은 '리라lyre'라고 불렀다. 오늘날 영어에서는 서정시를 '리릭lyric'이라 부르고, 독일어로는 가곡을 '리트lied'라고 한다. 둘 다 가슴에서 가장 가까운 악기인 리라를 어원으로 한다. 그래서 서정시나 노래는 가슴에서 멀지 않은 진짜 감정, 진짜 마음을 부르는 말이다. 읊조리든 가락에 얹어 부르든 감정은 인간을 촉촉하게 한다.

인간의 어원은 습기다. 인간이 다시 촉촉한 감성을 되찾는다는 것은 곧 그가 다시 인간다워진다는 뜻이다. 이것이 르네상스와 바로크의 음악가들이 오르페우스를 중요하게 여긴 이유다. 그들은 더 이상 신에게 예배한다는 명목으로 인간의 진정성 있는 감정을 억누르지 않기로 했다.

오르페우스는 오페라가 탄생한 지 150여 년이 흘러 작곡가들이 첫 마음을 잃어버렸을 때 다시 등장했다. 오페라 극장은 도떼기시장이었다. 관객들은 음식을 먹으며 잡담을 했고, 로얄석의 지체 높은 이들은 사업과 로비에 바빴다. 집중하지 않는 관객들을 사로잡을 만한 재주가 필요했던 탓에 오페라가 내용과 유리된 채 오직 기교만을 앞세우는 일종의 경연장으로 전락하고 말았다.

그러나 본질인 진정성을 기교가 압도하는 것은 주객전도다. 새 시대의 음악은 더 이상 들어도 좋고 안 들어도 그만인 하인 악사의 여흥이 아니었다. 자의식과 정신성을 갖춘 예술가가 사회에 던지는 메시지였다. 아름다움은 합리적 이성에서 나온다는 시대정신이 들어 있었다.

위대한 오페라 개혁자 글룩은 〈오르페우스와 에우리디체(1762)〉에서 드라마의 개연성에 따라 음악을 조직해 하나의 총체적인 작품을 만들어 냈다. 음악과 메시지의 일치에 진정성이 들어있다고 본 것이다. 글룩의 개혁은 음악이 지녀야 할 처음의 마음, 곧 진정성 있는 감정으로 돌아가겠다는 기념비적 선언이었다. 이 오페라에서 가장 아름다운 대목은 오르페우스가 아내를 잃고 부르는 다음의 노래다.

에우리디체 없이 할 수 있는 게 무어야.
내 좋은 배필 없이 내가 갈 곳이 어디 있어.
에우리디체, 오, 신이여, 대답해다오.
나는 오로지 그대에게만 신실한 영혼인데!

프로메테우스, 저항하는 자유 영혼

오르페우스가 보여주는 진정성은 새 시대의 정신인 계몽적 합리성과 만나 새로운 의미를 획득했다. 인간은 합리적 존재이므로 자유로운 감정이 자의적으로 억압되어서는 안 된다는 것이다. 만일 누군가가 감정을 억누른다면 그것은 곧 인간성을 억누르는 것과 같다. 이 같은 인식은 곧 또 다른 신화적 인물의 의미를 새롭게 부각시켰다. 반항하는 인간의 상징, 프로메테우스다.

신화에서 프로메테우스는 두 가지 이야기로 등장한다. 하나는 신에게서 불을 도둑질해 인간에게 가져다주었다는 에피소드다. 그 죄로 프로메테우스는 독수리에게 영원히 간을 쪼아 먹히는 벌을 받는다. 다른 하나는 그가 흙과 물로 인간을 빚어 만들었다는 에피소드다. 하지만 괴테는 성경에 등장하는 인물의 이미지를 신화에 덧입혀 새로운 프로메테우스의 상을 만들어낸다.

시에서 프로메테우스는 머리끝까지 화가 난 제우스에게 소리를 지르며 반항한다. 무엇 때문에 그렇게 화가 났을까. 억눌린 자와 내몰린 자를 돌아보지 않는 무심함, 사람의 희로애락에 공감할 줄 모르는 권위에 대해 화를 내고 있다. 제우스에게 화를 내는 것으로 설정되어 있지만, 괴테는 프로메테우스의 입을 빌려 모든 비인간적인 제도와 규범과 사람의 감정을 메마르게 하는 풍조에 대해 분노를 터뜨린다. 맞서는 태도가 얼마나 비장하고 단호한지 제우스가 던지는 천둥과 번개도 그의 저항을 덮지 못한다.

널 존경해? 뭣 때문에?

네가 억눌린 누군가의

고통을 덜어준 적 있던가?

네가 불안에 떠는 누군가의

눈물을 닦아준 적 있던가?

진정한 감정을 억누르는 것은 때로 종교적 엄숙함이자 정치적 권위며, 때로는 사회적 관습이다. 종교, 정치, 사회적 관념이 인간성 자체를 위협할 때 사람들은 저항하게 된다. 괴테는 그러한 인간성을 프로메테우스에서 포착해낸 것이다.

프로메테우스가 재현한 인간은 감정이 펄펄 살아 있는 존재다. '고통스러워하고, 울고, 즐거워하고, 기뻐하고' 그를 닮아 잘못된 권위를 상관하지 않는 존재다. 괴테는 프로메테우스와 어울릴 수 있도록 여러 율격을 오가는 자유율격으로 시를 집필했으며, 가곡의 왕 슈베르트는 이를 다시 장대한 가곡으로 탄생시켰다.

슬픔에 빠진 오르페우스나 저항자 프로메테우스는 자연스러운 인간 감정의 가치를 옹호한다는 점에서 공통점을 보인다. 르네상스로 열린 근대사회의 계몽사상은 인간의 이성을 해방시켰고, 예술은 감정의 해방을 가져왔다. 그 둘은 이후에 열릴 혁명의 서막과도 같았다.

감정의 해방이란 얼마나 중요한 주제인가. 바쁜 일상을 살아가는 현대인은 알게 모르게 속마음과 다른 모습으로, 다른 감정으로 살아갈 때가 많다. 진정성 있는 감정을 느끼지 못한 채 관계없는 숱한 감정 노동, 무표정한 응대가 삶의 일부가 되어버린 건 아닐까. 비본질이 본질을 압도할 때 오르페우스를 기억하자. 프로메테우스를 기억하자. 아무리 바빠도 하루 5분의 시간을 내어 시를 읽고 음악을 듣자. 정서가 메말랐을 때를 대비해 마음의 우물 하나쯤은 파 두어야 하지 않겠는가.

함께 들으면 좋은 음악

| 〈오르페우스와 에우리디케〉 중 "에우리디케 없이 뭘 해야 하나?" | 글룩 |

메조 소프라노 : 안네 소피 폰 오터 | 지휘 : 트레버 피노크 | 연주 : 잉글리
쉬 콘서트

| 〈프로메테우스〉 D.674 | 슈베르트 |

바리톤 : 디트리히 피셔 디스카우 | 피아노 : 벤자민 브리튼

바이블 인 뮤직

루터와 바흐의 수난곡

1440년경 독일 마인츠에서 대사건이 터진다. 모든 문화 지형을 바꾸어 놓을 만한 대혁신, 요하네스 구텐베르크가 활자인쇄술을 발명한 것이다. 필사본으로 전해지던 값비싼 문화 콘텐츠가 경제적으로 광범위하게 확산되었다. 물론 민중이 글말을 깨우치고 독서의 대중화가 자리 잡기까지 수세기의 시간이 더 필요했으나 이 혁신은 앞으로 문화가 나아갈 방향을 분명히 보여주고 있었다. 소수의 문화 엘리트들이 독점하던 콘텐츠를 많은 사람들이 공유하고, 이로써 더 많은 사람들이 문화 생산과 발전에 기여하리라는 기대를 갖게 했다.

하드웨어의 혁신이었던 금속활자는 짝을 이룰 소프트웨어의 혁신, 즉 마음의 혁신을 기다리고 있었다. 활자인쇄술이 발명된 지 100년이 지나지 않아 독일에 새로운 불꽃이 떨어졌다. 1517년 비텐베르크의 한 수도사가 교회 정문에 써 붙인 대자보가 시작이었다.

교황의 허영심을 채우기 위해 바티칸에서 한창 교회 건축에 열을 올릴 때, 척박한 독일 땅에는 건축 헌금을 추렴하려는 면죄부 사기꾼들이 돌아다니고 있었다. 돈으로 은혜와 구원을 사야 한다는 말에 분개해 반박할 거리를 아흔다섯 가지나 찾아낸 수도사의 이름은 마르틴 루터였다. 구텐베르크 활자는 이 뜨거운 소식을 신속히 전 독일로 퍼뜨렸다. 도처에서 루터의 지지자들이 일어났다. 종교개혁의 불길은 그렇게 타오르기 시작했다.

쉬운 성경으로 전한 복음, 찬송가가 되다

루터가 보기에 이런 어처구니없는 일이 일어난 까닭은 성경이 어려운 라틴어로 되어 있어 사람들이 직접 읽을 수 없었기 때문이다. 그런데 라틴어를 아는 성직자가 작심하고 까막눈 백성을 기만한다면? 백성은 속수무책 당할 수밖에 없다. 면죄부 판매는 그런 기만 가운데서도 가장 파렴치한 짓이었다. 루터는 소수 종교 엘리트들이 독점하고 악용한 복음을 민중에게 돌려주어야 함을 깨달았다.

루터는 실제로 사용하는 쉬운 말을 성경 번역의 원칙으로 삼았다. 그는 어머니와 골목길의 아이들, 시장 속 미천한 사람의 입 모양을 보고 번역했다. 궁정이나 성 안에서 쓰는 말 대신 쉽고 단순한 말을 사용했다. 새로운 성경이 쉬운 말로 번역되어야 하는 이유는 예수 그리스도 자신도

보통 사람의 말로 설교했기 때문이었다.

예수의 설교에는 현학적인 수사 대신 목수나 어부도 금방 알아들을 수 있는 생활 속 예시와 비유가 가득했다. '오직 말씀'을 외쳤던 루터는 예수의 모본을 그대로 따르고자 했다. 결국 1534년 완역된 루터 성경은 성직자에게 의존하던 대다수 백성을 무지와 오해에서 해방시켰다. 널리 알려져 있지만 어렴풋했던 많은 것들이 더 명료하게 전달됐다. 민중은 시원함을 느꼈다.

신심 어린 순종으로도 다 걷어낼 수 없던 미신은 이성의 빛이 비치자 주춤주춤 물러나기 시작했다. 글을 배운 사람이라면 누구나 스스로 읽고 스스로 판단할 수 있었다. 이로써 한 사람의 신앙고백은 집단이나 전통에 종속된 것이 아닌, 개인적이고 독립적인 것이 되었다. 성경을 읽기 위해 글을 배운 민중은 이제 지식을 향해 서서히, 그러나 적극적으로 나아가기 시작했다. 이것이 루터가 몰고 온 마음의 혁신이었다.

하지만 루터가 지향한 마음의 혁신은 신앙과 지식의 차원에 머물지 않았다. 문화에 대한 갈망까지 불러일으켰다. 루터의 독일어 성경은 쉽고 명확할 뿐 아니라 아름답기까지 했다. 독일인은 루터가 엄격한 학자를 넘어 뛰어난 시인이요, 감수성이 풍부한 음악가였다는 사실에 감사해야 한다. 루터의 성경과 성시들은 곧 일반 사람들을 위한 찬송가가 되었다. 이 또한 엄청난 혁신이었다.

이전 시대의 교회음악인 그레고리안 성가를 생각해보라. 오래된 선법으로 쓰인 격조 높은 노래가 알아듣기 어려운 라틴어로 울려 퍼진다. 경건과 엄숙함이 자신의 무식을 더 선명히 드러낸다. 이런 자리에서 인간의 감정은 설 자리를 잃고 위축된다. 당연히 찬송은 성직자들의 것이었고, 일반 회중은 함께 노래하지 못한 채 그저 음향만 들을 뿐이었다.

내 말이 아닌 노래에 진정을 담는 건 어려운 일이었으므로 새로운 찬송가의 가사와 멜로디, 몸짓은 순수한 모국어의 목소리에서 나와야 했다. 때문에 루터는 찬송가의 편찬 과정에서 성과 속을 구분하지 않고 당시 인기 있던 민요 가락을 활용했다. 그리고 여기에 화성을 쌓아 올려 장엄한 회중의 합창, 즉 '코랄'이 될 수 있도록 했다. 여기에는 내 말로 내가 고백하는 신앙에 대한 열렬한 감정적 반응이 동반됐다. 성경 번역 때 채택했던 똑같은 원칙, 보통 사람들의 쉬운 노래를 찬송가에도 일관되게 적용한 것이다.

독일 노래 역사에서 루터의 찬송가는 민중의 노래에 문화적인 정당성을 부여한 최초의 시도였다. 무지몽매한 무리의 거친 노래쯤으로 폄하되던 민요는 이제 누구나 쉽게 부를 수 있는 '곡조 있는 기도'로 격상했다.

쉬운 성경으로
가난한 자, 약한 자를 향하다

150여 년 뒤에 태어난 바흐는 루터의 정신을 종교음악에 계승했다. 당시 보통 사람들은 대부분 까막눈이었다. 예배를 할 때는 글을 아는 이가 대표로 낭독하고, 교회에 모인 회중은 낭독을 들었다. 그러한 '들음listening'에서 감정적 반응과 묵상이 이어졌다. 이런 과정을 예술 작품의 형태로 재현한 것이 바흐의 〈교회 칸타타〉나 〈수난곡〉이다. 여기서 특이한 점은 수난곡이 복음서의 내용을 거의 그대로 음악화했다는 것이다.

수난곡에는 '복음사가'라는 독특한 배역이 있다. 주로 테너가 맡는 이 역할은 성경 속 서술자에 해당된다. 말하자면 "예수께서 대답하여 가라사대 ~하시니라, ~하였더라" 등 3인칭으로 된 말만 전달하는 것이다. 그래서 그가 보여주어야 하는 미덕은 하나님의 말씀을 정확하게 전달하는 명료한 발성이다.

하지만 복음서에는 서술 부분 외에도 등장인물이 직접 대사를 하는 장면이 있다. 예수, 베드로, 헤롯 등의 인물이 나오면 순간적으로 연극이 펼쳐진다. 그래서 복음사가 부분이 낭독(소설)이라면, 대사 부분은 연극(희곡)이 된다. 이 부분은 역동적이고 극적이다. 복음사가의 낭독과 등장인물들의 연극은 성경의 본문을 듣는 이에게 전달하는 대목이다.

그 다음에는 주로 독창자가 부르는 아리아나 합창대가 부르는 코랄이 이어진다. 그런데 이 내용은 성경의 본문이 아니다. 성경 말씀을 읽은 후의 묵상에 해당한다. 앞서 언급한대로 대부분의 회중이 문맹이기 때문에 성경 본문의 내용을 잘 듣고 그에 대한 묵상을 재현해주는 과정이다. 음악적으로 가장 아름답고 몰입하기 좋은 대목이 바로 이 부분이다.

정리하자면, 수난곡은 크게 복음사가의 낭독 부분과 연극 부분, 그리고 성경 본문에 대한 반응 및 묵상을 전하는 아리아/코랄 부분으로 구성되어 있다. 각 부분은 성경 말씀의 낭독 및 성극 재연, 그리고 그에 대한 묵상이라는 구조다. 즉 말씀 중심의 예배를 재현하고 있다. 이러한 음악 예배 속에는 글을 모르는 이들도 말씀 공동체 안으로 들이겠다는 루터의 정신이 들어 있다.

성경이 어떤 책인가. 가장 가난한 자, 가장 약한 자를 위해 하나님이 인간의 몸을 입고 오셨다는 복음의 책 아닌가. 갈릴리의 이름 없는 목수의 아들이 병든 자를 고치고 약한 자를 일으키고 인류 모든 이의 죄를 사하기 위해 십자가에 달려 죽은 뒤 부활했다는 희망의 메시지 아닌가. 그러므로 이 책의 진리는 문자깨나 배운 사람들의 현학적 문자로는 전달될 수 없다. 끝없이 낮은 자를 위해 나아가려는 정신이 필요했던 것이다. 독일 음악사에 면면히 흐르는 '민요풍의 노래' 전통은 루터에게서 그 기원을 찾을 수 있다. 민중에게 말과 노래를 돌려주어야 한다는 정신이 독일의 오페라와 예술가곡을 꽃피운 것이다.

예술은 아름다워야 한다. 아름다움을 잃지 않으면서도 많은 사람들에게 쉽게 전달되어야 한다. 현대 예술의 소통불가능성이 시작된 지점은 어디인가. 새로운 표현 양식을 찾아내려는 예술가의 노력이 점점 엘리트주의로 변하면서 민중을 소외시켰기 때문이다. 동시에 민중이 예술 대신 좀 더 손쉬운 문화 상품을 선택하면서 예술가를 소외시켰기 때문이다. 쌍방의 소외를 극복하기 위해 우리는 예수와 루터의 정신을 다시 떠올려야 한다.

함께 들으면 좋은 음악

| 요한 수난곡 BWV 245 중 제1곡~7곡 | 바흐 |

테너 : 쿠르트 에크빌루츠 | 베이스 : 로버트 홀 | 지휘 : 니콜라우스 아르농

쿠르무

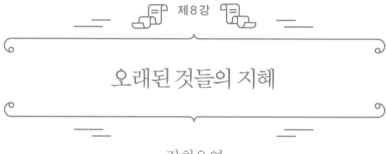

제8강

오래된 것들의 지혜

김최은영

실기와 이론을 전공한 미술평론가 겸 전시기획자. 경희대에서 한국화 실기로 학사, 석사를 마친 후 성균관대에서 문학석사와 철학박사를 수료했다. 현재 경희대 미술대학 겸임교수와 2018광주비엔날레 협력큐레이터를 맡고 있다. 미술과 동아시아 미학을 소개하는 전시와 글을 쓰고자 한다.〈En Suspens展: 파리, 브뤼셀〉〈한반도의 사실주의_생명, 현실, 삶展: 워싱턴〉〈고요해야 얻어지는: 서울〉등의 전시를 기획했고, 저서로는《동아시아 미학과 현대시각예술》《잉여의 시간》등이 있다.

오래되어야 아름다운 것들

노경老境

　오래된 것은 낡은 것일까? 어릴 적 마흔이나 쉰 정도의 나이가 되면 아줌마를 넘어 할머니를 향하는 낡은 나이라 생각했다. 2018년 현재, 나는 어린 내가 설정한 낡은 나이의 한복판에 서 있다. 안티에이징 관련 상품이 쏟아지는 만큼 머리의 새치와 눈가의 주름도 쏟아지는 나이다. 어제 다르고 오늘이 다른, 낡아가는 육체를 현실로 마주한다. 노안이 오기 시작한 눈으로 새로운 기능이 탑재되었다고 광고하는 새로운 버전의 휴대폰을 꼼꼼히 검색하다가 실소가 터진다.

　안티에이징, 항노화라는 단어가 일상으로 들어온 지 오래다. 세월을 거스르고자 하는 인간의 욕망은 얼굴과 육체, 새로운 상품에 이르기까지 손닿지 않은 곳이 없다. 세상은 보다 빠르고 손쉬우며 새로운 문물에 대한 욕망으로 가득 차 있다. 그러나 모든 새것은 대가를 지불하고 내 것이 되는 순간부터 낡기 시작한다.

낡은 것 중
귀한 것의 존재감

낡은 것, 오래된 것에 대한 가치는 귀하게 여겨 지기 쉽지 않다. 그러나 예외의 경우가 있다. 가끔 신문에서 고미술품 경 매 보도를 접한다. 또 하나의 미술품이 '억' 소리 나는 금액에 낙찰됐다. S옥션에 거의 매년 국보급 민화가 등장한다. 반 고흐, 천경자, 이중섭 등 과 나란히 출사표를 던지며 경매시장에서도 귀한 것 중의 귀한 것으로 불려진다. 모두 중고이며 낡은 것이다. 낡은 것 중에 어떤 것이 귀하고 비싼 것이 되는 걸까?

군이 국보급까지 들먹일 필요가 없다. 민화를 살펴보면 여기에 적지 않은 힌트가 숨어 있다. 부귀와 영화를 상징하는 탐스러운 목단꽃(모란) 아래 화분인지 바위인지 가늠하기 힘든 구멍 숭숭 뚫린 돌덩이 하나가 꼭 등장한다. 이 돌은 선비들의 책가도冊架圖에서도 종종 볼 수 있고, 십 장생도에서도 매번 존재감을 발휘한다. 민화를 본 기억이 있다면 더듬을 수 있는 이 돌의 이름은 '태호석太湖石'이다.

중국에 '태호'라는 큰 호수가 있다. 이 호수 밑바닥에 가라앉아 있던 돌 이 태호석이다. 크고 깊은 호수 밑바닥에 물의 흐름이 똬리를 틀어 거꾸 로 용솟음치는 부분이 생긴다. 바로 그 자리, 물이 거꾸로 용솟음치는 곳 바로 위에 있는 호수 바닥의 돌들이 길고 긴 세월의 물살을 정통으로 맞 아 가장자리는 뾰족해지고, 온몸에는 숭숭 구멍이 뚫린 것이다.

예부터 중국의 부호들은 정원을 꾸미는 고급 취미로 부와 권력을 과시함과 동시에 마당에서 다채로운 자연을 즐겼다. 이 괴상하게 생긴 태호석은 바로 그 정원을 가꾸기 위해 수많은 노예들이 목숨을 담보로 호수바닥에서 꺼내 올린 귀한 것 중에 귀한 것이고, 오래된 것 중에 오래된 것이다. 부귀영화를 상징하는 동시에 절대 시간마저도 협조해줘야 얻을 수 있는 돌이다. 낡아야만, 오래되어야만 획득할 수 있는 가치다. 긴 세월을 겪고 결국 사람의 욕망에 의해 발굴된 가치다.

태호석이 오랜 세월 누린 본연의 터전을 떠나야 했다면, 오래된 자리를 보존하면서 가치를 부여받은 사례도 있다.

가로되, 그치게, 그렇게 말하지 말게. 쓸모없는 나무일세. 그 나무로 배를 만들면 금방 가라앉고, 관을 만들면 빨리 썩어버릴 것이며, 그릇을 만들면 빨리 망가지고, 문짝을 만든 즉시 나무의 진액이 배어나오고, 기둥을 만들면 곧 좀이 슬어버릴 것이네. 이것은 재목으로 쓸만한 나무가 못 된다네. 이런 이유로 이와 같이 목숨을 누릴 수 있는 것이네.

曰, 已矣 勿言之矣, 散木也. 以爲舟則沈 以爲棺槨則速腐 以爲器則速毀 以爲門戶則液樠, 以爲柱則蠹 是不材之木也 無所可用 故能若是之壽.

낡고 오래된 옛날 책 《장자》 〈내편〉에서 '인간세[人間世]'라는 부분을 보면

'흩어질 산散 + 나무 목木'의 이름을 가진 '산목散木'이라는 나무 이야기가 나온다.

'산목'은 원래 '쓸모없는 나무'라는 의미다. 나무는 본래 곧고 견고해서 쓰임이 있어야만 유용하다. 그런데 이 산목이라는 나무의 외형은 곧지 못하고 이리저리 휘어진 정도가 심해 가장자리를 다듬어도 쓸모가 없다. 나무꾼들이 굳이 탐을 낼 이유가 없어 방치된 나무였던 것이다.

이 나무에 대해 장자는 우리가 미처 보지 못한 부분을 이야기한다. 마르고 괴이하며 추해 기둥과 들보로 쓸 만한 재목은 못 되지만, 그렇기 때문에 타고난 온전함을 얻고 도를 얻는다. 즉 인생의 지혜를 말한 것이다. 장자의 산목은 문자로 긴 세월 전해지다가 소동파를 만나며 그림으로 새롭게 재해석된다. 그러면서 오래된 시간만큼 깊이가 짙은 이야기가 되었다.

베이징 고궁에는 소동파의 〈고목괴석도枯木怪石圖〉 한 폭이 소장되어 있다. 이 그림은 멋지고 건강하고 유려한 나무가 아니라 비쩍 마르고 늙은 나무, 추하고 굳은 괴석을 소재로 한다. 그런데 이 그림의 가치는 앞에서 말한 태호석과 해석이 조금 다르다. 장자의 처세술 같은 이야기에서 보듯 쓸모없어 천수를 다 누린 장수의 귀함이 아니다. 첫눈에 보아 추한 것이라 확정짓지 않고 세심하게 살펴 숨은 아름다움과 뜻을 찾아내면 괴상한 것에서도 이치를 발견할 수 있고, 터무니없는 것에서도 평범한 도리를 찾을 수 있다는 것이다. 즉 깊이 있는 생각의 우월함을 말하고 있다.

오래 두고 거듭 생각한
말미에 얻을 수 있는 가치

우리는 종종 눈으로 본 것을 사실로 인식한다. 보았기 때문에 믿고, 믿은 것에 의미를 보태어 숨겨진 겹을 발견하지 못하고 아까운 기회를 놓치거나 귀한 사람을 잃기도 한다. 거꾸로 얄팍한 것에 손해를 입거나 가볍게 준 마음에 단단한 상흔을 입는다.

신중하게 보고 여러 번 생각하는 일은 결코 쉽지 않다. 그래서 오늘날까지 전해지는 소동파의 그림과 장자의 이야기는 더 많은 울림을 지닌다. "겉은 말랐지만 속은 기름지고, 옅어 보이지만 실제로는 짙으며(外枯而中膏, 似淡而實濃), 현란함이 극치에 달하면 평담함으로 돌아간다(絢爛之極, 歸于平淡)"는 말을 다시 읽어본다.

마른 나무 자체는 예쁘지 않다. 미적인 형식을 갖추고 있지 않고, 아름다운 조형의 상징인 울창한 가지와 잎, 높고 곧게 솟은 장대함도 없기 때문이다. 그에 비해 내부를 기름지다고 읽은 것은 그 나무의 내부를 풍만하고 충실하고 활발하며, 무성한 생명력의 함축이라고 보았기 때문이다.

이러한 해석은 생명의 최저점에서 새로운 생명의 움틈을 발견하는 이치와 같다. 마지막 잎새가 떨어지면 영원히 소멸한다는 서양식 사고와는 다르다. 마지막 잎새가 떨어지면 춥고 어두운 겨울이 오지만 그 겨울은 영원한 암흑이 아니라 봄의 전야제라고 보는 순환적 사고다.

말라비틀어진 것에 생명력은 없다. 그러나 생명의 이치는 있다. 생명력과 생명의 이치는 분명 다른 이야기다. 이치를 깨닫는 일은 학습된 경계를 넘어서는 일이다. 주어진 그대로 보고 생각하는 것이 아니라 근원에 대해 좀 더 고민하고 신중하게 마주하는 일이다. 그 마무리는 결코 빠르거나 쉽지 않다. 느리고 길게 생각한 후에 얻어질 결과물이며, 결론에 도달하지 않는다고 해서 생각을 거듭한 과정이 무의미하지는 않다. 행간을 보는 눈이 독서로 완성되듯 사물 너머의 참뜻을 파악하는 일은 오래 두고 거듭한 생각의 말미에서 얻을 수 있는 가치다.

오래되어야 아름다운 것은 낡은 것 혹은 전통에 대한 막연한 찬양이 아니다. 바쁘고 거친 숨을 몰아쉬는 현대에 쉽게 소비되고 버려지는 가치에 대한 대안이다. 반드시 시간이 흘러야만 얻어지는 아름다운 것들은 고가에 낙찰되는 고미술 속 귀한 돌덩이, 철학자나 화가의 뜻이 담긴 의미 있는 고목이 아니다. 사유의 단계에 도달할 때까지 절대 시간이 소요된 우리의 순수한 생각 그 자체다.

길고 느린 생각은 비생산적인 멍 때리기와 다르다. 깊은 생각은 바쁜 일상의 호흡을 가다듬어주고, 해묵은 감정을 풀어준다. 거칠어진 호흡을 가다듬지 않으면 더 이상 가지 못하고 주저앉아 버리게 된다. 귀찮거나 불편해서 외면하던 감정을 직면하지 않으면 언제 그게 트라우마로 불거져 발목을 잡을 지 모를 일이다.

오래되어야 아름다운 것은 결국 내면의 것이다. 주름이나 새치 따위와는 비교가 안 될 만큼 나를 나로써 살게 해줄 떳떳한 사유의 성장이다.

겨울 산에 홀로 서다

고봉孤峰

나는 미술 전시를 기획하고, 관련된 글을 쓰고, 철학과 미학에 대한 강의를 한다. 흔치 않은 직업이라 그런지 가끔 멋짐(?)이 묻은 직업이라는 오해를 받지만, 사실은 그렇지 않다. 이러한 호평에 세련된 대응을 몰라 겸연쩍어 하는 말이기도 하지만, 실제로 내가 멋과는 상당히 거리감이 있는 심리 상태에 종종 속하기 때문이다.

적막과 고독을
인정한다는 것

미술 전시를 기획하던 어느 날, 집에서 업무 전화를 꽤 많이 받았다. 한참이 통화를 마치니 마침 집에 계셨던 어머니가 쓸쓸한 눈으로 한마디를 건네신다. "왜 그리 고개를 숙이며 감사하다, 죄송하다를 연발하느냐." 당신은 아마도 이 직업에 이 연차 정도면 꽤나 우월한 위치에서 일을 한다고 생각하신 모양이다. 물론 그런 자세로 척척 업무를 해결하는 기획자도 있다. 그러나 나는 그리 현명하지도 않거니와 처세와는 거리가 멀어 20년이 넘도록 이 시스템 속에서 항상 어쩔 줄 몰라 하는 쫄보다.

부러워하면 진다는 사실을 잘 알지만 나는 매번 쉽게 지고 만다. 절대적 빈곤보다 상대적 박탈감 때문에 삶의 무게가 더 가혹하다. 결국 들켜버릴 것 같은 미천한 실력, 그리고 순간순간 벼락치기로 연명하는 동안 새까매진 속이 그 이유다. 어쩌면 오늘도 그런 날 중 하루였다. 이불킥을 백 번 반복하기 전에 얼른 응급처치를 시작해본다. 그리고 그 응급처치를 공유하고자 한다.

공손하게 대답하는 것(예)과 불손하게 대답하는 것(응)이 그 차이가 얼마나 되며, 선과 악의 차이는 얼마나 되는가? 남이 두려워하는 것을 두려워하지 않을 수는 없다. 넓기도 하구나, 그 끝을 알 수 없다! 모두 즐거워하기를 잔치를 지내는 것처럼 잘 지내고, 봄에 누각에 오른 것처럼 기뻐하지만, 나는 홀로 덤덤하여 드러내지 않는다. 갓난아이 같이 웃지도 않고, 돌아갈 곳 없는 것처럼 축 처져 있다. 사람들 모두 여유가 있는데 나만 홀로 무엇인가 잃어버린 것 같다. 나는 어리숙한 마음을 가졌구나. 우매하고도 우매하다. 세상 사람은 밝은데 나만 홀로 어둡고 어둡다. 세상 사람은 똑똑한데 나만 홀로 어리숙하다. 넉넉하기가 바다와 같고, 바람 소리처럼 멈출 데가 없다. 사람들은 모두 살 방법이 있지만, 나만 홀로 아둔하고 비루하다.

唯之與阿, 相去幾何? 善之與惡, 相去若何? 人之所畏, 不可不畏. 荒兮

其未央哉! 衆人熙熙, 如享太牢, 如春登臺. 我獨泊兮其未兆, 如嬰兒

之未孩. 儽儽兮若無所歸 °衆人皆有餘, 而我獨若遺. 我愚人之心也

哉! 沌沌兮. 俗人昭昭, 我獨昏昏, 俗人察察, 我獨悶悶. 澹兮其若海, 飂

兮若無止 °衆人皆有以, 而我獨頑似鄙.

— 《도덕경》 제20장

　물론 《도덕경》에 실린 이 이야기를 단순한 감정으로 읽어 내려가서는
안 된다. 전문가들이 오랫동안 해석하고 연구해왔으며, 심지어 노자가
전부 썼다 안 썼다 말도 많고 탈도 많은 문장이다. 그러나 가장 인간적인
감정이 담겨 있음에는 틀림없어 보이는 문장이다.

　다른 사람, 그것도 다수와 다르다는 건 고독함이 뒤따르는 말이다. 독
립적인 사람이라면 다름으로 인해 정체성이 확고한 자아를 찾아가겠지
만(노자처럼), 흔한 인간인 나는 노자만큼의 드높은 자존감을 갖고 있지
못하다. 그래서 번번이 마음이 고단하고, 쉽게 좌절하고, 빨리 도망친다.
사실 처음부터 쉽고 빠르게 도망치는 현명함을 갖지는 못했다. 학교나
사회에는 좌절하거나 도망가기 수업이 없었기 때문이다.

　노자의 문장을 신파 분위기로 읽어대며(사실 진짜 삶은 신파가 맞다고 생각
하지만) 똑똑한 세상 사람들 틈에서 혼자 어리석은 나를 자책했다. 결국
〈나는 자연인이다〉에 출연하는 대신 차선책을 선택하기로 한다. 나의 적

막과 고독을 인정하기로 한다. 많은 사람들과 다름을 인정하기로 한다. 쓸쓸함은 어쩔 수 없는 옵션으로 받아들이기로 한다.

쓸모 있는 비움

다시 노자를 본다. 노자는 패배자의 모습으로 남과 다른 어두움을 이야기한 것이 아니다. 유행에 따르는 한 무리의 사람들. 일종의 주류로 보이는 이들이 좇는 작은 이익이나 명성과 상관없이 스스로의 자아를 중심에 두고 오롯이 서기 위한 마음을 만드는 일에 집중하는 게 중요하다. 무리에 휩쓸리지 않고 바로 설 수 있는 자아 세우기는 독립적인 인간상이자 자연에 위배되지 않는 순수한 자아일 것이다. 그 상태로 가기 위한 과정에서의 생각은 유쾌하거나 요란한 것과 분위기가 다른 게 당연하다. 자아가 바로 서기 위해 필요한 것은 근력이 아니라 정신력이기 때문이다. 정신력은 생각으로 채워진다. 채워진다는 건 비워진 상태를 전제로 한다.

노자의 영향으로 동아시아의 철학과 예술은 빈 곳을 '아무것도 없는 상태'가 아니라 '풍부한 세계로 변하기 전의 단계'로 해석한다. 거창한 동아시아 철학과 예술을 논하지 않더라도 우리 주변에서 쓸모 있는 비워짐은 많이 볼 수 있다. 그릇은 가운데가 텅 비어 있기 때문에 그릇으로써 쓸모가 있고, 벽에 구멍을 뚫어 비워 둔 자리는 창문이 된다. 수레바퀴도 바큇살과 살 사이에 빈 공간이 있기 때문에 구를 수 있다는 노자의 이야기는 이미 유명하다. 그렇기 때문에 비워진 것은 기운이 가득 차 흐르고 신묘하다고 해석한다.

공허空虛는 텅 비어 신묘함을 지닌 동아시아만의 특징적 미학으로 서양에서는 유사한 미학 개념을 찾기 어렵다. 딱 꼬집어 정의하긴 어렵지만, 동아시아인들은 '빌 공空' 안에 존재하는 신령한 '영靈'의 존재를 짐작하곤 한다. 그리고 그것이 예술이 되었을 때 인간이 도달할 수 있는 절대 가치에 대한 크고 깊은 사상을 서술한다. 텅 빈 산에 홀로 선 인간이 가늠할 수 있는 가치와 생각은 깊고 무거울 것이다. 그 외로운 사람은 특정한 누군가가 아닌 당신과 나일 수 있다.

인간은 과학으로도 풀지 못할 육체와 알 수 없는 사고 체계를 가졌다. 비슷한 교집합으로 어림잡아 묶어볼 수는 있지만 완벽한 공통분모를 가질 수 없는, 철저히 개인인 존재이기 때문이다.

다시 《노자》를 보자. 거의 대부분의 사람은 문장 속 '어리석은 이'를 본인으로 설정한다. 그렇다면 웃고 있는 세상 사람은 누구인가? 완벽하게 재단할 수 없는 삶은 우리로 하여금 49퍼센트의 '어리석은 이'와 51퍼센트의 '웃고 있는 세상 사람'을 혼용하며 살아가도록 만든다. 물론 반대로 적용될 수도 있다. 중요한 점은 '인생은 홀로 가는 돛단배'라는 신파가 하늘에서 뚝 떨어진 이야기가 아니라 머나먼 옛날의 선배들부터 고민하던 명제였으며, 홀로 가는 돛단배의 숙명은 외로움과 고독이고, 절대 고독을 통해 인간은 성장하고 채워진다는 것이다.

외롭고 우매한 나, 그리고 나와 너무 많이 닮은 우리는 아직 만나지 못했다. 앞으로도 만날 수 없을 것이다. 산봉우리에 홀로 선 우리는 그래서 우리라는 단어 아래 스스로를 가두고, 다시 우리로부터 분리되기 위해 자유를 갈망한다. 외로운 봉우리는 어쩌면 너무 당연한 우리 삶의 지형일지도 모르겠다.

굽은 길 위의 삶, 그 삶의 예술

곡경曲境

　달콤하지만은 않은 아름다움에 대한 이야기. 그렇다고 씁쓸하기만 하지도 않은 이야기. 지금 내가 하고자 하는 이야기는 딱 잘라 분류되거나 쉽게 정의내릴 수 있는 이야기가 아니다. 흥망성쇠興亡盛衰. '좋을 때'와 '나쁠 때' 정도로 해석하면 그만일 수도 있다.

　그러나 이 말은 삶이라는 대상을 전제로 만들어진 말이다. 삶은 살아온 나의 이력에 관한 관찰이지만, 짧게는 오늘 나의 일기가 될 수도 있다.

　나의 오늘은 흥일까, 망일까? 내 삶의 성은 언제였으며, 쇠는 또 언제였을까? '그때였다'고 단언할 수 있을까? 괜한 질문으로 머릿속이 요란한 날, 생각의 끈을 집요하게 붙들고 애써보지만 게으른 나는 현실의 오늘을 핑계로 이내 생각을 덮는다. 그러고는 다시 태연하게 밥을 위한 글을 쓰고, 밥을 위한 전시를 만든다. 그러다 문득, 답답했던 마음을 탁 치는 그림 한 장! 내가 미처 정리하지 못한 생각의 끝을 본 듯한 그림을 마주한다.

삶과 사유가 녹아 있는
예술가의 언어

　　　　　　누군가 나를 대신해서 고민하고, 그걸 잘 다듬고 정리했을 뿐만 아니라 아름답게 만들어 결과물로 보여주고 있다. 나는 그들을 일컬어 예술가라 부른다. 그들의 작품을 보며 그들의 손끝이 아니라 그들의 생각을 본다고 말한다. 시각예술가. 그들은 굽은 길이나 마찬가지인 삶과 예술을 어떻게 말하고 있을까? 나는 그들의 작가적 삶과 작업을 두고 종종 '살다' 같은 '그리다'라는 표현을 쓰곤 한다. 그들의 삶이 그들의 작업과 다르지 않음이요, 그들의 작업이 그들의 사유와 다르지 않기 때문이다.

　예술가의 삶은 예술가가 아닌 이의 삶보다 미래를 짐작하기가 더 어렵다. 평가의 잣대는 존재하지만, 정확한 도량이 없고 '때'나 '상황'을 더 우선시할 수 있기 때문이다. 예술 작품과 삶이 완벽하게 분리되지 못한 동아시아의 예술가들은 더욱 그러하다.

　때문에 평생을 두고 집요하게 삶과 자신의 사유를 관찰하는 그들은 자신이 가장 잘 말할 수 있는 방법으로 기술한다. 자연과 같은 대순환을 통해, 인간 본성을 통해, 일상의 편린이나 도저히 이루어질 수 없는 신비한 상상을 통해 말이다. 구사하는 언어는 각기 달라도 어쩌면 내용은 한 가지 방향성을 갖고 있는지도 모른다.

예술 작품은 현실의 일부분을 작가의 시각으로 보여주는 통로의 역할을 한다. 동시에 작가 본인의 정서적 태도를 보여주는 도구의 역할도 한다. 이때 작가의 정신적 태도는 무엇이고, 작가가 보여주는 현실의 일부분은 무엇인가. 그건 서로 완전히 다를 수도, 하나의 공통분모일 수도 있다.

작가들은 선택과 통제, 그리고 접근 각도를 통해 겪은 경험을 자신만의 언어로 성형해낸다. 재현으로도 읽히는 이러한 성형과정은 작가에 의해 특성에 따라 사용되었을 뿐, 이들은 일종의 제작된 사물로 또 다른 어떤 것이 된다. 그것들은 합리와 불합리, 진리와 모순이라는 양극성을 내포하며, 때론 매우 과감한 부분까지 수반한다. 분명한 것은 예술가가 자신만의 이야기를 한다고 예술이 아닐 수는 없다. 또 예술이 주는 가치 중 하나인 감동이라는 부분을 간과할 수도 없다.

우리는 예술 외에도 무수히 많은 러브 스토리와 성공담, 고백 같은 이야기들을 통해 소위 말하는 감동을 느낀다. 그 이야기들은 꾸며낸 것일 수도 있고 사실을 바탕으로 한 것일 수도 있지만 그건 중요치 않다. 진정성이라는 단어는 사실인지 아닌지에 대한 상황의 이야기가 아니라 가치와 느낌의 정서를 말하는 것일지도 모르니 말이다.

작가들이 사용하는 특정 소재나 재료는 좋은 소통의 구조로 작용한다. 그것들은 상징이나 암호 같은 역할을 하며 작가의 특성을 증명하는 고리이기도 하다. 시각 작품의 미적 요소를 구성하거나 드러내는 역할을 하기도 한다. 혹은 습관적으로 좋아하는 것을 그려 넣은 심미 의식의 발현일 수도 있다.

감정의 편린을 담아내는
수행 같은 과정

삶이란 얼마나 유한한 것인가. 유한한 인간은 무한한 진리를 동경해왔다. 작가들은 단순한 동경이나 칭송이 아닌 삶으로 진리와 역사, 자연을 유입시킨다. 실제보다 더 스스로[自] 그러한[然] 것으로 보이기에 이는 충분한 만족을 준다. 인간의 유한성을 극복하고 무한으로 갈 수 있는 불변의 진리를 탐구하는 것, 혹은 자연을 인간 너머의 거대 범주로 보지 않고 삶의 한 부분으로 유입시켜 거대한 원의 사슬 중 '개체자'라는 낱개들을 본체화시키는 작가들의 놀라운 능력을 나는 대순환이라 부르고 싶다.

예술가들은 종종 편린 같은 감정들을 새로운 원소 혹은 코드로 해석해 삼라만상의 다양한 감정을 담는다. 담아내는 과정은 일종의 수행과 같다. 소재에서 오는 자연적 심상들은 감상자들로 하여금 고도로 집약된 예술적 미감과 인간과 예술, 자연과 우주의 광활한 시지각적 감성을 느끼도록 만든다. 전혀 다른 방식으로 자연과 사물을 담아낸다.

도구의 속성을 잘 이해해 다뤄진 이야기에는 소재나 제작 기구의 선입견을 뛰어넘는 작가적 직감이 작용한다. 환상의 환상, 패러독스처럼 자연이나 역사라는 원본이 가지고 있는 환상은 제거됐으나 선택한 소재의 감각이 살아 있어 인정할 수밖에 없는 현실 그대로를 제시한다. 그래서 보다 더 날이 서 있고, 보다 더 감각적이다.

인내는 조급함을 이기고, 굽은 것은 곧은 것을 이긴다. 내면의 충돌은 외부의 힘보다 거세다. 흐릿함 속에서 찾아낸 아름다움은 분명해진다. 예술은 정해진 좌표대로 움직이지 않는다. 이 구비를 돌면 어떤 경이로움이 등장할지 알 수 없다. 그래서 더 놀라운 삶과 예술이다.

또 하나 예술가에게 오래된 원론적 물음은 인간이다. 본질적 인간이란 무엇일까. 육肉과 영靈, 혼魂이라는 단순 수식으로 이해하기에는 우리가 우리 자신에 대해 너무 무지하다. 때문에 자아에 대한 고민과 성찰은 고행처럼 평생 우리 곁에서 내적 성장통을 요구한다. 그러나 우리는 그 고민이 쉽사리 풀리지 않음을 알고 있다. 그렇기에 종종 적절한 이유를 들어 고민의 끈을 놓거나 외면한다.

물론 모두 포기를 선택하는 건 아니다. 몇몇의 선험자들과 자존감 높은 이들은 치열하게 인간을 붙들고 지치지 않는 사유를 펼친다. 그래서 그들이 일단락지어 놓은 회화라는 결과물 앞에서 내가 했어야 하는 고민들을 손쉽게 목격할 수 있는 기회를 부여받는다. 유난히 난해하며 흥망성쇠를 수없이 겪어냈을 인간이라는 존재에 대해 말이다.

고요해야 얻어지는

공허空虛

　무거운 눈꺼풀을 이겨내고 아침잠을 깨우는 기적은 어디에서 오는가? 고막을 강타하는 소리가 반복적으로 재생되는 휴대폰의 알람 기능은 현대인에게 필수다. 익명으로 살아가는 우리에게 타자의 시선은 불편하다. 모르는 사람과의 눈 맞춤을 방지하면서 대중교통을 이용할 수 있게 도와주는 것 역시 이어폰을 통해 흘러나오는 음악이다. 길을 걸을 때도, 카페에서도, 식당이나 쇼핑몰에서도 나의 어색함을 들키지 않도록 도시에는 드라마 배경음악이 깔린다.

　도시에서 '고요'라는 단어는 사전 속에만 존재하는 것 같다. 뭐 딱히 사람만이 소리를 필요로 하는 건 아닐지도 모르겠다. 어딜 가든 정체성이 보이는 음악과 움직이는 도로 위에서도 생존을 알리는 소음이 가득하다. TV와 라디오에서 3초의 정적이 지속되면 그건 사고다. 모든 게 풍족한 현대에는 소리 역시 풍성을 넘어 비만인 셈이다. 소란함을 피하고 싶어 하는 사람들은 아이러니하게도 고요가 아닌 다른 소리를 찾아냈다.

소음으로부터의
해독 혹은 해우

'ASMR Autonomous Sensory Meridian Response'을 한글로 직역하면 '자율감각 쾌락반응'이다. 한글로 풀어도 쉽게 이해되지 않는 이 용어는 반복적이고 단순한 소리나 영상이 담긴 콘텐츠로 정의된다. 바스락거리거나 속삭이는 목소리, 비 오는 소리나 음식을 만들 때 나는 소리. 모두 귀를 기울이고 듣겠다는 의지를 가져야 온전히 들을 수 있는 소리다.

이러한 소리를 들을 때 느끼는 묘한 쾌감이 심리적 안정감을 준다는 사실이 입소문을 타기 시작하자 '불면증 치료' '집중력 향상' '스트레스 감소'와 같은 수식어가 붙은 채 다양한 콘텐츠로 유통되기 시작했다. 그러나 과학적으로 입증된 연구 결과는 아직까지 없다.

ASMR은 어떻게 트렌디한 콘텐츠가 됐을까? 스트레스와 불면증에 시달리는 사람들이 전 세계적으로 늘어났기 때문인가? 일부 그런 이유가 있겠지만, 콘텐츠의 인기 요인을 전부 설명하지는 못한다.

다양한 소리와 소음으로 가득 찬 도시에서 인간은 사유의 시간을 상실한 채 살아간다. 사유라는 게 삶에 반드시 필요한 요소가 아닐 수도 있다고 생각할 수 있다. 그러나 몸의 찌꺼기를 거르기 위해 해독주스가 필요한 과잉의 시대에 감정의 찌꺼기를 거르는 장치는 많지 않다. ASMR과 같은 콘텐츠에 대한 요구가 그런 원인 때문은 아닐까 생각한다.

인간은 생각을 하며 정리해야 앞으로 나아갈 수 있는 동물이다. 생각은 요란하다. 뜨거운 여름밤의 들뜬 감정으로는 해결되지 않는다. 깊고 오래된 생각은 묵은 감정을 해소하고 정리하는 데 큰 도움이 된다. 섬세하고 예민한 감정을 다루는 과정이다. 이 과정의 시간은 결코 소란스러울 수 없다. 열정적이 되어서도 뜨거워져서도 안 된다.

찬비는 밤새워 강으로 흘러 오나라로 들어가네. 밝은 날 찾아온 벗을 보내니 초나라 산들이 외롭네. 낙양의 친한 벗들이 안부를 묻거든 한 조각 얼음 같은 맑은 마음 옥항아리에 있다 하오.

— 당나라 시인 왕창령의 〈부용루에서 신점을 보내며〉

동아시아의 예술은 맑고 차고 고요한 세상을 추구한다. 고요함은 세상의 소란스러움을 몰아내고, 아득하지만 맑은 차원으로 들어가게 해준다. 세상은 화려하고 요란하며 힘의 논리에 의해 쉽고 빠르게 어느 한쪽으로 치우치기를 반복한다. 윤택함은 번들거림에 가깝고, 화려함에도 공허하다. 스스로 해결하지 못한 자아를 찾기 위해 제공된 매체들은 정보도, 이미지도, 인문학도 모두 넘치게 쏟아낸다. 결국 체증만 남는다.

고요 속에
비우고 덜어내다

　　　　　　　　　고요함은 차가움과 닿아 있다. 쩽하게 추운 겨울 밤하늘처럼 결코 뜨겁지도 요란하지도 않다. 겨울밤 아래 고요함은 죽은 듯한 정적이나 공허함이 아니라 생명의 다양한 변화와 조화를 엿볼 기회를 제공한다. 다시 말해 고요하고 적막한 밤, 그리고 겨울밤의 풍경은 아무 소리도 없는 것이 아니라 자연의 소리만이 존재하는 공간이다. 가는 바람에 작은 나뭇잎이 스슥 부딪히는 움직임은 정적인 곳에서만 볼 수 있다. 몇 고개 넘어 우는지 알 수는 없지만 분명히 지금, 울고 있는 부엉이의 부엉부엉 목소리다. 정적인 시간과 동적인 것을 조화로 이끄는 배경은 그런 밤의 그런 온도일 것이다.

　고요함을 더하는 또 하나의 풍경은 달이다. 달은 결코 요란하거나 시끄럽지 않다. 조용하다 못해 적막한, 작은 숨소리마저도 크게 들릴 것 같은 밤이 되어야 만날 수 있다. 천둥, 번개가 치는 밤에는 그 달을 만날 수 없다. 그러한 달에는 마음의 소리를 집중해 들을 수 있는 좋은 시간적 공간의 의미가 부여된다. 가만히 달을 바라보다 감정이입이 이루어지는 순간 달빛이 나의 감성으로 물들어버리기도 하고, 자연현상에 의해 조금 다르게 비쳐지는 달의 색삼이 오히려 나의 마음에 물들 수도 있는 일이다

　소리 없는 세상은 없다. 세상은 각기 생존을 위해 온 힘을 쏟아낸다. 사

람의 생각도 철학도 예술도 매한가지다. 소통을 위해 웅변을 하고, 보는 이의 마음을 움직이기 위해 감탄을 강요한다. 소리가 없는 문자와 이미지조차 요란하다. 그러나 마음을 움직이는 일이 그리 녹록한 일은 아니다. 고요함은 청각에, 텅 빔은 시각에 작용한다. 청각의 고요함은 시각의 텅 빔을 일으키고, 시각의 텅 빔은 청각에 고요함을 더해준다.

비워진다는 건 저절로 이루어지는 일이 아니다. 그런데 이상한 일이 아닌가. 인간과 자연은 원래 없음에서 시작되고 없음으로 돌아간다고 배웠다. 그러나 현실의 우리는 항상 무언가로 가득 차 있다. 그래서 비우고 덜어내는 데 노력이 따른다. 사사로운 개념과 욕망이 사라진 차가운 생각은 스스로 그러한 자연처럼 본래의 면모를 보이고 이치가 자연스러워 보는 이를 힘들게 하지 않는다.

공허. 마음이 비워지고 생각이 덜어지는 새벽에 얻어진 단어를 이 글의 제목으로 삼았다.

소멸, 그후

박복剝復

　우리는 드러나 있는 것, 지금까지 봐온 것에 매우 익숙하며 그것은 오랫동안 획일화된 학습에 의한 결과일 경우가 많다. 물론 사회는 일정한 규칙을 지니고 유지되어야 하므로 인류가 함께 살아가는 데 있어 이러한 획일적 학습은 분명 필요한 역할이다. 하지만 자연스럽게 사유가 발전하고 공력이 쌓이면서 인간은 "왜?"라는 질문과 함께 지금까지 '봐온 것'을 부정하면서 보다 더 근원적인 것에 관심을 갖게 된다. 그러한 것들이 뫼비우스의 띠처럼 이어져 모든 학문과 이성, 지식과 문화는 변화와 발전을 거듭한다.

　새로운 개념과 명제는 시대마다 등장한다. 지금 세계는 동아시아 철학에 대한 고찰에 열심이다. 논리와 이성을 중시하고 단계적이며 합리적인 유럽 중심의 철학과 미학은 그들의 체계에서 다루기 힘들었던 감정과 감성, 미묘한 경계와 순환적 사유의 해답을 동아시아 철학과 미학에서 찾으려 한다.

그러나 안타깝게도 정작 우리는 '동아시아'라는 단어에 대해 어색함과 낯섦, 낡은 철학이라는 선입견을 가지고 있는 듯하다. 동아시아 철학이라고 하면 대부분 "공자 왈, 맹자 왈"을 먼저 떠올리고, 동아시아 미학이라고 하면 "동양에도 미학이 있나?"라고 되묻는다.

흐르고 순환하는 동아시아적 사고

동아시아 미학은 유럽 미학과 마찬가지로 아주 오래된 철학을 모태로 하며 문학과 음악, 미술에서 읽히는 창작자의 사유체계와 창작물에 대한 문자식 해석이다. 기본적으로 동아시아적 생각 체계는 경계 지어지지 않은 순환적 사고의 구조를 갖고 있다. 말로는 다 표현할 수 없고, 이것과 저것 사이의 미묘함, 있기도 하지만 없기도 한 그런 것들이다.

이러한 종류의 생각을 멀리 치워버리지 않고 끊임없이 고민하며 사고하고, 철학적 단어와 사전적 의미를 부여하는 것이 동아시아적 사고방식이다. 이렇게 탄생된 철학 속 미학이라면 해석 불가했거나 무언가 석연치 않았던 설명으로 찜찜했던 예술 작품의 분석과 예술가의 생각 속 오역을 줄여주는 훌륭한 장치가 되어 주지 않겠는가. 말로는 다할 수 없거나 굳이 까밝힐 마음이 없어 오늘의 시각예술 작가들은 그림이나 사진, 조각으로 이야기를 하고자 하는지도 모른다.

내 직업은 그들의 조형이라는 언어를 문자언어로 번역하고 해석하는 일이다. 대상과 창작자의 생각, 캔버스 위나 돌덩이까지 미친 행위, 행위에 속한 노동. 나는 그 사이사이의 행간을 발견하고 그들의 속내를 미루어 짐작한다. 선험적 징후들과 차이와 사이의 개념들, 아직 조어되지 못한 감정과 이념이 오늘의 시각예술 작품 속에는 차고 넘친다. 창작자의 태도는 앞에서 말한 동아시아 사유와 맞닿아 있고, 그것은 흐르고 순환하는 사고에서 기인한다.

시간은 흐르고 멈추기를 반복한다. 흐르는 시간과 멈춘 시간 사이에는 '스스로 그러한' 자연처럼 자유로운 공간이 생겨난다. 공간은 영원하다. 인간과 다른 종의 생명이 태어나고 사라지기를 반복할 뿐이다. 지구는 늘 존재했다. 인간의 예술은 영원한 안료로 시작된다. 흙은 무한한 유연성을 가진 소재로 간주된 추상적인 질료다. 가시광선을 통해 획득된 색감은 실제 존재하지 않지만 사라지지도 않는다. 선과 공간(혹은 여백), 들숨과 날숨이 보이는 동아시아의 조형예술에는 끝없는 경계와 제안이 공존한다.

주역에서는 가면 반드시 돌아오는 것이

천지의 법칙이라고 말한다.

無往不復, 天地際也.

　오 헨리의 단편소설 《마지막 잎새》에 등장하는 마지막 나뭇잎은 삶의 끝을 상징한다. 그 끝을 어떻게든 붙잡아 소녀를 살리고자 하는 주인공은 담벼락에 거짓 나뭇잎을 그려 넣어서라도 생존을 지켜야 했다.

눈앞의 당장은 소멸인데, 다음은 생성이다

　　　　　　　　　　주역의 64괘 중 23번째의 박剝괘는 떨어지다落, 다하다盡, 소멸하다消의 뜻을 가진 상징이다. 박괘의 모양은 맨 아래부터 5개까지(초효~5효) 모두 음의 기호를 가지고 있고, 맨 위만 양의 기호다. 괘의 순환 모양으로 보면 맨 위에 있는 양의 기운이 바닥으로 떨어지게 되는 게 순서다. 소멸하려는 위기의 상황을 상징한다. 마지막 잎새인 셈이다. 그렇다면 그다음 순서의 괘는 무한이거나 영멸쯤 되어야 그럴싸해 보인다. 그러나 24번째 괘의 이름은 놀랍게도 다시 복괘라고 부른다. 복復은 '돌아온다'는 뜻이다. 원래 자리로, 본래 상태로 회복됨을 의미한다.

　복괘는 박괘와 반대로 맨 처음 모양만 양효이고, 나머지 다섯 모양은 모두 음의 상징이다. 박괘 맨 위의 기운이 맨 아래의 처음 모양으로 복귀해 이루어진 괘다. 이것은 '위에서 극에 달하면 아래로 돌아와 다시 생한다'라는 역리易理에 근거한 것으로, 나무 열매 속에 들어 있던 씨앗이 땅에 떨어져 새로운 생명이 싹트는 상황으로 비유될 수 있다.

눈앞의 당장은 소멸인데 다음은 생성이다. 빈 곳에서 가득 찬 것을 보고, 오래된 것의 가치를 알며, 고요한 가운데서 진리를 찾는, 분리되지 않는 사고의 현장이다. 그런 동아시아의 사유를 담은 예술작품은 작가가 손으로만 만든 창작이 아니라 몸과 호흡, 사고가 함께 이루어낸 결과다. 고요하게 바라보고, 깊고 큰 숨을 삼킨 작가는 손을 들어 내리긋고, 멈추었다 휘젓는다. 몇 가지 동작으로 화면은 산이 되고 공기의 흐름이 되며 우주가 된다.

차가운 겨울밤의 냉월冷月 같은 고요함과 청명함으로 작가의 숨은 조용히 골라졌을 것이다. 여기서 손끝이 닿지 않는 공간은 단순히 비워진 곳이 아닌 여백이다. 기분 좋은 화면의 긴장감이고, 깊은 사유를 품을 수 있는 공간이다. 채움의 시간과 공간에서 비움의 시간과 공간을 열었을 때 새로운 가능성과 생명이 움튼다. 보이지 않는 무형의 아름다움을 실존 가능케 한다.

동아시아의 예술은 종종 추상으로도 읽히고 무형의 무엇으로도 번역된다. 그러나 반대로 실물의 무엇으로도 보인다. 윤곽선은 실존하지 않는 사회적 인간의 약속이다. 실제 모든 사물에는 윤곽선이 존재하지 않는다. 그렇기에 추상과 구상에는 사실 경계가 없고, 보이는 모든 색은 망막의 착각일지도 모른다. 있는 그대로를 넘어선 창조성은 경계가 없고 분리기 없다. 빅패와 복패의 순환처럼 구분 짓지 않는 사이 우리는 생각보다 많은 이론과 정의를 끌어왔고, 그게 사회를 유지하는 질서체계로 부족하지 않았다.

마지막 잎새가 지고 나면 영원히 사라지는 직선적 사고가 아니라 마지막 잎새가 져야만 새로운 싹이 움트는 동아시아의 대순환적 사고는 오늘의 내가 좀 더 풍성할 수 있는 빌미를 마련해준다. 그래서 충분하다. 나의 존재는 유한한 잎새지만, 내 존재의 흔적은 다시 무언가로 순환하며 이 자연을 채워줄 것이기 때문에.

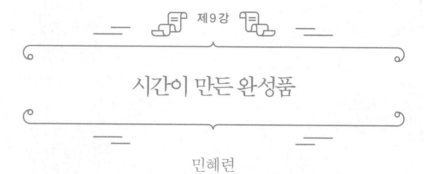

시간이 만든 완성품

민혜련

'르네상스적인 인간'을 인생의 모토로 삼고 살아가는 파리 문화 예술 전문가. 프랑스 캉 대학에서 불문학 박사 수료, 서경대 와인 발효 공정 공학 전공으로 공학박사를 마쳤다. 호기심과 열정이 가득해 번역과 글쓰기, 강의는 물론 레스토랑 '작은 프랑스' 등을 운영했다. 현재 기획사 엘리욘느 대표를 맡고 있다.

저서로 《게스트하우스 France》《일생에 한 번은 파리를 만나라》《장인을 생각한다 이탈리아》《민혜련의 파리 예술 기행》《관능의 맛, 파리》《르네상스: 빛과 꽃의 세기》《와인 양조학(공저)》 등이 있으며, 번역서로 《와인디바의 와인이야기》, 장 그르니에 전집 중 《겨울 계단》 등이 있다.

스토리텔링과 장인 정신으로 명품이 탄생하다

시대를 불문하고 귀한 물건은 늘 있었다. 그러나 지금 머리에 떠오르는 바로 그 '명품'과는 다르다. 과거에는 재료의 가치나 장인의 명성에 따라 귀한 대접을 받았지만, 현대의 명품은 기업이 내세운 브랜드 이미지에 의지한다. 비닐 가방이라도 유명 브랜드의 로고를 새기면 원재료의 값어치를 뛰어넘는 무형의 가치를 얻게 된다. 상품 자체의 값어치보다 교묘하게 기획되어 만들어진 평가가 중요하다는 말이다. 예술품이나 돈도 마찬가지다. 예술품에는 자체 재료나 장인 정신보다 마케팅을 통한 작가 이미지가 더 많이 투영되며, 돈 역시 '신용'이라는 눈에 보이지 않는 가치로 교환된다.

현대사회에서 명품은 물건 자체가 아니라 예술적인 스토리텔링, 역사, 욕망 등이 조합된 신기루다. 신기루는 다가서면 멀어진다. 하지만 인간은 끊임없이 신기루를 좇는다. 기업은 무엇인가를 소유하고 나면 또 다른 갈망이 생기는 게 인간의 본성임을 너무도 잘 알고 있다. 그래서 끊임없이 신기루를 만들어낸다. 이 신기루의 핵심이 바로 '장인 정신'이다. 중국에서 외주로 생산했을지라도 브랜드 스토리에는 반드시 장인의 스토리가 들어 있어야 한다. 그래야 오랜 역사와 품격이 느껴지기 때문이다. 현대 명품에 주인공 역할을 하는 장인은 누구이며, 명품은 언제부터 생긴 것일까?

새로운 신분,
새로운 도시

봉건제도의 장원莊園은 농경사회였고 폐쇄적인 자급자족 사회였다. 폐쇄적인 사회에서는 인권이 유린되기 쉽다. 힘없는 농업 노동자들은 외부 침입자로부터 보호해준다는 명분을 내세운 지배계층에게 착취를 당하게 마련이다. 게다가 별다른 오락거리가 없던 중세 장원은 어둡고 쓸쓸한 풍경이었을 것이다. 수렵 사회가 아닌 이상 자급자족만으로는 생계를 이어나가기도 힘들었다. 소금, 후추, 계피 같은 향신료나 비단, 사향, 금, 은 등은 교역을 통하지 않고는 구하기 어려운 품목이었다.

소규모 교역이라도 이루어지던 이탈리아 해변의 아말피, 피사, 제노바, 베네치아 등의 항구는 삼림으로 둘러싸인 내륙 농촌과 달리 자유롭고 활기가 넘쳤다. 인간이 모여들자 당연히 먹거리가 풍족해지고 숙박시설, 생필품 판매점, 환락가 등이 조성되면서 상업이 번성했다. 작은 장터에 불과했던 교역 도시 주변에 사람들이 모여들기 시작했다. 다양한 인간 군상이 모여들자 도시는 중세 농촌과 확연히 다른 별천지로 바뀌었다. 상인들이 전하는 도시 이야기는 농촌 사람들을 꿈꾸게 만들었다. 화려한 꿈의 도시를 찾아오는 사람들로 인구가 늘기 시작했다. 장원에서 도망친 농노들, 범죄자들, 향락을 좇는 귀족들도 섞여 있었다. 갖은 인간 군상 가운데 특히 돋보이는 사람들이 있었으니 상업 활동의 최정상에 있는 계층, 돈 위의 돈, 자본을 좌지우지하는 '대상大商'들이었다.

초창기 도시가 생길 때는 상인 그룹의 힘이 약해 땅의 소유자인 영주에게 제압당하곤 했다. 하지만 시간이 지나자 '길드'라는 일종의 협동조합을 중심으로 체계화·조직화해 차츰 영주나 교회와 협상할 수 있게 됐다. 자신들의 생산물로만 백 퍼센트 충족할 수 없었던 중세의 장원은 생필품에 취약했기 때문이다. 특히 이슬람을 통해 들어오는 동양의 값비싼 향신료나 도자기 등은 도시의 상인들이 아니면 구할 수 없는 물품들이었다. 따라서 상인 조합의 위력은 점차 커져 갔다. 결국 영주들은 상인들의 권리를 인정하게 되었고, 11~12세기 말에는 이미 상당한 자치권을 가진 도시국가들이 성장할 수 있었다.

이즈음 독립된 정치·경제 단위로서 도시가 발달하고, 봉건제도에 예속되지 않은 자유민이 출현했다. 이들은 농업에 종사하지도 않았고, 영주에게 소속되어 조공을 바치는 계약관계도 없었다. 상인들은 새로운 신분으로 새로운 생활양식을 누리게 되었다. 또 봉건적인 장원과도 멀리 떨어져 어느 정도 독립된 사법과 행정체계를 갖추게 되었다. 상인들은 점차 자치적으로 통치할 수 있는 공화국을 꿈꾸기 시작했다. 이를 위해 영주에게서 자신들이 상업활동을 하는 데 필요한 땅을 매입해 길드를 중심으로 도시국가 시스템을 만들고 자치적인 통치를 시작했다.

르네상스,
판도라의 상자

도시 공화국을 꿈꾸던 대상 계층은 시민들에게 통치자로서의 권위를 내세울 수 있는 상징물이 필요했다. 유력 가문들은 경쟁적으로 도시 미관을 꾸미는 일에 나섰고, 예술가를 후원하기 시작했다. 가장 독보적인 곳이 피렌체였다. 순수한 상인들만으로 이루어진 도시국가였기 때문이다. 레오나르도 다빈치나 미켈란젤로, 라파엘로 등이 모여 활동했던 게 우연은 아니다.

자본가들은 솜씨 좋은 장인들을 후원하고, 인재를 키우기 위해 아카데미를 운영하기도 했다. 특히 소규모 상인으로 출발해 귀족 가문이라는 뿌리 없이 권력의 정점에 오른 메디치 가문은 세력의 기반을 굳히고 가문의 이미지를 부각하기 위해 공공건물을 장식하고 기증하는 데 열심이었다. 또 당대의 유명 화가들을 초빙해 성경의 일화나 역사적 사건에 가족의 얼굴을 그려 넣는 등 후광 만들기에 힘썼다. 이렇게 피렌체는 르네상스가 찬란하게 꽃핀 예술의 도시로 거듭났다.

땅이 부와 권력을 대변하던 중세 장원에서는 귀족이 사는 성이 멀고 높은 곳에 위치해 있고, 성에서 아랫마을을 굽어보고 있는 모습이었다. 누가 주인인지 모두가 알고 있었으며, 100미터 전방에서도 차림새가 눈에 띄었다. 마차는 번쩍거렸다. 의식주 등 기본 생활양식부터 평민과는 달랐기 때문이다.

도시는 어땠을까. 다양한 인간 군상이 모여든 도시에서는 누가 더 잘난 사람인지 쉽게 알 수 없었다. 이동이 많은 상업의 특성상 한 마을에서 오랜 시간 교제하며 서로를 알아가는 농업시대의 인간관계는 찾기 어려웠다. 따라서 자신을 과시하고 싶어지게 마련이다. 좀 더 나은 집, 좀 더 멋진 물건, 좀 더 화려한 의상과 보석 등으로 외관을 치장하고 싶어 하는 욕망이 꿈틀대기 시작했다. 남과 달라 보이기 위해 더 귀한 물건, 더 섬세한 물건들로 포장하려는 도시민들이 넘쳐났다. 이로 인해 과거 수공업자라고 천대받던 장인들의 인기가 치솟기 시작했다. 상업도시의 형성과 함께 '명품'이 탄생한 것이다.

학자들이 초기 르네상스라 정의한 14세기 초반까지도 예술가들은 대부분 기술자 중에서 고급 소재를 조금 다루는 기능공 정도로 여겨졌다. 아직 유화가 발명되지 않아 벽에 그림을 그리던 시절에 화가는 벽을 장식하는 페인트공이었고, 조각가는 돌을 다루는 석공일 뿐이었다. 재단사나 대장장이, 이발사 등과 다르지 않았다. 당연히 하찮은 집안의 자제들이 화가나 조각가가 되는 일이 많았다. 귀족 출신이 팔 아프게 그림을 그리거나 돌을 쪼아 조각하는 일에 종사한다는 건 수치스러운 일로 여겼다. 르네상스가 한창 꽃핀 15세기 초가 되어도 사회적 인식은 크게 변하지 않았다. 몰락했을망정 귀족 집안 출신이었던 미켈란젤로가 화가가 되겠다고 선언하자 그의 아버지는 노발대발했다고 한다. 법관이나 성직자가 되지 않고 그림쟁이가 되겠다고 했으니 말이다.

중세부터 르네상스 초기까지 예술가들은 문맹인 민중에게 성경의 가르침을 전하는 역할을 했다. 교회 내부의 벽화나 조각에 성경의 내용을 담아낸 것이다. 하지만 시간이 지나면서 예술이 점점 서민과 단절되어 갔다. 르네상스가 무르익어가며 예술은 작품을 주문한 후원자들, 즉 귀족이나 성직자로 이루어진 소수의 계층만을 위해 존재하게 된다.

안목 높고 까다로운 상류층을 상대하기 위해 예술가들은 자신을 갈고 닦으며 끊임없이 경쟁해야 했다. 돋보이려면 경쟁해서 치열하게 살아남아야 한다는 강박에 사로잡혀 있었다. 무모한 도전으로 아무도 해내지 못한 작업을 시도하려 했다. 이러한 경쟁 덕분에 중세에 억눌려 있던 개인의 능력은 커지고, 시너지 효과를 일으켜 수많은 분야에서 천재들이 탄생했다. 르네상스는 바야흐로 천재들이 넘쳐난 시대였다. 그 중심에 있던 피렌체에는 마치 고대 그리스 번영기가 다시 온 듯 인류 역사를 빛낸 위대한 인물들이 동시대에 활보했다. 천 년이라는 세월 동안 교회 권위에 눌려 있던 인간의 재능이 판도라의 상자가 열리며 한꺼번에 튀어나온 것 같았다.

이중 자타가 공인하는 경지에 오른 기술자를 '장인Maestro'이라 불렀다.

장인들은 독립된 공방을 운영할 수 있었다. 이 시절에도 명망 있는 예술가에게는 제자들이 많이 몰려들었고, 반대의 경우에는 지망생을 모으기 위해 안간힘을 쓰기도 했다. 공방 시스템은 엄격한 상하관계로 장인 아래 직인이 있고, 가장 아래에는 수습생들이 있어 공방에서 먹고 자고 허드렛일을 하며 기술을 연마했다. 7년의 수습 기간이 끝나야 간신히 직인이 되고, 그제야 급여를 받으며 기술을 배울 수 있게 된다. 이후에도 몇 년간 스승을 따라다니며 현장에서 실력을 연마한다. 이런 과정을 거쳐야 장인이 되는 콩쿠르에 응시할 자격을 얻게 된다. 길드에 자신의 능력을 보여주는 작품을 제출해 심사를 받는 것이다. 이때 완성해 제출하는 작품을 '명품Masterpiece'이라고 불렀다. 그림이든 조각이든 금속 공예든 거의 같은 절차를 밟아 장인이 되었다. 예술과 명품은 같은 어머니에서 태어난 형제인 것이다.

그 남자가 누구인지 알고 싶다면

말과 자동차

20세기 들어 여성의 지위가 향상되기 전까지 인류 문명은 남성 중심으로 발달했다. 수렵시대부터 남성은 사냥과 전쟁을 하기 위해 무기를 들고 직접 싸웠다. 그래서 누구보다 강하고 누구보다 빨리 달리고자 애썼다. 19세기 초반 과학혁명의 결실로 증기기관이 발명되기 전까지 인간에게 가장 빠른 운송 수단은 말이었다. 그 시대에는 빨리 달릴 수 있는 말, 명마가 남성의 부와 권력의 상징이었다.

살아 있는 명품, 소유물이 아닌 동지로서의 말

우리나라도 예외는 아니었다. 제일 잘 알려져 있고 애석한 이야기가 신라시대 김유신 장군의 명마다. 화랑이던 젊은 날, 김유신에게는 멋진 명마가 있었다. 그런데 젊은 혈기에 천관이라는 기생에게 푹 빠져 지낸 것이 탈이었다.

어머니 만명萬明 부인은 "장차 큰일을 할 사람이 천박한 기생에게 빠져 헤어나질 못하니 이 얼마나 어리석은 일이냐!"라며 엄하게 질책했다. 정신이 번쩍 든 김유신은 다시는 천관의 집에 발을 들이지 않겠다고 결심한다.

그러던 어느 날 유신이 친구들과 술을 거나하게 마시고 명마를 탄 채 졸음운전을 하며 귀가하고 있었다. 문제는 말이 너무 영리해 술에 취한 유신을 태우고는 자동으로 천관의 집으로 향한 것이다. 눈을 뜬 유신은 깜짝 놀랐다. 자신의 의지는 아니었지만 어쨌든 다시는 천관의 집에 가지 않겠다는 맹세를 깨고 만 것이다. 결단력 있던 그는 그 자리에서 자신의 명마를 단칼에 죽이고는 뒤도 돌아보지 않고 천관의 집을 떠났다고 한다.

그 후 유신은 김춘추의 딸과 결혼했고, 천관은 사랑을 잊지 못해 자결했다. 김유신은 아끼던 명마의 목을 베고 천관이 목숨을 끊은 그녀의 집터에 '천관사'라는 절을 지었다.

신라의 마지막 왕자인 마의태자가 타던 '용마'도 멋진 명마였다고 전해진다. 비운의 마의태자는 용마와 함께 산속으로 들어가 최후를 맞이했다고 하는데, 남은 사료가 별로 없어 지나가는 바람 소리 같을 뿐이다.

《삼국지》에는 4대 명마가 나온다. 그중 '적토마'가 가장 유명한데, 한 고을의 성과도 맞바꿀 수 없을 정도로 귀했다고 전해진다. 키가 180미터나 되고 붉은 빛이 도는 털에 토끼처럼 빠른 속도를 자랑한다 해서 적토마인데, 하루에 천 리를 달렸다는 믿지 못할 이야기가 전해진다. '천리마'라는 말이 여기에서 유래한 듯하다.

적토마는 원래 동탁의 애마였는데, 동탁은 여포를 휘하에 거느리기 위해 여포에게 이 말을 선사했다. 적토마에 매료된 여포는 곧 동탁의 양아들이 되었다. 여포가 적토마를 타고 창을 휘두르면 유비, 장비, 관우 삼형제와 겨루어도 밀리지 않았다고 한다. 여포가 죽은 후에 적토마는 조조의 소유가 되었고, 조조는 다시 유능한 인재를 들이고자 관우에게 이 말을 선사했다. 하지만 관우는 적토마를 받아 올라타고서는 도망쳐버린다. 훗날 관우가 마충에게 잡혀 즉결 처형되자 적토마는 주인인 관우를 그리워하며 슬피 울다가 굶어 죽었다고 한다.

이외에도 조자룡이 전리품으로 획득해 주군인 유비에게 바친 '적로마', 너무 빨라 그림자가 저 멀리 뒤따라 왔다던 조조의 '절영마', 번개처럼 빨랐던 '조황비전' 등 중국에는 무협지에나 나올 법한 명마들의 전설이 장황하게 전해진다.

서양의 명마 중 가장 유명한 말은 알렉산더 대왕의 명마 '부케팔루스'다. 알렉산더의 아버지인 필리포스 2세가 마케도니아를 통치하던 때에 이웃 나라의 상인이 명마를 소개한다며 궁전에 들렀다. 한눈에 보기에도 온몸에 윤기가 흐르는 명마 중의 명마였다. 하지만 어찌나 펄펄 날뛰는지 아무도 다룰 수가 없었다. 마케도니아의 내로라하는 장수들이 모두 도전했지만, 궁중의 조련사는 물론 알렉산더의 스승이자 마케도니아 최고의 장군인 필로티스조차 굴러 떨어지는 굴욕을 당하고 말았다.

이때 이 모습을 관찰하고 있던 열두 살의 알렉산더가 나섰다. 자신이 성공을 못 하면 벌금을 물고, 성공하면 말을 자신이 소유하기로 내기를 걸었다. 어린 왕자의 제안에 모두 눈이 휘둥그레졌다. 필리포스 2세는 걱정이 되었지만 제안을 받아들일 수밖에 없었다. 알렉산더는 말에게 다가가 귀에 뭐라 속삭이며 한참을 쓰다듬었다. 그러고는 등 위에 올라 힘차게 발버둥 치는 말의 방향을 반대로 틀었다. 그러자 마치 원래 주인을 만난 듯 말과 왕자는 혼연일체가 되어 쏜살같이 달리기 시작했다.

나중에 알고 보니, 이 말은 해를 등지고 있어 자신의 그림자에 놀라 펄쩍펄쩍 뛰었던 것이다. 이를 눈치 챈 알렉산더는 말을 안정시키기 위해 속삭이며 쓰다듬고는 그림자의 반대 방향으로 말을 틀어 달린 것이다. 이 말이 바로 알렉산더의 '부케팔루스'로 그가 스무 살에 왕위를 물려받아 이집트와 페르시아, 인도까지 동방대제국을 건설하는 10년 동안 함께하는 동지가 되었다. 하지만 알렉산더는 인도의 코끼리 부대와 만나 사랑하던 명마 부케팔루스를 잃고 만다. 슬픔에 잠긴 알렉산더는 그의 이름을 딴 도시까지 건설했고, 얼마 안 있어 자신도 열병에 걸려 서른셋의 나이에 요절하고 만다.

로마와 같은 대제국을 꿈꾼 나폴레옹의 애마는 '마렝고Marengo'였다. 앞에서 언급한 고대의 명마들은 전설로만 전해져 상상 속에 존재하지만,

마렝고는 나폴레옹의 초상화에도 등장해 더욱 유명해졌다. 아랍이 원산지인 이 말은 키가 작고 아담하며 갈기까지 흰 백마였다. 하지만 모래바람을 뚫고 사막을 달리던 혈통답게 용맹하고 튼튼해서 최대 120킬로미터의 속도로 달렸다고 한다.

키가 작은 나폴레옹은 아담한 말에 탄 자신이 제법 늠름해 보였는지 이를 여러 버전으로 그리게 했다. 그래서 나폴레옹 하면 가장 먼저 떠오르는 게 용맹스럽게 백마를 타고 알프스를 넘는 모습이다. 당시 신고전주의를 대표하던 최고의 화가 자크 루이 다비드의 대표작으로 〈생 베르나르 고원을 넘는 나폴레옹〉이 떠오르는 이유다.

이미지 마케팅에 능했던 나폴레옹은 자신의 모습을 후대에 멋지게 남기고 싶었을 것이다. 실제로 나폴레옹이 마렝고를 타고 진군했는지는 확실하지 않다. 마렝고가 지구력 있는 군마라기보다는 평지에서 속력을 내는 준마였기 때문이다. 물론 나폴레옹이 넘은 고개가 만년설로 뒤덮인 북동부의 험준한 산세는 아니었다. 지중해를 향해 고원이 끝나가는 지대였다. 그럼에도 속력을 자랑하는 준마를 타고 넘기에는 한계가 있었다. 느리지만 묵묵한 일꾼처럼 짐을 지고 산을 오르는 노새를 타고 넘었으리라는 설이 유력하다.

마렝고는 나폴레옹의 마지막 전투인 워털루 전투까지 그와 함께했다. 나폴레옹이 패한 후에는 영국의 소유가 되어 종마로서 38년을 살다가 현재 런던 국립군사박물관에 골격이 소장되어 있다. 나폴레옹의 몰락과 함께 전장을 누비던 명마의 시대도 그렇게 저물어갔다.

'자동차'라는
새로운 장난감

구석기시대에 인간은 두 발에 의지해 속력을 냈고, 신석기시대부터 정착 생활을 하며 가축을 이용해 동력을 얻었다. 점차 도시가 발달하고 장거리 교역을 하면서 인간은 더 빠르고 강력한 동력을 원하게 되었다. 고대부터 중세까지의 농경사회에서는 밀을 빻는 용도 정도로 쓰던 수차가 17세기 과학혁명의 시대를 지나며 수력 터빈이 되었고, 이는 곧 외부에서 발생시킨 열을 기계 에너지로 바꾸어 피스톤을 움직이는 외연기관의 발전을 가져왔다.

하지만 외연기관은 동력이 세지만 석탄을 직접 넣어 열을 공급해야 했으므로 너무 불편했다. 그래서 기관 내부 실린더 안에서 연료를 연소시켜 열을 공급하려는 노력을 지속했다. 19세기에 발명된 내연기관은 지난 1만 년의 인류 역사를 바꾸었다. 게다가 과학혁명과 산업혁명의 시대를 지나며 철을 정제하고 제련하는 기술, 석유를 무한정 퍼 올리는 기술까지 습득하게 되었다. 이 대변혁은 인간의 삶과 사회 자체를 바꾸어 놓았다. 말에 집착하던 남자들에게 '자동차'라는 새 장난감이 생긴 것이다.

르누아르Lenoir는 최초로 내연기관을 사용해 소형 자동차 엔진을 완성했다. 오토Otto는 이를 현대 내연기관의 원조인 피스톤 운동에 응용해 자동차에 적용했다. 자동차에 '오토auto'라는 어미가 붙은 이유다. 진정한 의미에서 최초의 자동차는 1769년 프랑스의 니콜라스 퀴노가 제작했고, 독일의 기계 기술자인 루돌프 디젤은 1897년 최초로 디젤 내연기관을 발명했다. 이제 길거리에서 더 이상 마차를 찾기 어려워졌다.

독일의 고트프리트 다임러는 1883년 가솔린기관을 완성해 1885년 경 운기 비슷한 형태의 소형 화물차를 만들었다. "말 없이 달리는 마차를 만들겠다"고 천명한 독일의 기술자 카를 벤츠는 1885년 세계 최초의 내연기관 자동차를 만들었다. 미국의 기술자 헨리 포드도 이에 질세라 1896년 가솔린 자동차를 만들어 속도를 향한 인간의 욕망을 완성시켰다. 명마에 탐닉했던 시대를 지나 동력으로 움직이는 자동차에 심취하는 시대가 된 것이다.

고성능에 브랜드 가치까지 갖춘 '슈퍼카'는 남자라면 꼭 한번 누려보고 싶어 하는 '꿈의 세계'로 불린다. 이동 수단으로서의 가치가 아니라 예술적 감성으로서 말이다. 손으로 꿈을 이룰 수 없다면 시각적인 만족으로도 즐겁다. 기계가 아름다울 수도 있다는 사실을 슈퍼카를 보면서 확인하는 것이다. 패션으로 치면 세계 정상의 크리에이티브 디렉터들이 온갖 상상력을 담아 완성한 '오트 쿠튀르(Haute couture, 최고급 맞춤복)'의 컬렉션을 보는 것과 같다. 단일 경기로 볼 때 가장 많은 팬을 보유한 스포츠가 자동차 경주라는 사실이 이를 입증한다.

패션, 여성을 완성하다

"거울아, 거울아, 세상에서 누가 제일 예쁘니?"

백설공주의 계모 왕비가 거울에게 던진 질문은 동서고금을 막론하고 여성들의 셀프 우문愚問이다. 할리우드의 미녀 스타 혹은 미인대회 우승자도 거울을 보며 자신의 단점을 발견해낸다니 말이다. 문명 시작 이후 패션 산업이 끊임없이 유행을 창조한 동력도 여성들의 셀프 우문에서 비롯됐을 것이다. 패션의 고급화를 지향하며 등장한 명품은 클레오파트라가 살았던 기원전 1세기에도, 중국의 여걸 측천무후가 권력을 휘둘렀던 7세기에도 존재했다. 하지만 현대적 의미의 명품은 근세 이후 유럽 부르주아계급이 사회의 주역으로 떠오르면서 탄생했다.

패션의 메카가 된
베르사유 궁전

이탈리아가 중심이었던 르네상스시대가 지나고 17세기가 되자 프랑스가 유럽의 주역으로 떠올랐다. 이를 이끈 주인공은 태양왕 루이 14세다. 당시 파리는 이름만 수도일 뿐 길이 좁고 음침했으며 쥐가 들끓는, 그야말로 중세의 암울함으로 가득 찬 도시였다. 지금은 화려한 면모를 자랑하는 박물관 루브르도 당시엔 좁고 우중충한 성에 불과했다. 다섯 살의 나이에 왕위를 계승한 루이 14세는 어린 시절 루브르 성에서 귀족들의 반란(프롱드의 난)까지 겪은 트라우마가 있어 몸서리치게 파리를 싫어했다.

어머니의 오랜 섭정 기간 동안 벼르고 벼르며 기다렸던 루이 14세는 성년이 되어 왕권을 잡자 왕권신수설에 입각한 철권을 휘두른다. 우선 파리에서 수십 킬로미터 떨어진 한적한 베르사유로 거주지를 옮기면서 유럽 최고의 화려한 왕궁을 건축하기로 한다. 당시 베르사유는 선왕이 남긴 작은 사냥용 대피소가 있던 시골 마을로 사방이 울창한 숲으로 둘러싸여 있었다. 루이 14세는 이곳에 물길을 끌어 호수를 만들고 숲을 개간해 성과 정원을 만들었다. 그게 지금의 베르사유 궁전이다. 남성적이고도 괴기스러운 바로크 장식 위에 루이 15세와 16세 시대의 가볍고 아름다운 로코코 장식이 어우러졌다. 프랑스의 화려한 문화는 이렇게 완성되었다.

루이 14세는 신비주의 마케팅을 적극 도입해 왕을 신격화했다. 여기에는 절대왕정을 구축하기 위한 고도의 정치적 계산이 깔려 있었다. 밤낮을 가리지 않고 흥청망청 소비하던 귀족들의 화려한 생활은 소리 없이 소문이 났다. 별다른 오락거리가 없던 시대에 베르사유는 현대판 할리우드와 같았다. 유럽 전역에서 모여든 아름다운 여인과 멋진 남성, 실크로드 건너 중국에서 수입된 옷감으로 만든 드레스와 진귀한 보석, 오페라와 발레, 진귀한 요리가 넘쳐났다. 천국이 있다면 아마 이런 곳이었으리라는 상상을 하게 만들었다.

왕족과 화류계 여성이 뒤섞여 모인 베르사유는 패션의 메카였다. 엘리트 교육을 받은 귀부인들은 경쟁하듯 각자의 저택에서 사교 모임을 주선해 당대의 예술가, 작가, 풍운아들을 끌어들였다. 이런 사교 모임을 '거실'이라는 의미의 '살롱Salon'이라 불렀다. 살롱은 당시 내로라하던 지식인들의 네트워크를 이루는 장소였다. 프랑스의 고급스럽고 풍성한 문화는 모두 이 시대의 사치와 향락에서 탄생했다. 예술, 문학, 음악, 건축, 철학 등 여러 분야에서 유럽 전체가 베르사유를 칭송하고 모방하며 동경했다.

루이 14세의 재상이던 콜베르는 이렇게 말했다. "프랑스에서 패션이란 에스파니아에서 말하는 페루의 금광과 같다." 17세기 스페인이 신대륙에 도달해 발견한 노다지가 프랑스에서는 패션이었다.

이 시대 여성의 아이콘이라면 루이 15세의 애첩 마담 퐁파두르와 루이 16세의 부인이었던 마리 앙투아네트다. 이들은 유럽 전 귀족들의 스타였고 워너비였다. 오스트리아의 공주였던 마리 앙투아네트와 달리 퐁파두르 부인은 천한 평민 출신인데다 유부녀였다. 하지만 루이 15세의 마음을 사로잡아 이혼 후 왕의 후궁이 됐다. 그리고 뛰어난 지략으로 유리 천장이라는 신분의 벽을 깨고 정치까지 쥐락펴락했다. 프랑스 역사에 이름을 남긴 팜므파탈의 전형으로 평가받는 인물이다. 이런 여인들이 베르사유에서 소비한 드레스나 보석, 헤어스타일은 시대의 트렌드가 되어 전 유럽으로 퍼져나갔다.

프랑스 최초의 오트 쿠튀르 디자이너는 로즈 베르탱이다. 그는 옷가게 견습생으로 일하다 1770년 파리 포부르 생토노레에 의상실 '르 그랑 몽골Le Grand Mogol'을 열었다. 프랑스대혁명이 일어나기 전, 루이 16세 시절이었다.

수공업자 대부분이 남성이던 때 여성이 의상실을 열었다는 것 자체만으로도 담대한 시도였다. 마리 앙투아네트의 눈에 든 그녀는 궁중의상 제작자로 이름을 날렸고, '패션 장관'이라 불리며 총애를 받았다. 그녀는 짧은 망토, 여성용 외투, 주름 잡힌 베일 등 세련미 넘치는 옷을 쏟아냈다. 그의 옷으로 멋을 낸 여인들은 한껏 올려 깃털로 장식한 헤어스타일과 화려한 모자를 곁들였다. 프랑스의 패션은 다양성과 창의력을 뽐내기 시작했다.

길거리로 나온 패션,
부르주아의 시선을 사로잡다

프랑스 귀족들이 누렸던 당대의 사치가 그들만
의 유희로 끝났다면 오늘날의 명품 대국 프랑스는 없었을 것이다. 프랑
스대혁명을 겪으면서 귀족 문화가 민중 속으로 스며들어 문화의 평준화
가 이루어졌고, 전 국민의 문화 수준이 높아지게 되었다. 프랑스 문화의
폭발력은 여기서 시작됐다.

프랑스대혁명이 일어나고 왕족이나 귀족이 처형되거나 외국으로 망명
을 떠나자 궁중에서 일하던 요리사, 재봉사, 구두장이 등 수많은 전문 인
력들은 졸지에 실업자가 되었다. 배운 것이 도둑질이라고 먹고살기 위해
이들은 파리 곳곳에 상점을 열었다. 귀족의 전유물이었던 상류층의 생활
양식이 길거리로 나온 것이다. 파리의 유명한 상점은 곧 유럽 각 나라 부
자와 귀족들이 드나드는 명소가 되었다. 이어서 떠오른 거대 시장, 미국
의 부자들 역시 파리로 몰려들었다. 귀족의 삶을 콘텐츠화해 팔기 시작
하면서 파리는 패션의 도시로 자리 잡아갔다.

패션의 도시 파리가 탄생한 배경에는 프랑스의 산업적 특성도 한몫했
다. 19세기 산업혁명의 발원지였던 영국과 달리 농업국가로서 안정된 경
제적 기반을 갖춘 프랑스는 산업혁명에서 살짝 비껴나 있었다. 영국이
방직 기술을 봉쇄하고, 프랑스가 영국과의 경쟁을 꺼린 것도 원인 중 하
나였다.

프랑스는 블루오션을 찾아 실크, 망사, 레이스 등 특수원단 제작에 주력했다. 고가의 고급 의상을 공략하고, 여기에 문화적 배경이 맞물려 히트를 친 것이다. 나폴레옹시대인 1800년 중반 파리는 2천400여 개의 의상실이 들어찬 세계 패션의 메카였다. 유명한 가게는 고객도 골라가며 받았다. 시골뜨기나 개인 마차가 없는 사람에게는 아예 옷을 팔지도 않는 텃세를 부렸다. 파리는 이렇게 전 세계 빛의 도시로 떠올랐다. 미국이 독립하고 점차 부르주아 계층 중심의 거대 시장을 확장시키자 파리는 패션으로 더욱 유명세를 치르기 시작했다.

에르메스, 루이뷔통, 구찌 등 1세대 명품 장인들은 가죽 마구나 여행박스 등을 만들었다. 산업혁명 이전에는 말이 주요한 운송수단이었고, 대항해시대 이후 범선으로 신대륙을 오가면서 여행박스의 수요가 늘어났기 때문이다.

그러다 시대가 바뀌어 말 대신 자동차가 대세로 자리 잡자 장인들은 자동차에 어울릴 만한 핸드백이나 지갑 등의 아이디어 품목을 만들기 시작했다. 여기에 장인 자신의 이름을 붙여 전설의 브랜드로 살아남은 것이다. 샤넬, 발렌시아가, 랑방, 디오르, 이브 생 로랑, 피에르 가르뎅, 웅가로, 쿠레주, 그리고 20세기 후반에 등장한 장폴 고티에, 티에리 뮈글러, 크리스티앙 라크루아 등 20세기의 파리는 기라성 같은 디자이너들로 빛나던 시대였다.

샤넬은 막 산업혁명을 겪고 난 신여성들에게 새로운 세계를 제시하며 상류 사회의 총아로 떠올랐다. 그녀가 여성들에게 준 선물은 단순한 명품이 아니라 '자유'라는 이데올로기였다. 그동안 여성의 몸을 꽁꽁 묶어 놓았던 길고 치렁치렁한 드레스와 코르셋을 벗어던지고, 남성의 전유물 이던 원단으로 여성 슈트를 만들었다. 샤넬라인의 매끄럽고 편안한 스커 트로 여성의 다리를 해방시켰다. 손에 들고 다니던 핸드백을 어깨에 멜 수 있게 디자인해 여성의 손에도 자유를 주었다.

인간의 욕망을 파고드는
현대의 명품 마케팅

새로운 자본주의의 나라 미국 시장이 떠오르며 유럽의 명품들은 과시를 위한 필수품이 되었다. 신생국 미국에서 겉모습 과 허세가 가치 판단의 척도가 되는 것은 당연했다. 유럽의 이민자들이 건너가 정착하면서 태생의 신분을 가늠하기 어렵다 보니 차림새 외에는 판가름할 정보가 마땅치 않았다.

영화 〈위대한 개츠비〉에는 20세기 초 미국 사회의 분위기가 잘 그려져 있다. 가난을 딛고 일어서 갑부가 된 개츠비가 신분 차이로 얻지 못한 옛 연인과 재회한다. 그녀 앞에 수백 개의 영국산 셔츠를 던지며 자신의 부 를 과시하는 장면이 대표적이다. 그 시대 런던의 장인이 한 땀 한 땀 손 으로 만든 드레스 셔츠는 지금 가치로 환산하면 자동차 한 대 값어치였 다고 한다. 개츠비가 자신의 집 2층 발코니에서 그녀를 향해 명품 셔츠 들을 꽃잎처럼 날리자 그녀는 감동에 벅차 눈물을 흘린다. 루이비통이나

에르메스가 시리즈별로 하늘에서 떨어진다고 상상해보라. 값어치를 아는 어떤 여성이 감동하지 않겠는가. 이후의 판단은 개인적 철학에 따를지언정 말이다.

르네상스와 산업혁명을 거치며 시작된 자본주의는 두 번의 세계대전을 거치며 20세기 내내 진화했다. 자본이 정치권력과 힘을 합치고, 주식시장이라는 또 하나의 신기루가 지구를 장악한다. 모든 것이 시장 원리라는 무한 경쟁의 신자유주의시대를 알리며 지구 위 1퍼센트의 인류가 전 세계의 부를 독식하기 시작한 것이다.

이는 명품 산업에도 예외가 아니어서 손으로 물건을 만드는 가내수공업의 단계를 벗어나지 못했던 명품 의상실이나 잡화점들은 대기업에 인수·합병되기 시작했다. 장인들은 사라지고 공장에서 찍어내는 상품에 공허한 이름만 남았다.

현재의 명품 산업은 프랑스의 LVMH, 케링Kering, 스위스의 리치먼드Richemont 등 세 개의 거대 그룹에 인수 합병되어 전문 경영진이 운영한다. 브랜드 이름만 남은 셈이다. 이브 생 로랑, 디오르, 웅가로, 구찌 등의 이름은 스토리텔링의 후광을 입힌 신비주의적 이미지 마케팅일 뿐이다. 뒤에 대기업이 있다는 점을 대중이 의식하지 못할 정도로 교묘하게 만들어진 이름들이다.

작업실에서 작품을 직접 만드는 의상실은 지금 파리에 10여 곳 정도 남아 있다. 여기에서 만들어진 의상은 귀를 의심할 정도의 가격이 붙는다. 아랍의 부호나 할리우드 스타들이 1~2억 원이 훌쩍 넘는 가격을 지불하기도 한다. 하지만 이는 상징일 뿐이다. 대부분의 명품들은 더 넓은 시장을 향해 기성복으로 상업화되었다.

신비주의 스토리텔링은 고급스럽고도 달콤하다. 여성들은 브랜드에 얹힌 후광에 스타와 장인의 이미지를 투영하며 흔쾌히 지갑을 연다. 현대 대도시에서는 겉모습으로 부자를 식별하기 어려울 정도가 되었다. 누구나 고급 물건을 구입할 수 있고 사회적 위상을 바꿀 수 있는 시대가 되었기 때문이다. 즉, 신분의 벽을 돈으로 넘을 수 있는 시대인 것이다. 그래서 더 돋보이고 싶은 여성들은 점점 더 비싼 물건을 선호하게 된다.

미국의 사회학자 베블런Thorstein Veblen은 저서 《유한 계급론》에서 '과시적 소비conspicuous consumption'라는 개념을 소개했다. 상류계급에서 보이는 두드러진 소비 형태는 사회적 지위를 과시하기 위한 소비라는 점을 지적한 것이다. 이는 후에 미시경제학에서 소비이론의 이례적 현상을 설명하기 위한 용어로 '베블런 효과Veblen Effect'로 쓰이기도 한다. 일반적인 상품의 수요공급 법칙과 달리 명품은 가격이 오를수록 수요가 늘어난다는 기현상을 말하는 것이다. 특권층의 과시욕이나 허영심으로 가격이 올라도 수요가 줄지 않고 오히려 더 비싼 물건을 추구하는 인간의 심리를 대변한다. 일반 소비자가 상류층이 소유한 명품을 구입하기 시작하면 명품은 더 이상 명품이 아니다. 최상류층은 일반인이 다다를 수 없는 더 비싼 물건을 쫓아 계속 이동하기 때문이다.

시간과 자연이 빚은 최고의 액체

와인

와인을 사랑하고 즐기는 사람들은 직업과 신분을 초월해 쉽게 동질감을 형성한다. 요리를 곁들인 와인 한 잔은 인간을 무방비 상태로 만들기도 하고, 잠자고 있는 본성을 깨워 창조적인 힘을 발휘하도록 부추긴다. 때로는 강렬한 쾌락을 자극하는 마력을 발휘하기도 한다. 그리스의 철학자 플라톤은 와인을 '하늘로부터 받은 최고의 선물'이라고 했다.

와인은 인류가 발견한 최초의 술이다. 일부 학자들은 원숭이나 원시인도 포도주를 담갔을 것이라고 추정하기도 한다. 포도를 으깨어 한구석에 놓아두기만 해도 껍질에 묻은 자연 효소로 인해 알코올 발효가 진행되기 때문이다. 추운 겨울 식량을 찾지 못해 굶주린 원시인(또는 원숭이)이 어느 구석에 먹다가 처박아둔 포도가 생각났다. 부글부글 상한 것처럼 보이는 액체가 됐지만 너무 배가 고파 훌훌 마셔버렸다. 그런데, 어라? 세상이 달라 보인다! 온갖 시름을 덜어주는 기분 좋은 음료는 이렇게 시작되었을 거라는 가설이다.

인간의 개입 없이
알코올이 된 유일한 술

술은 당분, 정확히 말하면 포도당이 효모의 작용을 통해 알코올로 변한 것이다. 세상의 모든 술에는 인간의 개입이 필요하다. 당화 과정은 조건을 만들어주지 않으면 일어날 수 없기 때문이다. 막걸리나 맥주는 쌀이나 보리에 수분을 보충하고 녹말 상태의 탄수화물에 당화 과정을 일으켜 포도당으로 변환한 뒤 발효를 일으켜야 비로소 만들어진다. 위스키나 코냑, 보드카 등은 먼저 자연 상태에서 술을 빚은 후 과학적 단계인 증류 과정을 거쳐야 술이 된다. 그런데 신기하게 포도는 식물 중 유일하게 다른 물질의 도움 없이 자연 효모와의 접촉만으로도 쉽게 발효가 일어난다. 천연 포도당과 수분을 많이 함유하고 있기 때문이다.

지구에는 수많은 종류의 포도 품종이 있지만 국내에서 흔한 캠벨, 거봉 등의 품종으로는 와인을 만들기 어렵다. 포도당 함유량이 적어 와인 맛을 최적화하는 12~13퍼센트까지 알코올을 추출해내기 어렵기 때문이다. 와인을 만드는 품종은 따로 있다. 카베르네 소비뇽, 메를로, 피노 누아, 샤르도네 등 우리 귀에도 익숙한 품종이 바로 양조용 포도의 대표다. 이 품종들은 포도당 함유량이 많아 발효만 하면 알코올 도수가 훌쩍 올라가며, 햇볕이 뜨거워 당도가 높은 신대륙이나 지중해 지역에서는 14~15퍼센트까지 알코올 함유량이 훌쩍 올라간다.

비에 강한 식용 포도의 원산지가 아메리카나 아시아 대륙인 데 비해, 양조용 포도의 원산지는 카스피해와 흑해 연안이다. 여름에 비가 오지 않는 건조한 기후대에서만 자라기 때문이다. 수메르, 메소포타미아인이 시작한 양조 기술은 이집트로 건너가 꽃을 피웠다. 조지아나 아르메니아, 시리아 등의 유적지에서 와인 압착기와 신에게 와인을 헌정하는 벽화 등이 출토되고 있다. 이집트 왕국시대 파라오의 무덤에서 와인의 생산지와 연도가 적힌 단지가 여럿 발견된다는 사실은 경이롭기까지 하다. 이집트의 마지막 파라오 클레오파트라가 자신의 아름다움을 유지하기 위해 와인으로 목욕을 했다는 이야기도 있다. 태양신에게 포도주를 바치는 제사장, 사후 세계까지 생전의 삶을 고스란히 가져가고자 와인 단지까지 지니고 묻힌 파라오를 상상해보자. 역사의 흐름 속에서 떠오르는 한 잔의 와인이 더욱 신비롭지 않은가.

와인이 유럽에 전해진 건 그리스인들 덕분이다. 지중해에서 이집트, 메소포타미아 지역까지 '헬레니즘'이라는 융합 문화를 꽃피운 그리스인들은 이탈리아와 프랑스 남부에 식민지를 건설하고 포도원을 만들었다. 이집트의 양조 기술이 그리스와 로마를 통해 더욱 발전하게 된 덕분에 신화 속에 등장하는 신들은 포도주에 흠뻑 취해 있다. 그리스 신화의 디오니소스와 로마 신화의 바쿠스는 모두 포도주의 신이니 말이다.

아테네의 광장에서 플라톤, 소크라테스가 와인을 기울이며 제자들과 철학과 문학과 사랑을 논했고, 마케도니아의 알렉산더 대왕도 와인에 빠져 살던 애호가였다. 여성에게 와인이 금지된 그리스에서는 남성이 원정

후에 돌아와 아내와 깊은 입맞춤을 하며 혹시 와인을 즐겼는지 검사하
곤 했다고 한다. 프렌치 키스의 기원이 로맨틱과는 거리가 먼 음주 측정
이라니! 게다가 로마의 바쿠스 축제는 문란한 광란의 파티였다고 전해진
다. 와인을 마시며 취한 남녀가 뒤엉켜 날이 새도록 즐겼다고 하는데, 와
인에 밤과 달, 쾌락의 이미지가 따라다니는 이유가 여기에 있었나 보다.

알프스를 넘어
유럽 문화의 정수가 되다

그리스 문명권을 장악한 로마는 켈트족이나 게
르만 등의 야만족이 살던 서유럽 내륙의 울창한 숲과 황무지를 개척하
기 시작한다. 시저가 알프스를 넘어 지금의 프랑스, 독일 지역인 갈리아
를 점령하면서 이 지역에 본격적으로 포도원이 번성하기 시작했다. 가
장 큰 이유는 물이 좋지 않은 유럽의 풍토에서 와인은 로마 군인들의 음
료이자 의약품이었기 때문이다. 저장 용기가 발달하지 않았던 시대에
본국에서 와인을 수송하면 쉬는 경우가 일쑤였기 때문에 현지에서 재배
하게 되었다.

두 번째 이유는 언제 튀어나와 공격할지 모르는 야만족들로부터 시야
를 확보하기 위한 전략적 선택이었다. 식용 포도나무와 달리 와인용 포
도는 허리 아래 정도로 높이가 낮기 때문에 군영 주변을 포도원으로 둘
러놓으면 적이 숨을 수가 없었다. 로마 군인들에게 포도원은 일거양득이

었다.

로마가 몰락하고 유럽은 중세의 암흑 속으로 떨어졌다. 하지만 와인은 어둠 속에서도 맥을 잃지 않고 발전했다. 중세시대에 중요한 연구소 역할을 하던 수도원들은 광활한 포도원을 소유하고 있었고, 학구적인 수도사들이 양조학에 전념했다. 뿐만 아니라 포도를 재배하고 수확해 저장하고 판매까지 담당했다. 이후 기독교의 발달사와 와인의 역사는 궤를 같이 한다. 주님의 피로서 미사 제식에 필요했던 와인은 수도사들의 열정과 노력으로 더욱 발달했다.

중세 잔 다르크의 전설이 얽힌 백년전쟁도 결국 포도원을 두고 영국과 프랑스가 지루하게 싸운 전쟁이었다. 프랑스 최대의 명품 와인 산지인 보르도는 12세기에 아키텐의 영주가 소유하던 공국公國이었다. 아키텐 영주의 딸인 엘레아노르 공주는 절세의 미인이었다. 프랑스의 왕인 루이 7세와 결혼해 왕비가 되었고, 남편이 제2차 십자군전쟁에 원정을 떠나자 엘레아노르 공주도 함께 동방으로 길을 나섰다. 그런데 끼 많은 그녀는 전장에서 영국의 헨리 2세와 눈이 맞았다. 도덕적 문제를 떠나 당시의 사회체제가 봉건주의라는 데 더 큰 문제가 있었다.

프랑스 왕과 이혼하고 헨리 2세와 결혼한 엘레아노르는 자신이 상속받은 보르도 지역을 소유하고 영국의 왕비가 되었다. 그래서 자연스럽게 프랑스 땅이었던 보르도가 영국 왕실의 영토가 되어 버린다. 이후 200년이 지나 영국과 프랑스는 이 지역의 영토 분쟁으로 시작된 백년전쟁에 휘말리게 되는 것이다.

　광대한 신대륙의 식민지에 포도 묘목이 뿌려지기 전까지 와인은 유럽 문화의 정수였다. 와인의 본산지인 중동에서는 이슬람의 발달로 와인이 금지되었기 때문이다. 화려했던 이탈리아 르네상스의 궁정에서, 프랑스 베르사유 궁정에서 와인은 럭셔리한 귀족들의 생활 한가운데에 자리 잡고 발달했다. 맥주가 서민들의 생활 속에서 발달한 것과는 대조적이다. 근세 유럽 럭셔리의 상징이었던 베르사유 궁전에서 여인들은 샴페인을 마시며 유혹의 게임을 즐겼고, 몸에서 자극적인 향을 풍기기 위해 와인에 사향을 타서 마시기도 하였다.

샴페인의 발견, 와인의 진화

　　　　　　　1769년 와인 역사에 길이 남을 큰 축제가 일어났다. 프랑스 샹파뉴 지방의 오빌리에 수도원에서 와인 담당 수도사였던 동 페리뇽이 '샴페인'을 발견한 것이다(샴페인은 언제나 그곳에 있었지만, 사람들은 그때까지 존재를 몰랐다). 지하 창고에서 잠자고 있던 샹파뉴산 와인은 봄이 되어 온도가 오르면 저 홀로 병이 깨져 다들 악마가 깃들었다고 믿었다. 현대 과학으로 이야기하자면, 잠자던 효모가 봄이 되어 재발효하며 탄산가스를 만들어내고, 그 압력을 당시의 어설픈 유리병이 견디지 못한 것이다.

하지만 발효 이론이 정립되기 전임에도 불구하고 동페리니용은 깨진 병에 남은 와인을 맛보고는 세상을 바꿀 정도의 새로운 와인이 탄생했음을 직감한다. 동페리니용은 큰 압력을 이길 수 있는 두꺼운 병에 코르크를 씌우고 철사로 동여매어 숙성되도록 만들었다. 그러자 인류 역사상 한 번도 경험해보지 못한 신선한 맛이 탄생했다. 이렇게 탄생한 게 바로 샴페인이다. 그동안 인기 없는 와인을 생산하던 샹파뉴 지방은 이를 계기로 전 세계에서 유일무이하게 '샹파뉴Champagne'라는 라벨을 붙일 수 있는 발포성 와인으로 유명세를 타게 된다.

19세기가 되며 와인의 역사는 혁명을 이룬다. 파스퇴르의 미생물학적 업적으로 포도주가 산업화의 길에 들어선 것이다. 파스퇴르는 와인의 발효가 이스트라는 미생물을 통한 화학적 변환이라는 사실을 최초로 발견했다. 그리고 저온살균법을 개발해 맥주, 우유 등 장기 보관이 어려운 음료의 대량생산과 유통을 가능하게 했다. 파스퇴르가 와인의 역사에 한 획을 그은 것이다. 이후 저온살균법과 유리병, 코르크의 상용화는 와인의 대중화를 가져온다. 유럽에 불어온 산업혁명은 와인 산업화에 가속도를 내는 요인으로 작용했다.

와인이 다른 술과 달리 명품의 위치에 오른 이유는 알코올 도수가 낮은 양조주임에도 불구하고 도수 높은 위스키나 코냑처럼 수십 년간 장기 보관할 수 있기 때문이다(혼동해서는 안 된다. 일반 소비자가 마트에서 살 수 있는 와인은 보관 기간이 4~5년으로 그리 길지 않다). 게다가 다른 술과 달리 해마다 품질과 가격이 다르게 책정되며, 각 포도원의 역사나 위치 등에 따라 수천 원에서 수천만 원대에 이르기까지 가격이 다양하게 형성되다 보니 다양성과 단계별의 품질을 추구하는 인간의 욕망과 꼭 맞아 떨어진 것이다.

1년에 꼭 한 번 그해의 명찰을 달고 소량 생산된다는 것은 곧 희소성을 말한다. '희소성'과 '단 한 번'이라는 단어는 돈 많은 호사가의 수집 욕구를 자극한다.

또 과거 귀족들이 심취했던 음료답게 레드 와인이나 화이트 와인, 샴페인 등 각 와인을 마시는 잔과 와인오프너 등 주변 액세서리도 스토리텔링과 함께 발전했다. 메소포타미아시대부터 현대까지 상류층이 만들어온 문화답게 한 잔의 술을 마시며 생각하고 대화할 내용이 무궁무진한 문화를 담고 있는 것만은 틀림없는 사실이다.

인류를 살찌운 식문화의 꽃

발효음식

프랑스의 인류학자 레비스트로스Claude Lévi-Strauss는 식문화 중 가장 발달한 단계를 발효음식이라고 했다. 날것을 먹던 인간이 불을 알게 되자 직화로 구워먹기 시작했고, 이어서 용기를 발명해 끓이다가 용기를 두 개 겹쳐 스팀을 사용해 찌거나 중탕을 하는 등 고도의 단계로 발전해왔다.

발효음식은 하나의 단계를 더 올라간다. 미생물과 환경을 제어해야 얻을 수 있기 때문이다. 발효란 부패와 백지장 한 장 차이에 불과하지만 완전히 다른 얼굴이다. 효모, 곰팡이, 박테리아 등의 미생물이 식품에 작용하는 반응이라는 공통점이 있지만, 먹을 수 있느냐 없느냐에 따라 발효와 부패는 다른 길을 가게 된다. 필요한 영양분을 얻고 장기 보존하기 위해 인류는 문화권마다 다채로운 발효음식을 발달시켜 왔다.

발명의 역사는 우연과 실수의 결과가 적지 않다. 와인이나 치즈 등 대다수 발효식품도 실수로 오래 둔 포도즙이나 우유가 특수한 환경에서 부패하지 않고 발효되어 인간의 식문화로 들어왔다. 육류 저장법도 문명의 여명기에 우연히 발견됐을 것이다. 고기 조각을 동굴 같은 곳에 두고 잊어버렸는데, 겨울이나 우기에 식량이 떨어져 어쩔 수 없이 먹었을 것이다. 서늘하고 건조한 동굴에서 썩지 않고 발효된 고기를 맛본 인간은 그 환경을 이용하면 항상 같은 맛을 얻을 수 있다는 사실을 알게 되었다.

실수 혹은 위대한 발명, 치즈

'신이 만든 음식'이라 칭송했던 치즈는 지중해를 대표하는 음식이다. 고대 로마에서는 기록이 남아 있을 정도로 치즈를 즐겼고, 이후 이탈리아와 프랑스의 식탁에서 빠질 수 없는 식재료가 되었다. 모든 길은 로마로 통한다는 말이 비단 도로에만 해당된 것은 아니다. 이집트를 거쳐 그리스로 전파된 와인 문화를 서유럽 전체로 퍼뜨린 주역이 로마인이었듯이 치즈도 로마를 통해 서유럽에 전파되었다. 로마가 지배했던 넓은 제국 곳곳에서 다양한 치즈가 생산되었으니, 상류층은 그 맛에 매료되지 않을 수 없었다. 로마시대 군인이자 농학자인 콜루멜라가 남긴 《농업론(전 12권)》에는 치즈 제조법이 상세하게 남아 있다. 거의 2천여 년의 기록이지만 지금의 제조법과 크게 다르지 않다. 고대 로마에는 치스를 이용한 요리법도 다양했다.

치즈를 가장 많이 생산하는 나라는 어디일까? 종류로 따지면 이탈리아와 프랑스가 쌍벽을 이룬다. 두 나라의 치즈 사랑은 국민의 기질을 닮은 듯 차이가 있다. 프랑스인들은 치즈를 온전한 음식으로 대접한다. 즉, 치즈를 식사의 한 코스로 메인 요리 이후 와인, 바게트와 함께 격식을 차려 먹는다. 이탈리아인들은 기질 만큼이나 자유분방하게 치즈를 즐긴다. 피자나 파스타를 비롯해 각종 요리에 수시로 곁들이고, 간이 센 프로슈토(얇게 썰어 말린 햄의 일종)와 함께 먹거나, 꿀이나 잼에 찍어 먹기도 한다. 격식을 차리기보다 식생활 자체에 스며들어 있는 것 같다. '치즈에 웬 꿀?' 하며 처음에는 낯설게 느껴지기도 하지만, 실제 먹어보면 꽤 잘 어울린다고 느끼게 되고 은근히 중독성도 있다.

치즈는 동물 젖의 단백질이 응고되며 뭉쳐 숙성한 것이다. 단백질 응고제는 되새김질하는 동물의 위에 있는 효소복합체 '레닛^{rennet}'이다. 숙성 과정에서 유당을 분해하며 발효하는 것은 '젖산균'이다. 가장 많이 사용하는 동물 젖은 우유다. 하지만 지역마다 양, 염소, 산양, 물소, 낙타, 라마 등 평소에 기르거나 주위에 흔한 동물 젖을 사용한다.

우연의 산물이 그렇듯 치즈도 비슷한 과정을 거쳤다. 땡볕의 사막을 가로지르던 아라비아 상인들이 우연히 발견했을 것이라는 추측이 지배적이다. 반추동물인 낙타의 위장을 말려 만든 자루에 우유를 담아 사막을 지나던 중 더운 열기 탓에 낙타의 위장에 남아 있던 효소로 우유의 단백질이 굳었고, 새로운 맛에 매료된 상인들이 계속 만들어왔다는 가설이다.

사람의 손길과
자연의 바람이 만든 합작품,
생햄

단백질 숙성은 고기도 예외가 아니다. 우리나라는 쇠고기를 말린 육포를 먹지만, 유럽에서는 말린 돼지고기인 생햄을 먹는다. 우리 식습관에서는 생돼지고기를 말려 먹는다는 게 익숙하지 않지만 유럽인들에게는 없어서는 안 될 천연의 고급 육가공품이다.

돼지고기의 부위별 선호도 역시 차이가 크다. 우리나라는 삼겹살, 목살, 앞다리로 만든 족발 순으로 좋아하고, 뒷다리는 찬밥 신세다. 반대로 유럽에서는 뒷다리가 가장 비싸다. 삼겹살은 베이컨의 흔한 재료인데 반해 뒷다리는 통째로 말려 부가가치가 높은 생햄을 만들기 때문이다.

프랑스에서는 '샤르퀴트리Charcuterie', 이탈리아에서는 '프로슈테리아La Prosciutteria'라는 돼지고기 가공품점이 곳곳에 눈에 띈다. 돼지고기를 사용한 모든 가공품을 전문으로 파는 가게다. 우리가 흔히 보지 못하던 각종 고기 부위로 가득 차 역한 냄새가 진동하는 곳이다. 진열대에는 소시지와 햄, 통조림이 종류별로 가득하고, 천장에는 말린 돼지 뒷다리가 통째로 주렁주렁 매달려 있다. 스페인에서는 '하몽Jamon', 프랑스에서는 '장봉Jambon', 이탈리아에서는 '프로슈토Prosuitto'라 부르는 생햄으로 돼지 가공 식품계의 왕자다. 처음 볼 땐 다소 징그럽기도 하고 냄새도 나지만 유럽에서는 아주 오랫동안 먹어 온 전통 식품이다.

유럽의 유명한 생햄 명가에서는 전 세계 부호들과 유명 셰프들이 예약한 돼지 뒷다리에 따로 명찰을 붙이고 숙성할 정도다.

프랑스 유학 시절 생햄을 처음 보고 놀랐던 기억이 있다. 신기하게도 멜론 위에 얇은 분홍색 천 같은 것이 얹혀 있는 게 아닌가? 그걸 생햄이라 했다. 돼지고기라고는 바싹 구운 삼겹살과 족발 밖에 모르던 때였으니 생으로 먹는다는 게 몹시 낯설었다. 마지못해 한입 베어 물었는데 반전이었다. 농익은 멜론의 부드러운 살과 생햄의 고소한 기름기가 어우러지며 미각을 차례로 강타했다. 강렬한 체험이었다. 물이 뚝뚝 떨어지는 멜론의 달콤한 과즙에 생햄의 짠맛이 어우러진 느낌은 뭐랄까, 미녀와 야수에 만남에 비유할 수 있다. 게다가 숙성된 단백질의 진한 아미노산은 제5의 맛이라 부르는 감칠맛의 풍미 아닌가. 천연 조미료의 향 그대로다. 돼지고기는 그 자체가 단맛이 도는 소스와 잘 어울린다. 돼지고기 등심스테이크 위에 파인애플을 얹어 구운 하와이언 스타일의 티본스테이크가 그렇고, 사과를 돼지 안심과 함께 오븐에서 구워내면 환상의 궁합을 자랑한다.

생햄이 비싼 이유는 만드는 과정이 복잡해서라기보다 오로지 사람의 손에 의지해야 하고, 많은 부분을 자연에 의지해야 하는 천연식품이기 때문이다. 생후 9개월 정도의 10킬로그램 내외인 돼지의 뒷다리를 주로 사용하는데, 단면은 선홍색부터 분홍색이 감도는 흰색까지 다양하다. 근육 내 지방의 정도, 즉 마블링은 중요하다. 숙성 기간 동안 지방분이 분해되며 향을 발하기 때문이다.

우선 돼지 뒷다리를 최고급 바닷소금에 비빈 후 저온에서 2주 정도 소금에 묻어 염장을 한다. 잘라내서 살이 드러난 부분에 돼지기름과 밀가루를 혼합해 막아주고 별다른 처치 없이 바람이 잘 통하는 곳에 걸어 두면 끝이다.

숙성 기간은 적어도 12개월에서 36개월. 특별한 이유로 그 이상 숙성시킬 수도 있다. 보통 숙성 기간은 2년 정도인데 그 과정에서 별다른 처치는 하지 않아도 된다. 미생물에게 운명을 맡길 뿐이다. 당과 지방, 단백질이 혼합되고 미생물 작용에 의한 생화학 반응으로 다양한 풍미를 내며 발효하는 것이다. 가끔 전문가가 돼지 뒷다리를 말뼈 송곳으로 찔러 냄새를 맡는 방식으로 상태를 확인할 뿐이다. 말뼈는 순간적으로 주변의 향을 흡입했다가 방출하는 특성이 있다. 거북한 냄새가 없다면 숙성이 잘 되고 있다는 증거다.

생햄의 숙성은 와인이 익는 과정과 같다. 포도를 재배해 수확한 뒤 발효과정을 거쳐 술통에 담을 때까지 장인은 정성을 다한다. 오크통에 술을 담은 후에는 기다림의 연속이다. 가끔 작은 진공 빨대로 술을 덜어 잘 익고 있는지 맛과 향을 검사하는 것 외에 특별히 할 일이 없다. 숙성까지 지루하게 기다릴 뿐이다. 유럽에서는 와인이나 치즈처럼 생햄도 엄격한 법 규제를 받아 일제의 첨가제나 보존제를 쓸 수 없다.

돼지의 선별부터 완성품까지 다양한 가공육이 기계화됐지만, 생햄은 반드시 사람의 손과 자연의 바람을 거쳐야 원하는 맛을 낼 수 있다. 그래서 아무 데서나 만들기 어렵다고 한다. 자연에 맡기고 그저 기다리는 일이 일견 간단해 보여도 숙성 기간 동안 특정한 온도와 습도를 유지해야하기 때문이다. 그래서 강을 끼고 있어 골바람과 산바람이 적당히 불고, 일교차가 큰 계곡 근처가 숙성에 적당하다.

지금은 제조기술이 발달해 생햄의 공정을 기계로 조절하고, 실내에서 온도와 습도를 맞춰 숙성하지만 그래도 마지막에는 바람이 좋은 자연 상태에서 끝마쳐야 한다. 지역 특유의 향을 불어넣기 위해서다. 와인처럼 생햄도 생산지역의 특별한 환경이 맛과 향을 결정한다는 철학을 고집하고 있어서다. 결국 돼지의 질이 좋아야 생햄의 맛이 좋다는 결론에 이른다. 포도의 품질이 맛을 결정하는 와인과 같은 이치다. 좋은 고기로 생햄을 만들고, 품질이 떨어지는 고기로는 가열 햄이나 소시지를 만든다.

돼지의 지역별 특성에 따라 맛과 품질에서 큰 차이가 난다. 가장 유명한 건 스페인의 이베리코 생햄인데, 흑돼지에 특별한 향과 식감이 스며들도록 몇 개월간 방목하며 도토리를 먹여 키운다. 이탈리아 파르마에서는 파르마산 치즈를 만들고 나서 생긴 우유 찌꺼기인 유장과 이 지역에서 많이 자라는 밤을 먹인 흰 돼지를 사용한다. 이렇게 하면 고기가 부드럽고 잡냄새를 제거할 수 있다.

그 밖에 유명한 육가공품으로 생소시지가 있다. 돼지 창자에 기름과 고기, 향신료 등을 넣어 묶은 후 그대로 말린다. 프랑스의 소시송Saucisson, 이탈리아의 살라미Salami, 스페인의 초리조Chorizo가 생소시지의 다른 이름이다. 지역마다 재료와 크기가 조금씩 다르지만 가열하지 않고 말린 소시지라는 공통점이 있다. 흔히 먹는 미국식 햄이나 프랑크 소시지는 가열해서 익힌 것이므로 전혀 다른 소시지라 할 수 있다.

인간이 발효식품을 먹은 지 수천 년이 되었다. 문화권마다 즐기는 발효식품이 다르기 때문에 섣불리 호불호를 구분해선 안 된다. 나라별 민족별 식문화는 깊은 '집단무의식'의 범주기 때문이다. 처음 맛보는 발효음식은 먹기 어려운 경우가 있다. 그렇다고 음식이 아니라고 불평을 털어놓을 수는 없다. 지역에 따라 전통에 따라 오랜 시간 내려온 그 맛에 익숙해지기 위해서는 시간이 필요하다.

발효음식은 미생물의 발효과정을 긴 시간 무던히 지켜봐온 장인정신에 의지한다. 전통 음식에서 장인정신이 사라진다면 인류는 또 다른 문명의 세기로 진입하게 될 지 모른다. 외부 환경의 변화는 물론 인간 세포를 이루는 음식물의 섭취 방식이 바뀔 수도 있다. 그렇게 되면 지금까지의 생존 패러다임이 전환되는 시기가 되지 않을까.

PART 4

융합과 이상

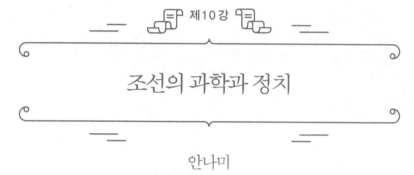

제10강

조선의 과학과 정치

안나미

수학과 과학을 좋아하는 한문학자. 10여 년 방송작가 경력을 접고 성균관대에서 다시 공부를
시작해 한문학 박사를 마친 후 성균관대 초빙교수로 학생들을 가르치고 있다. 국립중앙도서관
고서해제위원으로 조선시대 과학, 수학, 천문학 등 다양한 분야의 고서를 번역·해석하고 있
다. (사)아마추어 천문학회 사무처장을 지냈다.
저서로《별자리와 우리 천문학의 역사》외 다수가 있으며, 기상청과 함께 조선시대 천문기록
인《성변측후단자 강희 3년, 강희 7년, 순치 18년》, 세종대왕기념사업회와 함께 조선시대 수학
서인《주서관견》을 번역했다.

백성의 삶, 시간에 있다

오래전 프라하로 여행을 갔을 때다. 정각마다 작은 이벤트가 열리는 관광명소가 있어 시간을 맞춰 허겁지겁 구시가지 광장으로 갔다. 이곳에는 세계에서 세 번째로 오래된 천문시계 '오를로이Orloj'가 있다. 1490년에 설치된 후 아직도 작동 중인 세계 최고最古의 천문시계다. 정각이 되자 시계에 달린 문이 열리면서 인형이 움직이기 시작했다. 예수 그리스도의 12사도 행진과 죽음을 형상화한 해골 모형 등 조각품들이 차례대로 돌기 시작했다. 이벤트는 금세 끝났다. 사람들이 이곳에 모인 이유는 인형이 시간을 알려주는 모습이 신기해서가 아니라, 가장 오래된 천문시계의 가치를 확인하기 위해서였을 것이다.

프라하 천문시계는 단순히 시간을 알려주는 데 그치지 않고 시간별로 태양과 달의 위치를 표시해주는 시계로도 유명하다. 시계공 하누슈Hanus가 1490년에 만들었는데, 당시 똑같은 시계를 또 만들까 봐 그의 눈을 멀게 했다는 전설 같은 이야기도 전해지고 있다.

조선시대 하이테크놀로지
전자동 시계

프라하의 랜드마크가 된 천문시계 오를로이보
다 앞선 천문시계가 조선시대에 있었다. 바로 '옥루玉漏'다.

종이를 발라서 산을 만들되 높이를 7자쯤 하여 그 누각 가운데 두고,
안에다 옥루기륜玉漏機輪을 설치하여 물로 부딪치게 한다. 금으로 해
를 만들되 크기가 탄환만 하게 하고, 오색구름이 그 해를 둘러서 산
허리를 지나가되 하루 한 바퀴를 돌아, 낮에는 산 너머에 보이고 밤
에는 산속으로 사라지게 한다. 비스듬한 형세로 천행天行에 준하여
원근과 출입의 구분을 분명히 하여, 각각 절기節氣에 따라 하늘의 해
와 맞게 하였다.

조선시대 천문학자이자 문신이었던 김돈이 쓴 《흠경각기欽敬閣記》의 앞
부분이다. 흠경각은 흠경각루라는 이름의 자동 물시계를 보관하는 누각
이다. 흠경각루는 다른 말로 옥루玉漏라고 한다. 여기서 '루漏'는 물시계를
뜻한다. 옥루라고 쓴 것으로 봐서 왕의 물시계라고 볼 수 있다.
김돈의 글을 읽어보면 종이 모양으로 산을 만들고 금으로 해를 만들어
한 바퀴를 도는데, 낮에는 산 너머에 보이고 밤에는 산속으로 사라지게
한다고 한다. 여기서 눈여겨봐야 할 것은 금으로 만든 모형 해가 실제 태

양처럼 움직이는 것이다. 태양을 상징하는 동그란 금덩어리가 실제로 해가 뜨고 지는 모습을 재현할 뿐만 아니라, 절기에 따른 고도와 원근이 실제 태양의 위치와 일치한다고 한다. 15세기에 이런 시계를 만들어냈다는 것이 믿기 어려울 정도다.

실물로 본다면 동그란 금덩어리가 시간에 맞춰 조금씩 움직이고, 정오가 되면 하늘 한가운데 있다가 해질녘이 되면 서쪽 산 너머로 기울 것이다. 시계만 보고 있으면 실내에서도 지금쯤 해가 어느 곳에 위치하고 있는지 알 수 있을 테니, 대단한 첨단기술이다. 충격은 여기서 끝나지 않는다. 두 번째 충격은 시간을 알리는 방법이다.

해 아래는 옥녀玉女 네 사람이 있어 손에 금방울을 들고 구름을 타고 사방으로 갈라 서서 인寅·묘卯·진辰시의 초정初正이 되면 동쪽에 있는 자가 방울을 흔들고, 사巳·오午·미未시의 초정이 되면 남쪽에 있는 자가 방울을 흔들며, 서쪽과 북쪽에서도 다 그렇게 한다. 아래에 네 신神이 있어 각자 맡은 방위에 서서 산을 바라보고 인시寅時가 되면 청룡靑龍이 북쪽으로 향하며, 묘시가 되면 동쪽으로 향하고, 진시가 되면 남쪽으로 향하며, 사시가 되면 다시 서쪽으로 향하고, 주작朱雀이 다시 동쪽으로 향하며, 차례로 향하는 방위는 앞에 보인 바와 같고 다른 것도 다 이와 같다. 산의 남쪽 기슭에 높은 대臺가 있고, 사신司辰 한 사람이 붉은 공복公服을 입고 산을 등지고 서 있으며, 무사武士 세 사람이 철갑투구를 갖추되, 하나는 종을 치는 방망이를 들고 서

쪽을 향하여 동쪽에 서고, 하나는 북채를 들고 동쪽을 향하여 서쪽
에 서되 북쪽에 가까이 하고, 하나는 징채를 들고 역시 동쪽을 향하
여 서쪽에 서되 남쪽에 가까이 하여, 때가 되면 사신司辰이 종鍾 치는
인형을 돌아보며, 종 치는 인형도 사신司辰을 돌아보며 종을 치고, 경
更마다 북을 치는 인형은 북을 치고, 점點마다 징을 치는 인형이 징을
치는데, 그 서로 돌아보는 것은 똑같으며, 경更·점點에 북과 징을 치
는 번수는 모두 일정한 법과 같이 한다.

옥루의 움직임에 대한 설명이다. 동서남북 사방에 있는 옥녀 네 명이
금방울을 들고 시간이 되면 방울을 흔들어 시간을 알린다. 또 네 명의 신
이 방향을 맡아서 시간이 되면 그 위치를 바라보는데, 북 치는 인형은 경
更을 알리고 징 치는 인형은 점點을 알려준다. 종소리와 북소리, 징소리를
들으면 몇 시 몇 분인지 알게 되는 것이다.

이렇게 많은 종류의 인형이 각각 제 역할을 분담하며 서로 유기적으
로 연결되어 움직인다. 시간을 아는 것은 차치하고라도 인형들의 일사불
란한 모습을 보는 것만으로도 즐거운 볼거리일 것이다. 인형에 현혹되어
정신을 잃을 것 같지만, 인형은 정확한 시간과 방향을 알려주는 역할을
한다. 태양의 도수度數, 해시계·물시계의 각수刻數와 네 명의 옥녀, 열두
명의 신神, 북 치는 인형, 종 치는 인형 등이 사람의 힘을 빌리지 않고도
저절로 움직여 신기함을 넘어 귀신이 시키는 것처럼 보는 사람들이 모두
놀랐다고 한다.

기륜機輪을 동력으로 하는 인형시계는 당시 중국과 아라비아 등에서 유행했다. 그러나 모두 완전한 자동시계는 아니었고, 인위적인 힘이 필요한 반자동시계였다. 하지만 옥루는 혼자서 움직이는 완벽한 자동시계였다.

백성의 삶을 개선시킨
세종과 장영실의 케미스트리

이 정교하고 뛰어난 옥루는 대체 누가 만든 걸까? 바로 조선 최고의 과학기술자 장영실의 작품이다. 관노 신분에서 대호군으로 승진한 장영실이 세종의 은혜에 보답하기 위해 만든 것이다. 옥루는 천추전千秋殿 서쪽에 흠경각欽敬閣을 지어 설치하였다.

> 제왕帝王이 정책을 베풀어 모든 사무가 완성되게 한 것을 상고해보면, 반드시 역일曆日을 밝혀 백성에게 먼저 일할 때를 가르쳐주었고, 그때를 가르쳐주는 요결은 실로 하늘과 기후를 관찰하는 데에 있으므로, 이 기형璣衡과 의표儀表가 마련되게 된 것이다. 이상의 모든 기구가 다 후원後苑에 마련되어 수시로 관찰하기 어려우므로, 드디어 천추전千秋殿 서쪽 뜰에 한 간의 작은 누각을 지었다.

옥루를 천추전 서쪽 뜰에 둔 이유는 수시로 가서 쉽게 관찰하기 위해서다. 굳이 왕이 직접 옥루를 살펴보아야 할 이유는 무엇이었을까? 김돈은 이를 《흠경각기》 제일 앞에 밝혀두었다. 제왕이 해야 할 일은 날짜를 정확히 알아서 백성에게 일할 때를 가르쳐주는 것이라는 사실을 말이다. 농경사회에서 농사를 제때 하는 것은 매우 중요한 일이었다. 그리고 농사철을 정확히 알려주기 위해서는 하늘을 잘 관찰해야 했다. 그래서 세종 때에는 자격루, 혼천의, 규표 같은 천문 기기 제작을 위한 조정의 든든한 후원이 있었다.

세종이 옥루를 가까이 두었던 또 하나의 이유가 있다. 옥루에는 정확한 시간을 알리는 것 외에도 한 가지 기능이 더 있었다. 옥루를 보면 백성들이 지금 무엇을 하고 있을 때인가를 알 수 있었다.

옥루에는 가운데 산이 있고 사방에 봄·여름·가을·겨울의 농촌 풍경이 그려진 조선의 〈빈풍칠월도豳風七月圖〉가 그려져 있다.* 옥루 안에는 농사짓는 백성과 동물, 나무 등의 모형이 갖춰져 있다. 그래서 옥루의 인형이 봄을 가리키면 백성들이 모내기할 때인 줄 알게 되고, 가을을 가리키면 추수할 때인 줄 알게 된다. 백성들의 삶을 옥루를 통해 짐작하고, 조정은 때에 맞춰 무엇을 해야 할지 생각할 수 있게 된다.

옥루의 이름 흠경각루는 《서경書經》에서 따왔다. '흠경'이란 《서경》의 〈요전堯典〉에 나오는 말로 "하늘을 공경히 받들어 백성에게 때를 알려준다欽若昊天 敬授人時"는 뜻이 담겨 있다. 농업을 발전시켜 백성들의 생활을 안정시키기 위한 세종의 노력이 옥루에 그대로 드러난다. 옥루는 이후

---

* 옥루의 장식은 《시경詩經》 〈빈풍도豳風圖〉를 바탕으로 그렸다. 빈풍도는 유교 경전인 시경을 바탕으로 백성들의 생활상을 담은 그림이다.

명종 8년(1553)에 불타 없어졌다. 이듬해 다시 만들었지만 임진왜란 때 불타버려 현재는 흠경각만 남아있다.

최근 옥루의 작동 메커니즘을 연구하고 옥루의 구조를 3D 모델로 완성하는 등 580년 전의 첨단기술을 복원하기 위해 많은 사람들이 노력하고 있다. 국민의 삶을 살피고 좋은 정치를 펼치려고 노력한 세종대왕의 마음도 함께 복원되길 바란다.

모두가 만족하는 답을 구하라

수학

개똥이네는 작년에 배추 농사를 지어 큰 수확을 얻었다. 덕분에 식구들이 배부르게 먹고 큰딸도 시집보낼 수 있게 되었다. 농사를 잘 짓는 요령을 얻었으니 올해는 배추를 더 많이 심어서 더 많은 수확을 얻고 싶었다. 배추를 더 심으려고 하니 더 넓은 밭이 있어야 했다. 때마침 이웃집에 사는 소똥이네가 밑에 있는 밭을 조금 팔기로 했다. 개똥이네는 소똥이네 밭을 사기로 했다.

그런데 복잡한 일이 생겼다. 소똥이네 밭이 무척 복잡한 모양이라 면적을 정확히 계산할 수가 없었다. 네모반듯하지도 않고 그렇다고 삼각형도 아니고 한쪽 면은 직선도 아니다. 이렇게 복잡한 밭을 본 적이 없는 개똥이네는 얼마에 사야할지 몰랐다.

"에이, 이렇게 됐으니 그냥 대충 1마지기로 계산합시다."

"무슨 소리요? 딱 봐도 2마지기는 족히 넘어 보이는데! 그렇게 손해 보고 팔 수 없소."

밭의 모양 때문에 두 집은 계속 다투기만 했다.

농업사회에서 논밭을 사고파는 일은 개인은 물론 나라에도 중요한 일이었다. 밭의 면적을 제대로 계산할 수 없어 평소 사이가 좋았던 두 집은 괜히 다투게 되었다.

밭의 면적을 계산하려면 먼저 밭의 형태와 가로 길이와 세로 길이를 알아야 한다. 예를 들어 사각형의 밭이 있는데 밭의 가로가 15보[步], 세로가 16보다. 밭의 면적은 얼마일까? 유치원생도 풀 수 있는 쉬운 문제다. 가로 길이 15와 세로 길이 16을 곱하면 $15 \times 16 = 240$. 면적은 240보다. 그럼 1보의 가격이 2전이라면 240보의 가격은 $24 \times 2 = 480$전이다. 이렇게 쉬운 문제라면 얼마든지 풀 수 있다. 그러나 세상의 모든 밭이 사각형으로 가로와 세로의 길이가 맞아떨어지게 생기지 않은 게 문제다. 세모 모양, 동그란 모양, 장구 모양 등 모양을 따질 수 없이 기괴하게 생긴 밭도 있을 것이다.

수학의 존재 이유는
밭의 크기를 재기 위한 것

조선시대에는 이렇게 밭의 면적을 정확하게 재는 데 필요한 계산법을 기록한 수학책이 여러 권 출판되었다. 조선시대 수학책을 보면 대부분 첫 번째로 다루는 것이 '방전[方田]'이다. 방전은 정사각형 모양의 밭을 뜻하는 말인데, 실제 내용은 여러 가지 형태로 된 밭의 면적을 계산하는 방법이 기록되어 있다. 어쩌면 조선시대에는 밭의 면적을 구하는 일이 백성들에게 수학이 필요한 첫 번째 이유가 됐을 것이다.

면적을 정확히 계산해야 사고팔면서 서로 손해 보지 않을 수 있다. 농사를 지으면 세금을 내야 한다. 세금은 밭에서 나오는 농산물의 생산량을 근거로 계산하니, 이 역시 정확하게 따지지 않으면 세금이 어느 정도가 되는지 알 수 없어 누군가는 손해를 보게 된다. 그래서 조선시대의 수학책에는 여러 가지 모양의 밭을 기본으로 하면서 복잡한 형태의 밭에 이르기까지 모두 계산할 수 있는 방법을 자세히 풀이해놓았다. 조선시대 밭 이름을 한번 살펴보자.

방전(方田, 정사각형 밭)·직전(直田, 직사각형 밭)·구고전(句股田, 직각삼각형 밭), 규전(圭田, 이등변삼각형 밭)·제전(梯田, 사다리꼴 밭)·원전(圓田, 원형 밭)·호시전(弧矢田, 반원형의 밭)·미전(尾田, 눈썹 모양의 밭)·환전(環田, 가운데 구멍이 뚫린 원형의 밭)·삼광전(三廣田, 장구 모양처럼 가운데가 잘록하게 생긴 밭)·사전(梭田, 양쪽 끝이 좁아 북梭처럼 생긴 밭)·만호전(彎弧田, 줄이 당겨진 활 모양 밭)·패고전(敗鼓田, 찢어진 북처럼 생긴 밭) 등. 밭의 모양이 책에 나온 대로만은 아니지만, 책을 근거로 모양을 합치고 응용하면 어떤 복잡한 모양의 밭이라도 모두 계산할 수 있었다.

우리나라 역사에서 수학이 가장 발달한 시기는 조선시대였다. 특히 세종에 이르러 수학의 황금기를 구가했다. 세종은 조선의 과학을 최고로 발전시킨 임금이다. 과학의 기초엔 수학이 있었기 때문에 수학 교육을 적극적으로 권장했다.

> 임금이 계몽산啓蒙算을 배우는데, 부제학 정인지鄭麟趾가 들어와서 모시고 질문을 기다리고 있으니 임금이 말하기를,
>
> "산수算數를 배우는 것이 임금에게는 필요가 없을 듯하나, 이것도 성인聖人이 제정한 것이므로 나는 이것을 알고자 한다" 하였다.

《조선왕조실록》의 1430년(세종 12년) 10월 23일에 실린 내용이다. 세종은 정인지에게 《산학계몽算學啓蒙》이라는 수학책으로 수학 교육을 받았다. 《산학계몽》은 1299년 중국 원元 나라의 주세걸이 쓴 수학책이다. 수학입문서로 우리나라에서는 세종 때 처음 출간되었다. 세종은 수학을 전문적으로 교육하는 기관인 산학算學을 두어 신하들에게도 수학을 장려했다.

과학기술로 이룬
'하얀 이밥에 고깃국'

세송은 굳이 왕은 산수를 배울 필요가 없지만, 성인이 제정한 것이므로 직접 공부하겠다고 했다. 여기에서 성인은 누구일까? 그리고 성인이 만든 산수는 무엇일까?

고대 중국의 문명이 시작된 황하는 해마다 범람해 백성들의 삶을 위협했다. 황하의 물길을 다스릴 수 있는 방법을 찾는 자가 훌륭한 왕이 될 자격이 있는 사람이었다. 처음으로 황하의 물길을 다스린 사람은 바로 하夏나라의 우禹임금이다. 지금으로부터 3,000년 전에 우임금이 황하의 홍수를 막기 위해서 강물이 남쪽으로 흐르는 낙수에서 댐 공사를 했다. 그때 낙수 강물에서 나타난 거북이의 등에 점이 45개가 있는데 한 개부터 아홉 개까지 모여서 숫자를 표시하고 있었다. 낙수에서 온 거북이 등껍데기에 써져 있었다고 해서 이것을 '낙서洛書'라고 불렀다. 우임금은 낙수에서 얻은 이것으로 천하를 다스리는 정치 도덕의 기본이 되는 아홉 법칙인 '홍범구주洪範九疇'를 만들었다.

최초의 인류 복희伏羲가 태평성대를 이루고 있을 때, 황하에서 용마龍馬가 나타났다. 이 용마의 등에는 54개의 점이 그려져 있었다. 이 점은 홀수와 짝수로 짝을 지어 음양의 조화를 나타냈다. 이것이 황하에서 얻은 그림, '하도河圖'이다. 복희는 하도의 무늬를 가지고 팔괘八卦를 만들었다. 이 귀한 하도와 낙서를 잘 보관해야 했는데, 이것을 보관하는 장소는 하도의 '도'와 낙서의 '서'를 합해서 '도서관圖書館'이라고 불렀다. 지금의 도서관이 바로 이 말에서 나온 것이다.

하도와 낙서는 하늘이 상서로운 동물을 통해 내려준 숫자다. 이것을 받은 사람은 모두 정치를 잘했던 훌륭한 왕이었고, 이를 통해 좋은 제도와 법을 만들었다. 그래서 세종은 과학기술을 발전시키는 기초 학문으로써 수학을 장려했을 뿐만 아니라, 백성들이 살기 좋은 국가를 만들기 위한 바탕으로 수학을 중요하게 여겼을 것이다. 세종의 수학 장려는 천문학을 발달시키고, 조선 유일의 자주적인 역법曆法을 개발해 절기에 맞는 달력을 만들었다. 세종은 이를 통해 농업 생산력을 증대시켜 백성들의 삶을 안정시키려고 노력했다.

넉넉지 못했던 시절 '하얀 이밥에 고깃국'을 먹으면 부자 소리를 들었다. 이밥은 입쌀(멥쌀)로 만든 흰 쌀밥을 말하는데 이씨李氏 조선이 먹게 해준 밥이라는 뜻도 있다. 조선 왕조에 이르러 농법이 발전하고 농업 생산력이 증대되어 드디어 하얀 쌀밥을 먹을 수 있게 되었다는 의미가 담겨있다. 세종은 백성들이 배불리 먹고 열심히 농사를 지으며 행복하게 사는 나라를 만들고 싶었을 것이다. 그래서 백성들에게 가장 절실하게 필요한 것을 충족시키기 위해 과학 발전에 힘을 쏟았다.

> 일정한 생산이 없어도 언제나 선한 본심을 견지할 수 있는 것은 선비만이 가능한 일이다. 일반 백성의 경우는 일정한 생산이 없으면 선한 본심을 지킬 수 없게 된다. 이처럼 선한 본심이 없어지게 되면 방탕하고 편벽되고 간사하고 넘치게 행동하는 등 못할 것이 없게 된다.

《맹자孟子》에 나오는 말이다. 백성이 일정한 경제력을 유지하도록 돕는 일이 곧 나라를 안정시키는 일이고, 이것을 잘하는 사람이 훌륭한 정치가가 될 수 있다는 의미다. 이 말은 지금도 유효하다.

억울한 죽음이 없어야 한다

화학

박 진사네 며느리가 목을 매고 자살했다. 자살한 까닭은 그 집의 머슴과 정분난 사실을 남편에게 들켰기 때문이라고 한다. 남편과 시부모는 며느리의 죄를 더 이상 문제 삼지 않기로 하고 곱게 장례를 치러주겠다고 했다. 집안 체면 탓에 며느리에 얽힌 나쁜 소문이 밖으로 나가는 것을 원하지 않는다는 이유였다.

그때 마침 죽은 여동생이 사는 마을을 지나게 된 친정 오빠가 나타나 장례 준비를 중단시켰다. 여동생이 절대 자살할 이유가 없다고 생각한 친정 오빠는 여동생이 타살되었다며 관가에 조사를 요청하자고 했다. 박 진사네는 집안 망신이라며 친정 오빠의 요청을 묵살하고 빨리 장사를 지내려 했다. 친정 오빠는 관가에 가서 여동생의 죽음을 조사해달라고 신고했다.

친정 오빠는 여동생의 죽음이 자살로 위장된 타살이라고 생각했다. 더

구나 자살 원인마저 부정한 행동으로 결론난다면 여동생의 죽음이 더 억울할 것이라 생각했다. 죽은 사람은 말이 없다. 억울해도 밝힐 수 있는 방법이 없다. 만약 여동생이 정말 다른 사람에게 죽임을 당한 것이라면 반드시 풀어야만 했다.

자살인가 타살인가

관에서 조사관이 나왔다. 먼저 주변 사람들에게 당시 상황을 자세히 물었다. 목을 맨 방에 들어가 목을 맸던 곳의 높이를 쟀다. 그 장소가 목을 맬 만한 곳인지 아닌지 살펴보고, 두 다리가 허공에 떠 있을 수 있는지도 확인했다. 밟고 올라간 물건은 무엇이었는지 방 안의 물건을 확인했다. 물건을 발견하면 당시 목을 맨 곳 바로 아래 있었는지 옆에 있었는지도 확인했다. 목을 맸던 줄이나 끈의 둘레와 직경을 쟀다.

시체를 살펴볼 때는 목을 맨 부위의 흔적과 목을 맸던 끈과 비교해본다. 그리고 은비녀를 시체의 목 안에 깊숙이 넣고 종이로 밀봉했다가 한참 지난 후 꺼내본다. 은비녀의 색깔이 청흑색으로 변했다. 박 진사네 며느리는 목을 매어 죽은 것이 아니라 독약으로 죽었다는 검시 결과가 나왔다. 누군가가 독약으로 먼저 죽인 후에 목을 매달았던 것이다. 죽음의 원인은 독살이었다.

왜 죽음의 원인이 독약일까. 먼저 며느리가 목을 맸던 끈과 목에 나타난 흔적이 일치하지 않았다. 며느리의 목에는 끈으로 졸린 자국이 없었다. 그리고 목매기 위해 밟고 올라간 물건을 찾을 수 없었다. 며느리가 직접 끈을 매고 그곳에 올라가지 않았다는 뜻이다.

아무리 찾아도 목매어 죽었다는 것을 증명할 방법이 없었다. 그래서 두 번째로 며느리가 독을 먹은 것은 아닌지 확인한 것이다. 은비녀를 시체의 목 안에 깊숙이 찔러넣은 것은 은이 독에 닿으면 색이 검게 변하는 원리를 이용한 것이다. 은비녀는 색깔이 변해 있었다. 목매 죽었다는 며느리에게서 목을 맨 흔적은 나오지 않고 독을 먹은 증거가 나온 것이다.

남편은 미리 아내에게 독약을 먹여 죽게 하고, 독살을 감추기 위해 목을 매달아 자살로 위장했다. 목을 맸다고 하는데, 목을 매기 위해 밟고 올라간 물건이 없고, 끈으로 목을 졸린 흔적이 나오지 않았다. 시체에 끈만 감고 목을 매 죽은 것처럼 위장했다. 정확한 사인을 밝히기 위해 재수사를 하지 않았다면 며느리는 누명을 쓰고 억울하게 죽을 뻔했다.

조선에도 공식 법의학서가 있었다

조선시대에도 사인을 정확하게 파악하는 방법이 있었을까. 은비녀 외에 다른 방법은 무엇일까. 조선시대에도 공식 법의학서가 있었다. 원통함이 없도록 해준다는 의미의 《무원록無寃錄》이다.

원래 《무원록》은 중국 송나라의 《세원록^{洗寃錄}》과 《평원록^{平寃錄}》 및 《결안
정식^{結安程式}》을 모아서 원나라의 왕여가 편찬한 법의학서다.

이 책은 고려시대에 수입되었다가 조선시대에 와서 당시 상황에 맞춰
수정, 보완되었다. 1440년(세종 22년)에 형조참판 최치운 등이 내용을 쉽
게 이해할 수 있도록 주석을 붙여 《신주무원록^{新註無寃錄}》을 발간하면서 조
선의 공식 법의학서로 사용하기 시작했다. 1748년(영조 24년)에도 수정
증보했다가 1792년(정조 16년)에는 한글로 토를 달아 읽기 쉽게 만든 《증
수무원록언해^{增修無寃錄諺解}》가 나왔다.

중국에서 만들어진 《무원록》은 조선에서 사용하는 데 적지 않은 문제
점이 있었다. 중국과 조선의 규범과 예의법도가 달라 사건의 양상도 다
를 수밖에 없었다. 그래서 조선 사회에 맞게 조사 방법 등을 추가하고 수
정해야만 했다. 또 시대가 달라지면서 발생하는 사건이 바뀌니 사정에
맞게 여러 차례 수정되었다.

《무원록》에는 사건을 조사할 때 사용하는 도구와 조사 절차, 검안 서
식 등이 수록되어 있다. 살인 사건이 일어나면 기본적으로 조사를 두 번
하도록 하고, 두 번에 걸친 조사 결과가 일치해야 사건을 끝냈다. 결과가
일치하지 않으면 조사를 계속했다. 특히 《무원록》에는 조선시대의 과학
적인 방법을 모두 사용하여 죽음의 원인을 정확하게 밝히는 과정이 자세
히 기록되어 있다.

앞선 사례처럼 자실인지 독살인지를 확인하기 위해 사용한 것이 은비
녀이다. 은이 독약과 반응하여 색깔이 변하는 것을 이용한 것이다. 독약

인 경우 은비녀가 검은색으로 변하고, 금잠金蠶 벌레의 독에 쏘여 죽은 경우에는 누런색으로 변한다고 한다.

은비녀를 선택할 때도 신중해야 한다. 시장에서 제조한 은 제품 중에는 가짜가 더러 있었고, 은이라고 해도 은과 동의 비율을 3:7로 섞어 만든 도삼칠倒三七이 많았다고 한다. 검시에 사용하는 은비녀는 십성천은+成天銀이라고 해서 순수하게 은으로만 만든다. 제조 과정을 철저히 감독하고 완성품은 봉해두었다가 검시에만 사용한다. 자칫 조사를 잘못하거나 불량 은 제품을 사용해 다른 색으로 변해버리면 잘못된 결과가 나올 수도 있기 때문이다.

은비녀 외에 독살을 확인하는 방법으로는 흰밥 한 덩이를 죽은 사람의 목구멍에 넣고 종이로 덮어서 한두 시간 지난 다음에 꺼내어 닭에게 준다. 그 밥을 먹은 닭이 죽으면 독살로 결정하는 것이다. 이것을 반계법飯鷄法이라 불렀다.

'원통함이 없도록'
법물을 활용한 과학수사

은비녀와 같이 시체를 검안할 때 사용하는 것을 법물法物이라고 하는데, 술·지게미·식초·파·천초椒·소금·흰매실·감초 등이 대표적이다. 시체의 상흔이 중요한 증거가 되는데, 천초를 식초에 담가 상처에 바르면 상흔이 보이지 않게 된다. 가해자가 자신의 죄를 감추기 위해 가끔 사용하는 방법이라고 한다. 이때 감초물로 시체를 닦으면 상흔이 곧바로 나타난다고 한다.

> 옛날에 두 사람이 서로 때리면서 싸우다가 갑자기 한 사람이 땅에 엎어져 기절하였고 목격한 증거도 분명하였다. 그러나 시체를 검험檢驗하니 상흔이 없어 검관檢官이 매우 당황하였다. 이때는 추운 겨울이었는데, 검관이 갑자기 좋은 방법이 떠올라서 구덩이를 파게 했다. 구덩이의 깊이는 2척 남짓하고 길이는 시체의 키에 맞추었다. 장작을 넣고 불을 지펴 적당히 데워지면 구덩이 안에 시체를 눕히고 옷으로 덮어두었다. 얼마 후 따뜻해진 시체를 꺼내어 술과 식초를 종이에 뿌려 시체에 붙이니 상흔이 분명하게 드러났다.

수사관이 술과 식초로 상흔을 찾아내지 못했다면, 죽은 자의 억울함은 묻혀버렸을 것이다. 법물의 사용은 화학 반응을 일으키는 성질을 파악해서 사용했다. 각각의 성질이 어떤 물질과 만났을 때 어떤 화학 반응을 일으키는지에 대한 사전 지식이 있었던 것이다. 《무원록》을 바탕으로 한 조사는 현대적인 수사 못지않게 과학적이었다.

미국 드라마 〈CSI과학수사대〉는 다양한 과학적 수사 방법과 권선징악의 주제로 인기를 끌었다. 반드시 범인을 잡아 처벌한다는 것, 억울하게 벌을 받는 사람이 없다는 결말에 많은 사람들이 통쾌하고 재미있어했다.

조선시대에도 《무원록》을 계속 수정하고 증보하고 해설을 덧붙이면서 간행했다. 누구라도 쉽게 읽고 이해할 수 있도록 한글로 번역을 해서 간행하기도 했다. 중국에서 수입한 책이지만 조선의 사정에 맞게 계속 고쳐나갔다. '원통함이 없도록'이라는 뜻이 담긴 책의 제목처럼 한 사람이라도 억울한 일을 당하지 않는 세상을 꿈꾸었기에 가능한 일이었다.

하늘의 운행을 알아내다

천문학

빛이 없는 '가막나라(암흑의 나라)'가 있었다. 이 나라 임금은 백성들이 어둠 속에서 사는 것이 걱정이 되어 빛을 얻어오기 위해 백성들이 기르던 사나운 불개를 불러 해를 물어오게 했다. 용감한 불개는 하늘로 날아가 해를 덥석 물었다. 하지만 해가 너무 뜨거워서 뱉어버렸다. 해를 물어올 수 없게 되자 가막나라 임금은 불개에게 달이라도 물어오라고 했다. 불개는 다시 하늘로 날아가 달을 덥석 물었다. 그런데 달은 너무 차가웠다. 어떻게든 물고 가려고 했지만 너무 차가워서 결국 뱉어버리고 말았다. 그래서 가막나라는 빛이 없이 살고 있는데, 지금도 포기를 못 하고 불개에게 해를 물어오라 달을 물어오라고 한다.

일식과 월식에 관한 설화 '불개'의 줄거리다. 하늘에 올라간 불개가 해를 물었다 뱉으면 일식이 일어나고, 달을 물었다 뱉으면 월식이 일어난다는 이야기다. 지금도 불개가 해와 달을 물었다 뱉는 일을 반복하고 있어 일식과 월식은 쉬지 않고 일어난다고 한다.

무지無智는
두려움을 부른다

옛날 사람들은 변함없이 일정한 주기에 맞춰 뜨고 지는 해와 달을 보다가, 어느 날 갑자기 해와 달이 찌그러지거나 잠시 없어졌다 나타나는 현상을 보았다. 느닷없이 일어나는 자연현상은 인간을 두렵게 만들었다. 일식과 월식을 과학적으로 이해할 수 없었기 때문에 비롯된 공포였을 것이다.

소동파蘇東坡가 말하기를 "옥천자玉川子의 월식시月蝕詩에 달을 먹는 것은 달 가운데 있는 두꺼비고, 매성유梅聖兪의 일식시日蝕詩에 해를 먹는 것은 발이 세 개 있는 까마귀다"라고 하였다. 이것은 원래 근거 없이 세상에 전해지는 말이다. 그러나 상고하여 보니《전국책戰國策》에서 말하기를 "해와 달이 밖으로 광휘光輝를 떨어뜨리는 것은 그것을 좀먹는 것이 안에 있기 때문이다"라고 하였다.

이수광의《지봉유설》〈천문부天文部〉일월日月 편에 나오는 내용이다. 달에는 두꺼비가 살고 해에는 발이 세 개 있는 까마귀가 사는데, 가끔 두꺼비가 달을 먹으면 월식이 일어나고 세 발 까마귀가 해를 먹으면 일식이 일어난다고 했다. 이수광은 이런 소리를 근거 없이 전해지는 말이라고 했다.

일식^{日蝕}과 월식^{月蝕}에서 '식^蝕'은 좀먹는다는 뜻이다. 태양과 달과 지구가 일직선으로 놓이면서 달이 태양을 가리면 일식이 일어난다. 태양과 지구와 달이 일직선으로 놓이게 될 때 지구의 그림자가 달을 가리면 월식이 일어난다. 태양을 완전히 가리면 개기일식이고, 일부만 가리면 부분일식이다. 달도 완전히 가리면 개기월식이고, 일부만 가리면 부분월식이다. 일식과 월식이 일어나는 이치를 이해하지 못해 알 수 없는 무언가가 해와 달을 좀먹어서 원래의 모양을 이지러뜨렸다고 생각한 것이다.

태양은 인간에게 없어서는 안 될 존재이다. 빛을 주고 생명의 바탕인 에너지를 주는 태양은 마치 하늘의 왕과 같다. 달도 마찬가지다. 어두운 밤하늘을 훤히 밝혀주고 일정한 주기로 차고 기우는 일을 반복한다. 인간은 오래전부터 해와 달의 규칙적인 운행을 관찰하면서 시간을 계산하고 달력을 만들었다. 그것을 바탕으로 농사를 지어 먹고 살았다.

그러니 해와 달이 빛을 잃고 모양이 찌그러지거나 사라졌다가 나타나는 일은 엄청난 공포였을 것이다. 특히 해와 달은 왕을 상징했기 때문에 일식과 월식은 왕이 정치를 잘못해 나라에 재앙을 예고하는 것이라 믿었다. 하늘의 현상을 인간에게 일어날 일에 대한 암시로 여겼기에 두려워하고 철저히 관찰했다.

명종 16년 신유(1561) 7월 1일(기축)

일식^{日蝕}이 있었다.

사신은 논한다. 일식과 월식은 천변 중에서도 큰 것인데, 지난달 보름에 월식을 하였고 이달 초하루에 또 일식을 하니, 매우 극심한 변고이다. 그 원인은 무엇인가? 이때 윤원형과 이양의 무리가 모두 외척으로 권력을 차지하고 방자하여 각기 붕당을 만들고 서로 다투어 헐뜯으며 모함을 하는 조짐이 현저하였으니, 임금을 침범하는 형상이었다. 어찌 천변이 있지 않겠는가.

1561년 일식에 대한 《조선왕조실록》의 기록이다. 일식이 일어난 원인으로 외척의 권세와 붕당을 꼽았다. 정치적인 갈등이 일식으로 나타난다고 보았다. 뒤에는 살인이나 상해 사건 등을 예로 들며 문제가 생긴다는 사실을 하늘이 알려주고 꾸짖는 것이라고 했다.

하늘의 움직임에 기록과 기도로 답하다

그렇다면 일식으로 대변하는 하늘의 꾸짖음에 어떻게 대답해야 할까. 대응 방법이 따로 있다. 바로 '구식례救食禮'다. 구일식救日食 또는 구식救蝕이라고도 한다. 왕이 자숙을 하며 치르는 의식이다. 일식이나 월식이 시작되면 이변이라고 판단하고, 왕이 각 관아의 당상관이나 낭관을 거느리고 월대月臺에 올라 해나 달을 향해 기도하며 자숙한다.

일식이 일어나기 시작할 때 왕이 신하와 함께 해를 보면서 기도하고 있으면 잠시 후 일식이 끝난다. 찌그러졌던 해가 제 모습을 찾는다. 왕에게 허물이 있거나 나라 정치가 어지러워 하늘이 경계한 것이라면, 이제 제 모습을 찾았으니 해결된 셈이다. 사실 왕이 통렬히 반성해서가 아니라 시간이 해결해줬을 뿐이다.

중종 12년 정축(1517) 6월 1일(을사)

일식日蝕이 있으므로 미시未時에 임금이 소복素服과 오대烏帶를 갖추고 인정전仁政殿 섬돌에 나아가 친히 구식救蝕을 하였다. 전날 밤 야대夜對에 《근사록近思錄》을 진강進講하고 일식의 변고를 논할 때에 "임금이 친히 구식하여야 합니다" 하니, 상上이 이르기를 "임금이 친히 구식하여야 할 것이다" 하였는데, 이때에 와서 예관禮官이 친구의주親救儀註를 입계하였다.

1517년 중종이 직접 구식례를 행한 기록이다. 일식이 일어나니 미시未時에 소복을 입고 인정전 섬돌에 나아간다. 전날 밤에는 《근사록》을 읽으면서 일식에 대해 토론도 했다. 일식이 일어나는 시간을 미리 알고 있었다는 뜻이다. 관상감 관원들이 언제 일식이 일어날지 미리 계산을 해놓고 날짜와 시간을 왕에게 알려준다. 혹시라도 계산을 잘못해서 일식이 일어나는 시간을 맞추지 못해 구식례를 제때 하지 못하면 어떻게 될까. 그것이야말로 관원들에게는 변고인 것이다.

왕은 하늘의 변고를 미리 알고 있어야 권위가 선다. 일식이 일어나는 시간을 정확히 알지 못하는 왕은 무능한 것이다. 조선시대에는 일식과 월식이 일정한 도수度數에 따라 생기는 현상이라는 사실을 알고 있었다. 관상감 관원들은 오랫동안 쌓인 일식과 월식의 기록을 보고 해와 달과 지구의 운행 시간을 정확하게 계산했다.

계산을 거쳐 일식과 월식이 일어나는 정확한 시간을 왕에게 보고해야 했다. 일식이 일어나는 동안 왕은 구식례를 하고 있고, 관상감 관원들은 일식의 시작과 과정과 끝을 모두 기록했다. 일식이 하늘 가운데에서 일어날 때라면 큰 문제가 없지만, 해가 뜰 때 시작되는 일식은 주변의 나무나 건물에 가려 잘 보이지 않는다. 그때는 일식을 관측하기 좋은 장소에 간다. 남산에 올라가서 관측하고 불을 피워서 궁에 알리거나 삼각산, 강화도에서 관측하기도 했다.

1800년 정조 24년 음력 4월 1일에 있었던 일식은 진시辰時 초부터 사시巳時 초까지 일어났으며 8푼分 11초秒를 먹었다고 한다. 일식을 과학적으로 관측·기록한 것이다. 이렇게 기록한 것은 따로 모아 《성변등록星變謄錄》 또는 《천변등록天變謄錄》이라는 천문관측 기록문서로 정리해놓았다. 이 기록은 오랜 기간 쌓여 조선시대 천문과학 연구자료로 활용됐다.

왕은 하늘의 변화를 제때 알고 대처해야 백성들의 신뢰를 얻는다. 일식이 일어나면 왕에게 변고가 생긴다는 가설은 비과학적이지만, 이에 대처하기 위해 오랫동안 하늘을 관측하고 면밀히 기록하고 연구하게 되었으니 결과적으로 나쁘지 않은 가설이다. 그것이 조선의 과학이 되었으니 말이다. 훌륭한 정치는 신뢰를 바탕으로 백성들의 삶을 안정시키는 것이다. 이는 조선시대에만 해당하는 말은 아닐 것이다.

빙고 氷庫로 백성의 고통까지 얼리다

열역학

흰 모시옷 검은 모자에 땀이 흠뻑 젖어라	白紵烏紗汗正濃
분수 넘친 금화전에 무능한 나를 두시었네	金華非分著疎慵
해는 정오에 이르니 꽃그늘은 말아 들고	日輪午駐花陰卷
대궐 모서리 서늘하니 대자리 그림자 없어졌네	闕角涼生簟影空
때로는 아침 집어다 졸린 눈에 뻗지르고	時點牙籤挑睡睫
한가히 물시계 소리 들으며 저녁 종을 기다리네	閑聽銅漏待昏鐘
성상께선 오히려 백성의 더위를 염려하여	九重尙軫元元熱
감옥에까지 얼음을 나눠 주도록 윤허하도다	更許頒氷岸獄中

조선 전기의 문인 점필재佔畢齋 김종직이 여름날 궁에서 숙직하며 지은 시다. 땀으로 옷이 흠뻑 젖을 정도로 더운 여름날, 대궐 어느 한곳에서 졸린 눈을 부릅뜨고 일하는 관리의 모습을 그렸다. 한여름 땀을 뻘뻘 흘리며 숙직을 하면서도 백성이 더위에 지칠까 걱정하여 감옥에 있는 죄인

에게까지 얼음을 나눠주는 왕의 선정을 묘사하고 있다.

냉장고를 열면 얼음이 가득하고, 정수기 버튼을 누르면 얼음이 쏟아지는 지금 시대에 백성들에게 직접 얼음을 나누어주었다는 사실은 생소하게 느껴진다. 게다가 죄를 저지르고 감옥에 갇힌 죄수에게도 나눠주다니.

조선시대에는 여름이면 얼음을 나눠주는 '반빙頒氷'이라는 제도가 있었다. 조선시대 법전인 《경국대전經國大典》에는 매년 여름 마지막 달인 음력 6월에 관리와 종친 및 문무 당상관과 내시부 당상관, 그리고 70세 이상의 퇴직 당상관에게 얼음을 나누어준다. 또한 활인서(活人署, 조선시대 병자를 구료하는 관서)의 병자들과, 의금부와 전옥서(典獄署, 조선시대 죄수를 관장하는 관서)에 갇힌 죄수들에게도 지급한다고 기록되어 있다.

귀한 얼음을 관리와 종친들에게 나누어주는 것은 으레 하던 일이니 당연하지만, 환자와 죄수들에게도 지급하라고 명시한 것은 의외다. 70세 이상의 퇴직한 당상관과 환자와 죄수는 사회적 약자에 해당한다. 귀한 얼음을 고위층에서만 소비하는 것이 아니라 약자에게도 고루 나누어주었다는 의미다. 얼마나 아름다운 이야기인가.

그렇다면 한여름에 얼음을 어디에서 구했을까. 빙고氷庫에서 꺼내오면 된다. 얼음 창고인 빙고가 한강 근처에 있었는데, 한겨울에 한강물이 꽁꽁 얼면 그것을 잘라서 빙고에 보관했다가 여름에 꺼내서 썼다.

냉장시설도 없던 시대에 한겨울의 얼음을 어떻게 여름까지 녹지 않게 보관했을까. 매년 음력 12월 초가 되면 한강에서 얼음을 캤다. 이를 채빙採氷이라고 한다. 장정 네 명이 한 조가 되어 얼음을 캐는데 아무 때나 작업할 수 있는 것은 아니다. 강물이 4치 이상 얼었을 때 가능하다. 4치면 약 12㎝ 정도인데 정말 추운 날 작업을 한다는 의미다.

얼음이 두껍게 얼지 않으면 여름까지 보관하기 어렵다. 《춘추좌씨전^春^{秋左氏傳}》에 따르면 소공^{昭公} 4년에 "옛날에 해가 북륙^{北陸}에 있으면 얼음을 저장한다"고 했다. 북륙은 별자리 28수 중의 하나인 허수^{虛宿}를 가리키는 데, 해가 허수에 있으면 날씨가 추워지고 얼음을 저장하는 데 적합한 시기로 알려져 있다. 만약 겨울이 왔는데 채빙할 만큼 춥지 않으면 어떻게 했을까. 춥게 해달라고 하늘에 제사를 지냈다.

> 올 겨울이 따뜻하여 얼음이 얼지 않으니 기한제^{祈寒祭}를 행하는 것이 가하다. 홍문관으로 하여금 옛 제도를 상고해 아뢰게 하라.

성종 17년인 1486년의 기록을 담은 《성종실록》 198권 음력 12월 4일의 기록이다. 얼음을 얻으려는 간절한 마음이 하늘에 닿을 수 있도록 나라에서 제사를 지낸 것이다. 가뭄에 비를 내려달라는 기우제는 들어봤어도 춥게 해달라고 기한제를 지내다니.

전기의 힘을 빌리지 않고도 얼음이 녹지 않게 유지할 수 있는 얼음 저장고가 바로 빙고^{氷庫}인데, 얼음을 보관하는 방법이 상당히 과학적이다. 기체의 대류^{對流} 현상과 물체의 열전도율을 적절히 이용했다. 대개의 빙고는 내부 길이 12미터, 폭 5미터, 높이 5미터 내외의 공간으로 되어 있으며, 건축물의 절반을 땅에 묻어 여름에도 내부 온도가 높아지지 않도록 했다. 얼음을 쌓을 때는 녹지 않도록 사이사이에 짚을 깔아 단열을 했다. 화강암으로 내부에 벽을 쌓고 외부에는 흙을 덮어 단열 효과를 극대화했다. 얼음이 조금씩 녹아 물이 생기면 바로 배수될 수 있도록 바닥은 약간 경사를 두었다. 얼음을 캐고, 캐낸 얼음을 빙고에 보관하는 과정을 '장빙 藏氷'이라 불렀다.

빙고는 동빙고, 서빙고와 내빙고 두 곳을 합하여 모두 네 곳이었다. 대궐 내에 있는 왕실전용인 내빙고 두 곳은 창덕궁의 북쪽과 남쪽에 있었고 2만 2,623정(丁, 1정은 두께 약 12센티미터, 둘레 약 180센티미터)을 보관할 수 있었다. 동빙고는 지금의 서울 옥수동 한강변 동호대교 북단에 해당하는 두모포에 있었다. 동빙고에는 약 1만 244정의 얼음을 보관할 수 있었다. 서빙고는 한양 둔지산(지금의 국립중앙박물관 자리) 기슭에 있었다. 동빙고의 얼음은 주로 제사용이었고, 서빙고는 관청에서 사용할 얼음과 종친 및 당상관, 노인과 환자, 죄수들에게 나눠주는 얼음을 보관하는 창고로 얼음 13만 4,974정을 보관할 수 있었다.

금년에 장빙藏氷하는 역役은 민폐民弊가 염려되고 또 보진補賑하기 위해서 벌빙伐氷하는 대신에 조세租를 대신 낼 수 있도록 하여, 한결같이 백성이 원하는 바에 따라 거행하라는 뜻을 전에 이미 전령傳令하여 지위하였다. 그런데 다시 생각해보니, 빈천貧賤하고 의지할 데가 없어서 1두斗의 곡식도 마련하기가 어려운 부류가 이러한 동절기를 당하여 벌거벗은 몸으로 굶주린 창자로 어떻게 벌빙조伐氷租를 납부할 수 있겠는가? 독촉하며 몰아쳐 부리는 것도 차마 할 수 없는 바이기에 장빙藏氷의 역은 읍내 사람 중에서 힘을 써서 얼음을 뜨게 할 계획이다.

이 내용은 충청남도 임천군林川郡의 행정 사무를 기록한《가림보초嘉林報草》에서 1738년 (영조 14년)에 얼음을 캐는 부역의 문제점을 다룬 것이다. 백성들은 얼음을 캐는 부역을 하거나, 부역을 하지 못할 경우 세금을 내야 했다. 가난한 백성이 춥고 배고픈 겨울을 지내기에도 힘든데 얼음세를 낼 수 있었을까.

매서운 강바람이 부는 추운 날 보온 장비도 없이 강에 나가 얼음을 캐고, 그 무거운 얼음을 빙고에 나르는 일은 고통스러웠다. 그래서 얼음을 캐는 부역을 피하기 위해 남자들이 도망을 가기도 해서 난데없이 생과부가 늘어났다고도 한다. 동빙고와 서빙고의 직원인 빙부氷夫에게는 급료로 빙부전氷夫田 한 결을 지급했다고 한다. 그렇지만 빙부의 업무를 견디기 힘들어 도망가는 사람들이 많았다는 기록을 보면 차라리 여름에 얼음을 사용하지 않는 게 나았을지도 모르겠다.

한여름에 얼음을 사용하기 위해 한겨울에 백성들이 고생한다. 한겨울을 지낸 얼음은 주로 왕실과 고위 관리의 몫이었다.《대학大學》에 '벌빙지가伐氷之家'라는 말이 나온다. 경대부卿大夫 이상으로서 얼음을 보관하고 있다가 초상이나 제사에 사용할 수 있을 정도의 집안이라는 뜻이다.

조선시대에 종친宗親 · 대신大臣 · 공신功臣의 장례 때에 빙반氷盤을 사용

했는데, 초상에서 대렴까지 매일 얼음 20정을 썼다고 한다. 얼음 한 덩이
가 1정이고 대략 80킬로그램 정도 된다고 하니, 엄청나게 많은 양의 얼
음을 소비한 셈이다. 빙반은 시신이 부패하지 않도록 얼음을 담아두는
큰 쟁반 같은 것인데, 관의 밑바닥에 사용한다.

얼음은 한여름 음식이 상하지 않도록 돕고, 더위를 이겨내는 데도 요
긴했다. 반빙 제도를 처음 공부할 때, 귀한 얼음을 사회 약자에게까지 나
누어준 통치자의 배려에 감탄했다. 그러나 실체를 들여다보면 다소 서글
퍼졌다. 고위층을 위해 백성들이 희생하고, 죽은 사람을 위해 살아있는
사람이 고생하는 제도라고 하면 너무 지나친 걸까.

정조는 얼음 때문에 고생하는 백성들을 생각해서 얼음을 캐고 운반하
는 대가를 지불하도록 했다. 그러다가 정조 13년에 내빙고를 없앴다. 다
산 정약용은 《경세유표經世遺表》에서 궁 안에서 샘물을 길어다 얼음을 얼
려 저장하자는 방안을 제시하기도 했다. 얼음이 필요하지만 백성들의 고
통을 두고 볼 수가 없었기에 생각해낸 방법이었다.

유교를 통치이념으로 삼았던 조선시대는 상례喪禮와 제사를 중시하는
사회였다. 죽은 사람을 위해 얼음을 많이 사용한 것을 나쁘다고 말하는
것은 현대인의 단견일 수 있다. 또 사회적 약자에게 얼음을 나눠준 행위
를 보여주기식 정치에 불과하다고 폄하할 수도 없다.

뛰어난 과학적 지식을 활용해 한여름에도 얼음을 사용할 수 있는 시설
을 만들어 운영했고, 백성의 고통을 돌아보고 해결하려 노력한 지도층이
있었다는 사실은 자랑할 만하다.

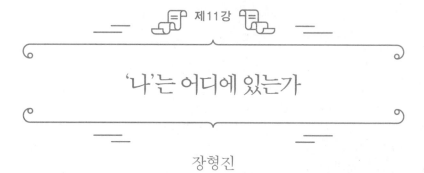

제11강

'나'는 어디에 있는가

장형진

수학과 물리학은 숫자로 풀어내는 인문학이라 믿는 물리학자. 서울대에서 입자물리학 전공으로 박사과정을 수료한 후 가톨릭대 등에 출강했다. 과학은 어렵다는 선입견을 깨기 위해 대중의 눈높이에 맞춰 설명하려고 노력한다. 과학의 대중화를 위해 중고등학생, 시민들과 만나 과학의 기원과 인간의 이해라는 주제로 강의를 하고 있다.

별에서 온 그대

나는 '빛'이다.

다섯 날에 걸쳐 우주의 시작은 물론 당신의 조상과 당신의 마음이 무엇인지 이야기해달라는 부탁을 받았을 때 나는 많이 당황했다. 게다가 당신은 하루에 30분 정도의 시간만 낼 수 있다고 덧붙였으니 말이다. 이 세상이 시작되고 얼마 되지 않았을 때 나타나 지금까지 우주 어디에나 있는 나에게 이런 부탁한 것을 보면, 당신도 많이 생각하고 말했으리라 짐작한다. 나름대로 당신이 흥미로워할 만한 주제들로 일정을 짰다고 고민했지만, 138억 년을 거슬러 당신에게 다다르기까지의 스토리가 다소 벅찰 수도 있다. 양해해주기 바란다.

우주의 진화와
자연의 기본원리

'빅뱅' 하면 아이돌그룹을 먼저 떠올리겠지만, 우주의 진화를 연구하는 우주론에서는 우주의 시작을 나타내는 고유명사로 쓰인다. 우주가 상상할 수 없을 정도로 작고 뜨겁게 시작했다는 이론에 빅뱅이라는 이름이 붙은 것은, 영국의 천문학자 프레드 호일이 1949년 한 라디오 프로그램에 출연해 조롱삼아 말한 것을 익살스럽게 받아들여서이다. 발표될 때에는 그다지 인기를 얻지 못했던 빅뱅 이론은 약 20년이 지난 1964년, 우주의 모든 방향에서 균일하게 관측되는 '나'를 우연히 발견하면서 폭넓게 인정받게 되었다.

'우주배경복사CBR, Cosmic Background Radiation'로 불린 나를 더 자세히 보기 위하여 당신들은 20여 년간 세 대의 우주선을 우주로 보냈고, 여러 차례 노벨물리학상이 수여될 정도로 값진 자료를 얻었으며 세상을 더 이해할 수 있게 되었다.

한편 빅뱅 이론이 인정을 받아 연구가 널리 진행되면서 몇 가지 중대한 문제를 깨닫게 되었지만, 우주 생성 초기에 급팽창inflation이 있었다는 설명으로 많이 해결할 수 있었다. 현재 우주론의 표준이 되고 있는 빅뱅 이론은 급팽창을 포함하고 있으며, 우주의 진화와 자연의 기본원리에 대하여 많은 것들을 알려준다.

짧게나마 빅뱅 이론에 대해 알아보자. 빅뱅이 있고 얼마(10^{-36}초) 되지 않아 짧은 시간 동안(10^{-32}초) 원자 크기(10^{-10}m)가 10조 킬로미터가 될 정도로 우주가 급팽창했다(공간이 팽창할 땐 빛보다 빠를 수 있다). 이전부터 분리되기 시작한 자연의 기본적인 힘들이 급팽창 후에 현재처럼 네 개로 자리 잡으며, 나는 향후에 세상을 구성하게 되는 다른 기본 입자들(물질과 반물질)과 함께 태어났다. 극도로 뜨겁고 비좁은 우주에서 나는 기본 입자들과 끊임없이 격렬하게 충돌하며 모습을 바꾸었다. 우주가 계속 팽창하며 식어가는 동안, 무거운 물질부터 반물질까지 짝을 만나 나로 변하며 더 일찍 사라졌다.

왜 물질이 반물질보다 약간 더 많아서 현재의 우주를 구성하게 되었는지 설명하려면 아직은 어렵다. 살아남은 쿼크Quark는 빅뱅 후 1초가 흘렀을 때, 우주 최초의 결합물인 양성자(수소원자핵)와 중성자를 형성하였다. 두 번째 결합은 빅뱅 후 3분에서 20분 사이에 일어났는데, 양성자와 중성자가 결합하여 헬륨 원자핵을 형성한 것이다.

이후 한동안 나는 원시핵과 전자들을 오가며 좌충우돌하다가 우주 온도가 4천 K(절대온도의 단위인 K는 섭씨온도보다 273℃ 정도 높다. 가장 낮은 온도는 0K로 -273℃ 정도다) 정도로 식게 된 38만 년이 흘러서야, 원시핵(양전하)들이 전자(음전하)를 포획하여 중성의 원자가 되며 나는 자유로워졌다. 낭신이 그 시기에 있었다면 뿌옇던 우주가 갑자기 맑게 개며 붉은 빛을 띠는 모습을 볼 수 있었을 것이다. 이때의 내가 138억 년이 지나서 빅뱅 이론의 강력한 증거로 발견되는, 좀 전에 말한 우주배경복사다.

계속 우주가 팽창하면서 나는 잔잔해지고 붉은 빛깔조차 잃었다. 우주는 캄캄한 암흑시대가 되었다. 암흑시대가 몇 억년 지나는 동안 우주의 어느 곳은 다른 곳보다 밀도가 높아져 중력에 의해 물질이 밀집되었다. 빅뱅 후 몇 억 년이 지나서 밀집된 곳의 중심부 온도는 수소핵이 헬륨핵으로 융합될 수 있을 정도로 올라갔고, 최초의 별the First Stars이 탄생했다. 최초의 별에서 나온 내가 우주를 다시금 밝히며 암흑시대는 끝났다. 최초의 별이 생겨서 무리(은하수)를 짓기도 하고, 폭발하며 다음 종족의 별을 만드는 재료들을 뿌리기도 하면서 우주는 서서히 밝아졌고 역동적이되었다.

이야기를 하는 동안에 이 최초의 별들에게서 나온 나를 처음으로 찾았다는 소식이 들려왔다. 늘 그렇듯, 확인될 때까지는 시간이 걸리는 법이다. 과연 그때의 내가 맞는지 더 확인해볼 필요가 있다.

초신성의 장렬한 최후가 남긴 별들의 역사

이제 서서히 오늘 이야기의 제목인 '별에서 온 그대'로 다가서고 있다. 그러나 아직 수소와 헬륨 원자들 외에 지금의 세상을 구성하는 대부분의 원소는 우주 어디서도 나타나지 않았다. 간략히 이야기하자면, 더 무거운 원소들의 핵이 생성될 정도로 여러 핵이 강렬하게 충돌하여 융합되는 일은 우주에서 흔하지 않다는 것이다. 우주에서 보통 물질의 대부분은 가장 가벼운 수소 원자와 헬륨 원자이며, 이 원소는 거의 우주 초기에 이미 생성되었다.

재료가 준비되었으니 이제 여러 원소를 요리할 장소를 찾으면 된다. 원소의 생성은 별과 직접적인 관계가 있다. 별에서는 원자번호가 26번인 철Fe까지 생성될 수 있고 구리나 수은, 금, 우라늄 등 철보다 무거운 원소는 커다란 별이 최후를 맞을 때 생성된다. 철보다 무거운 원소를 만들어낼 정도로 질량이 큰 별은 천억여 개의 별 무리인 은하계와 맞먹을 정도로 밝게 빛나는 초신성supernova*이 된다.

이렇게 장렬하게 폭발하며 다양한 원소를 남기면 나중에 이것들이 모여서 스스로 빛을 내는 별과 별 주위를 도는 행성들, 행성 주위를 도는 위성들을 이루게 된다. 그리고 각각의 천체들이 자기 나름대로 진화하며 각자의 역사를 갖게 된다. 당신을 이루는 대부분의 원소들은 별에서 왔다. '별에서 온 그대'는 단지 드라마 제목이 아니라 우리 모두에게 사실인 것이다.

---

* 신성nova은 '새로운'이라는 뜻의 라틴어로 천문학에서는 이전까지 어두웠던 항성이 갑자기 크게 폭발해 며칠 사이에 15등급(100만 배)으로 밝아지는 현상을 말한다. 폭발의 규모가 아주 크면 초신성이라고 부른다. 초신성은 1931년 천문학자 발터 바데와 프리츠 츠비키가 만들어낸 조어다. 1572년 덴마크 천문학자 튀코 프라헤가 카시오페이아 자리에서 튀코신성을 발견했고, 1604년 10월 17일 요하네스 케플러가 뱀주인 자리에서 폭발한 초신성을 관측하고 그의 이름을 따 케플러초신성이라 명명했다. 이보다 4일 앞선 1604년 선조 37년 음력 9월 21일자 《선조실록》에 밤하늘의 신기한 현상이 기록되었다. 세계 천문학계에서는 케플러초신성보다 《선조실록》의 초신성을 더 많이 인용하고 있다.

함께 알면 좋은 정보

▶ 우주는 138억 년 전에 빅뱅으로 태어나 급격히 팽창했다.

▶ 급팽창 후 우주에 존재하는 기본 힘들은 현재처럼 4개(약력weak force, 강력strong or color force, 전자기력electromagnetic force, 중력gravity force)로 분리되었고, 이후 기본 입자들이 나타났다.

▶ 우주는 계속 팽창하고 있으며, 우리가 아는 기본 물질들은 우주의 5퍼센트도 안 된다.

▶ 수소H와 헬륨He 외의 원소들은 일부가 별에서 합성되고, 대부분은 별이 폭발하면서 생긴다.

우주에서 나의 위치는?

둘째 날이다. 우주가 시작되고 92억 년 후에 형성된 이 행성에 온 지도 46억 년쯤 되었다. 지금 나는 2천 몇백 년 전의 지중해 연안을 내리쬐고 있다. '철학의 아버지'라 불리는 밀레투스의 탈레스, 그리스 식민지였던 이탈리아 크로토네에서 비밀교단을 창설한 수학자이자 철학자 피타고라스, 아테네의 소크라테스와 그의 제자인 플라톤, 플라톤의 제자인 아리스토텔레스, 태양에서 온 나를 이용하여 지구 둘레를 꽤 정확하게 측정했던 에라토스테네스 등 고대 그리스의 현인들은 보편적이고 합리적인 방법으로 자연현상을 이해하고 세상의 원리를 찾고자 했다. 기술과 수학이 아직 발달하지 못했기 때문에 대부분 가설 수준에 머무를 수밖에 없었지만, 자유로웠던 지성은 훗날 유럽의 중세시대를 깨우며 과학의 씨앗이 된다.

보편적 진실을 찾아
떠나는 여정

우주의 중심을 두고 오랫동안 충돌해왔던 '태양
중심설heliocentrism'과 '지구중심설geocentrism'이 기원후 2세기에 프톨레마
이오스의 알마게스트Almagest를 바탕으로 지구중심설로 정리되었다. 이제
당신들은 1천 200년이 넘도록 우주의 중심에 본인들이 있다고 착각하게
되었고, 중세시대에 들어와서는 기독교적 세계관과 부합하면서 신앙처
럼 굳어지기까지 했다.

한편 고대 그리스가 로마에 멸망하면서 왕성했던 지성의 활동은 쇠퇴
했고, 로마제국의 분열에 이어 5세기에 서로마제국이 멸망하면서 유럽
지역은 암흑시대로 접어들었다. 그러나 아랍 세계로 번역되어 보존할 수
있게 된 고대 그리스의 사상과 독자적으로 발달한 아랍의 과학, 인도-
아라비아 숫자 등이 십자군전쟁Crusades을 거치며 유럽에 전파되었다. 아
랍권에 남겨졌던 고대 그리스의 유산과 정신에 다시 불이 켜지고, 15세
기 르네상스 운동과 16세기 과학혁명으로 밝게 타올라 천 년의 중세시대
를 저물게 했다.

1543년 코페르니쿠스의 지동설(태양중심설)로 시작된 과학혁명이 1687
년 뉴턴역학으로 완성되면서 '자연에 대한 경험(관측이나 관찰, 실험)과 이
론의 구조(수학적, 논리적 체계)가 양립'해야 한다는 과학의 속성과 과학적

방법론이 정립되었다. 케플러에 의해 하늘의 물체들이 원이 아니라 타원으로 운동한다는 것, 갈릴레오가 망원경으로 관측한 울퉁불퉁한 달의 모습과 목성의 위성은 하늘이 완전하지 않음을 깨닫게 해주었다. 또한 하늘과 지상이 동일한 법칙으로 움직인다는 뉴턴역학이 하늘은 인간이 닿을 수도 없을 만큼 완전한 세계라는 전통적인 세계관을 깨뜨렸다. 이제 당신들은 우주의 중심이라는 착각과 부담에서 벗어나, 우주의 일원이 되어 보편적 진실을 찾을 수 있는 준비를 갖추었다.

뉴턴의 역학 체계는 만유인력 이론으로 예측한 장소에서 해왕성을 발견(1846년)하고 고전역학으로 확장되면서 지상에서도 유체fluid 운동과 열역학 등 다양한 분야를 개척하며 여러 자연현상을 설명할 수 있게 해줬다. 그러나 인간이 우주의 중심에 있다는 착각에서 벗어나게 해준 뉴턴의 운동이론 안에는 두 개의 과도한 우상이 숨어 있었다. 이 우상들 위에 세워진 뉴턴역학은 현대역학이 아니라 고전역학으로 불리지만, 아주 작거나 속도가 아주 빠른(참고로 나보다 빠른 것은 없다) 극단적인 경우가 아니라면 대부분의 경우에 좋은 결과를 낸다.

뉴턴의 역학 체계는 결정론Determinism과 더불어 시간의 절대성Universality을 지니고 있었다. 즉, 뉴턴의 운동방정식(흔히 $F = ma$로 표시되는 뉴턴의 '운동 제2법칙'. 가속도 a는 속도의 시간 변화로써, 위치를 시간으로 두 번 미분한 것이다)을 풀면, 어느 시간에 대해서라노 불체의 운동 상태를 원칙적으로 알 수 있었다. 어느 한 순간의 위치와 속도(위치의 시간 변화로써, 위치를 시간으로 한 번 미분한 것이다)가 향후의 운동 상태를 온전히 결정하게 되며(뉴턴의 운동방정식은 시간에 대한 2차 미분방정식이기에 방정식을 풀 수 있느냐에 상관없이 어느 시간의 위치와 속도를 알면 방정식의 해가 결정된다), 시간은 보편적이고 유일한 절대성으로 취급되었다.

20세기가 시작되는 언저리에서 고전역학의 두 우상들을 쫓아내고, 새로운 문명과 정신의 지평선을 넓히기 위하여 나는 이때 많이 바빴다. 전적으로 나의 도움에 힘입어 20세기와 함께 새로운 지평이 열렸다고 할 수 있다. 20세기가 시작되면서 플랑크가 나에 대한 양자가설로 문을 열고, 아인슈타인의 광양자설(1905년에 발표한 이 이론으로 그는 노벨상을 받았다)에 이어 1920년대에 정립된 양자역학quantum mechanics이 결정론을 과학에서 쫓아내었고, 아인슈타인이 나를 특수상대성이론special theory of relativity의 기초로 삼으면서 절대시간을 무너뜨렸다. 뉴턴역학으로 설명할 수 없는 자연현상까지도 설명할 수 있었던 양자이론과 상대성이론은 새로운 문명과 과학, 세계관의 기초가 되었다.

우주에 중심은 없다

1920년대 중반까지도 당신들은 당신들이 속한 별무리(우리은하)가 우주 전체라고 믿었으며, 우주는 어제나 오늘이나 내일이나 비슷할 것이라 생각했다. 하지만 허블이 1920년대 중후반에 걸

쳐 여러 곳에서 온 나의 변화를 비교하면서, 우주에는 수많은 은하들이
있으며 팽창하고 있다는 사실을 처음으로 알아챘다. 현재 당신들이 옳다
고 여기는 우주는 930억 광년(1광년은 대략 10조 ㎞)의 크기와 138억 년의
역사를 갖는다. 그리고 천억 개 정도의 별을 갖고 있는 은하가 천억 개
이상 있다. 또한 한동안 우주의 중심이었던 태양은 우리은하의 중심이
아닌 가장자리에서 공전하고 있다. 우리은하 역시 점점 더 빨리 팽창하
는 우주 속에서 움직이고 있다.

　이렇게 우주의 중심이 지구에서 태양으로, 그리고 우리은하로 멀어져
갔을 뿐만 아니라 우리은하조차도 천억 개가 넘는 은하 중 하나에 지나
지 않는다는 사실을 알게 되었다. 공의 표면 중 어느 위치도 중심이라고
말할 수 없는 것처럼 사실 우주에 '중심'은 없다. 당신이 너무 놀라진 않
았을까 걱정이다. 그러나 유아가 자기중심적 사고 단계를 벗어나며 성장
하는 것처럼, 당신들은 세상의 중심에서 벗어날수록 발달해왔다. 당신이
남들보다 특별하기 때문에 소중한 것이 아니다. 다른 사람들도 당신처럼
소중하다는 것을 깨달으면서 사람 간의 관계와 인생이 더 풍성해지지 않
을까.

함께 알면 좋은 정보

▶ 코페르니쿠스의 지동설(1543년)로 시작된 과학혁명은 뉴턴의 역학 체계(1687년)로 발전되어 인간은 자연현상을 합리적인 이론으로 설명할 수 있게 되었다.
▶ 양자역학과 상대성이론은 뉴턴의 역학 체계를 포함하는 더 보편적인 이론이며, 결정론과 절대성의 우상을 쫓아냈다.
▶ 지구는 태양을 중심으로 공전하고, 태양은 우리은하를 중심으로 공전하며, 우리은하는 우주에서 팽창하며 움직인다. 우리는 위치와 운동에서 우주의 다른 곳과 평등하다.

나는 어떻게 여기에 왔을까?

셋째 날이다. 당신이 살고 있는 행성인 지구와 나의 관계를 말하고 싶다. 그러기 전에 친숙할 거란 짐작으로 나를 제대로 소개하지 못한 것이 걸려서 간략하게나마 말해야겠다. 당신들은 나를 빛light이라 부르기도 하고 전자기파(電磁氣波, electromagnetic wave) 혹은 광자(光子, photon)라 부르기도 한다. 나의 주된 특성인 파장(wave length, 파동의 길이)에 따라 나를 전파, 마이크로파, 적외선, 빨주노초파남보의 가시광선(可視光線, visible light), 자외선, X선, 감마선으로 구분하여 부른다. 이렇게 나를 나타내는 이름이 많은 것을 보니 당신과 나는 꽤 친숙한 것이 틀림없다.

우주의 시작부터 함께 있어온 빛 또는 광자

오랫동안 나의 정체에 대하여 파동이다, 입자다

단정 짓던 당신들은 결국 나를 파동과 입자의 성질을 모두 갖는 물질의 이중성duality으로 교묘하게 결론지었다. 양자역학의 오묘한 특성 탓으로 돌려버리거나, 나를 제대로 알지 못한 채 어떤 이상한 것으로 치부하는 경우도 많이 봤다.

그러나 나는 우주 초기에 태어난 다른 기본 물질들과 마찬가지로, 양자장론QFT, Quantum Field Theory이라는 양자역학과 특수상대성이론을 모두 만족시키는 수학 체계에서 공간에 퍼져 있는 장場, Field으로 명확하게 표현된다. 단지 퍼져 있는 정도가 당신이 나를 대하는 태도(관측 혹은 실험)에 비하여 작거나(입자성을 나타냄) 클(파동성을 나타냄) 뿐이며 모호하고 기괴한 것이 아니다. 나는 수학적으로 엄밀하게 표현할 수 있을 정도로 분명한 정체성을 갖고 있다.

20세기 들어서 뉴턴역학을 고전역학으로 만들어버린 두 가지 이론, 즉 양자이론과 상대성이론은 아직 완전히 화해하지 못한 상황이다. 자연을 기술하는 두 방식을 하나의 관점으로 통합할 수 있다면, 현재의 문명과 정신을 질적으로 넘어서는 계기가 될 수도 있을 텐데 하는 아쉬움이 남는다. 나는 다가올 그 시기에도 당신들과 함께하고 싶다. 이제 내 소개를 마치고 다시 여정을 계속한다.

138억 년 전에 있었던 빅뱅과 급팽창 그리고 팽창이 가속되는 우주가 92억 년 정도 흐른 후 당신들이 사는 태양계가 형성되었다. 첫날 이야기했듯이 당신을 이루고 있는 원소들로 미루어볼 때, 먼 옛날 이 근처에는 초신성이 있었다가 폭발하며 당신과 태양계를 만들 밑 재료를 제공했다. 초신성의 잔해인 거대한 분자 구름이 중력에 의해 뭉치며 뜨거워지다가, 지금으로부터 46억 년 전에 중심에 있던 수소원자핵들이 헬륨핵으로 융합하며 발화되어 원시태양이 만들어졌다.

이후 몇천만 년이 흐르는 동안 동결선(frost line, 물이 얼 수 있는 정도의 영역이며, 지금의 소행성대 인근) 내에서는 지구형 행성(수성, 금성, 지구, 화성)이, 바깥에서는 목성형 행성(목성, 토성)과 천왕성형 행성(천왕성, 해왕성)이 형성되었다. 행성 형성에 참여하지 못한 수많은 부스러기들이 한동안 폭탄처럼 떨어지며 원시행성을 달구었다. 여러 정황으로 볼 때, 45억 5천만 년 전에 형성된 원시지구 가이아Gaia는 곧 화성 크기의 원시행성인 테이아Theia와 충돌한 후 현재의 지구와 달이 되었다. 이때의 충돌로 원시지구는 조금 더 커져서 현재의 지구 크기가 되었으나 화성 크기(현재 지구의 반 정도 반지름)의 테이아는 더 작아져서 지금의 달(현재 화성의 반 정도 반지름)로 변하였고, 지구의 지축은 23.5도 기울어졌다.

지구에 터를 잡은 생명의 시작

뜨거운 마그마로 균일했던 지구 내부가 식어가며 가벼운 규산염 계열의 광물이 떠올라 표면에 지각이 만들어졌고, 철과 니켈 등 무거운 물질이 안으로 향하면서 지구의 핵이 형성되었다. 우주에서 가장 흔한 물질인 수소와 헬륨으로 형성되었던 처음의 대기는 이미 우주로 날아가버렸고, 화산 활동과 마그마에서 분출한 이산화탄소, 메탄, 수증기 등으로 원시대기가 만들어졌다.

본격적으로 바다가 생겨난 것은 몇억 년이 더 지난 후에(약 38억 년 전), 얼음을 많이 함유한 운석들이 후기대폭격Late Heavy Bombardment이라 불릴 정도로 지구에 많이 쏟아졌기 때문이다. 바다가 만들어지면서 해양지각이 식어갔고, 대기 중에 많아진 수증기는 비가 되어 내리며 대륙지각을 식히고 물질들을 바다로 흘려보냈다. 이때의 지구는 이미 생명이 나타날 수 있을 정도로 식었지만, 두꺼운 대기의 높은 온실효과와 왕성하게 분출되는 마그마로 뜨거웠다. 오늘날 일부 지역에서는 당시의 암석들이 지표에 남아있는데, 그곳에서 고생물학자들은 지구 초기의 미생물 흔적들을 현미경으로 어렵게 발견하고 있다. 어쨌든 이 시기에 생명이 지구에 터를 잡았다.

지질시대의 명칭을 보면 지구가 형성된 첫 시기인 명왕누대Hadean 외에는 시생대始生代, 원생대原生代, 고생대古生代, 중생대中生代, 신생대新生代와 같이 모두 '生'을 넣어 이름을 번역할 정도로 지구환경과 생물들이 서로 큰 영향을 주고받으며 진화해갔다. 늦어도 시생대에는 이미 생명이 탄생했고, 광합성으로 산소를 만드는 남조류(시아노박테리아)가 나타나서 산소를 뿜어내기 시작했다. 산소는 지구 변화와 생명 진화의 주요한 키워드가 된다. 생명체와 관련한 이야기는 내일 더 하기로 하자. 우주에서 가장 신비로운 영역으로 걸어가는 느낌이 든다.

함께 알면 좋은 정보

▶ 일상에서 경험하는 빛은 파동으로 볼 수 있으며, 파장에 따라서 이름이 달라진다.

▶ 전파, 마이크로파, 적외선, 가시광선, 자외선, X선, 감마선의 순서로 파장이 짧아지며 에너지
가 커진다. 에너지가 클수록 세포 손상, 돌연변이가 일어날 수 있다.

▶ 양자역학과 특수상대성이론이 만난 양자장론과 일반상대성이론(중력이론)은 현재까지 자연
을 가장 성공적으로 설명하고 실험으로 확인된 수학 체계들이다.

▶ 지구환경은 생물과 서로 영향을 주고받으며 진화했기 때문에 시생대, 고생대, 중생대, 신생
대 등의 지질시대 이름들은 생물生物의 생生을 넣어 번역됐다.

나의 조상은 누구인가

넷째 날이 밝았고, 40억 년 전의 지구에는 생명이 탄생했다. 당신이 지금 볼 수 있는 생명체들이 아주 다양하고 복잡해 보이는 건 최초의 생명이 탄생한 후로 꽤 시간이 지났기 때문이다. 아주 단순했던 미생물은 열악한 환경에서 끈질기게 살아남아 현재의 녹색 지구를 만들어냈다. 여러 생명체는 지구와 끊임없이 영향을 주고받으며 다양한 형태로 진화했고, 한편으로는 많은 생물종이 자취를 감추기도 했다. 먼저 생명에 대한 일반적인 정의부터 알아보자.

가설과 관찰을 통해 밝혀낸 종의 기원

지구의 생물은 다음의 세 가지 공통된 특징이 있다. 자손을 계속 생산해낼 수 있는 생식reproduction능력, 물질과 에너지를 다른 형태로 전환할 수 있는 물질대사metabolism능력, 변화를 감지하여 반응response할 수 있는 능력이 있다. 지금까지 발견된 생물만 해도 150만 종(발견되지 않은 종까지 포함한다면 1,000만 종 정도 될 것으로 예상한다. 아직도 발견되지 않은 생물이 훨씬 더 많다)이 넘을 정도로 다양하다.

그렇다면 생물은 어떻게 나타나게 된 것일까. 1861년까지 생명체가 부모 없이 자연에서 스스로 생겨난다는 '자연발생설'이 우세했다. 루이 파스퇴르가 정교한 실험을 통해 부정하기 전까지 말이다. 사람이나 가축과 같이 탄생을 관찰할 수 있는 생물은 옛날에 창조된 것이고, 다른 생물들은 언제든지 스스로 탄생한다고 생각했다. 과학적 관찰이 부족한 상태에서 어설프게 이해하려는 태도는 위험하다. 이후 다윈의 진화론이 등장했고, 종교계에서 반론이 계속 있었지만 생물이 오랜 시간에 걸쳐서 공통 조상에서 복잡한 생물로 다양하게 진화해왔다는 이 이론은 짧은 시간에 폭넓게 받아들여졌다.

좋은 관찰과 체계적인 이론은 과학의 두 기둥이다. 하나만으로는 과학이라 하기 힘들다. 어느 하나라도 부실하면 곧 무너지게 된다. 튼튼한 두 기둥 위에 세워진 과학은 새로운 연구로 이어지고, 그 성과로 올바른 관점에 이르게 한다. 물론 기술과 문명도 질적으로 변하게 된다.

1920년대 중반에 양지역학이 체세화되면서 자연을 원자 수준에서도 이해할 수 있게 되었고, 분자(molecule, 두 개 이상의 원자가 결합한 화합물)를 다루는 화학의 기초가 세워질 수 있었다. 덕분에 생물학은 개체나 세포

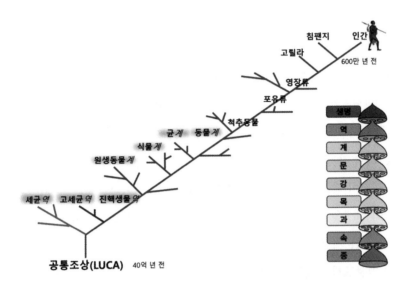

인간을 중심으로 한 진화 계통수

수준을 넘어 분자 수준에서도 생명현상을 분석할 수 있게 되었으며, 현
대생물학과 의학이 발달했다. 눈으로 볼 수 있는 수준에서 연구하던 생
물학을 분자 수준까지 분석할 수 있게 되면서 어느 생물들이 언제 출현
하였는지, 생물 종끼리는 어떤 관계가 있는지, 계통수系統樹로 표시할 수
있게 되었다.

각 가지의 끝에서 계통수를 따라 내려가다 보면 점점 더 오래전의 공
통조상들을 만나게 되는데 최후에는 하나의 출발점 즉, 모든 생물 종의
공통조상인 LUCAthe Last Universal Common Ancestor에 다다른다. 계통수 아래
(더 먼 과거)의 생명체들에게 공통으로 있는 유전정보들로 LUCA의 유전

정보를 구성하면, 그 유전자^{gene}로부터 발현되는 특성을 통해 LUCA가 어떠했는지 짐작할 수 있다.

최초의 생명체가 어떻게 탄생하게 되었는지 살펴보자. 원시 수프 가설(수많은 무기물이 뒤섞인 원시 수프에서 세포막이 형성되는 방식으로 최초의 생명체가 기원했다), 심해열수구(화산 활동이 활발한 해양지각의 틈에서 300℃ 이상의 뜨거운 물이 분출하는데, 보통의 심해 환경보다 수천 배나 많은 생물이 서식한다) 가설 등 여러 가능성들이 있지만, 이론이라기보다 가설 수준이다. 그러나 최근 유전자 분석을 통하여 알아낸 LUCA의 특성(산소 없이 독립영양을 하며, 뜨거운 환경을 좋아하는 성질 등)은 심해열수구 가설을 좀 더 지지한다.

생명이 어디에서 시작되었든 그 생물 종이 지속되려면 유전물질 DNA, RNA를 가지고 있어야 한다. 그렇다면 어떻게 유전(유전자의 전달)이 가능하게 되었을까. RNA 월드 가설에 따르면, 먼저 RNA가 유전물질로 쓰이다가 안정적으로 유전정보를 보존하고 복제할 수 있는 이중나선 DNA로 진화했다고 한다. 이 역시도 가설 수준이지만, 현재까지 여러 가지 근거를 제시하며 가장 폭넓게 인정받고 있다.

138억 년의 기다림, 인간의 탄생

그럼 생명체는 어떻게 현재와 같이 다양한 모습으로 진화하게 되었을까. 지금부터는 화석 등 지구에 남아 있는 기록을 근거로 제시할 예정이다. 약 40억 년 전 시생대에 출현한 LUCA는 시간이 지나며 세균Bacteria과 고세균Archaea으로 진화했고, 늦어도 27억 년 이전에는 빛을 이용해 산소O2를 발생시키는 남조류가 세균에서 진화했다. 남조류가 쏟아내는 산소가 쌓이면서 24억 년 전 대기에 산소가 급격히 증가하고, 산소대증가 사건(메탄성 세균이 사라지며 대기의 온실효과가 감소하고 지구가 얼어붙는 등의 원인이 되기에 사건이라고 부를 수 있다)으로 원생대가 열린다.

이제 산소는 생물의 진화와 지구의 환경 변화에 지속적으로 영향을 주는 주요 원인이 된다. 풍부해진 산소를 이용하여 에너지 대사율이 뛰어난 산소 호흡을 하는 진핵생물(eukaryote, 생물은 크게 세균과 고세균, 진핵생물의 3가지 역으로 분류할 수 있다)이 출현했다. 최소한 18억 년 이전에는 독립영양을 하는 세균이 진핵생물 안에서 공생(미토콘드리아와 엽록체는 자체의 유전물질을 갖고 있으며, 세포질에서 양분을 얻어 생체에너지를 생산한다)하기 시작했다. 효율적인 에너지 생산 시스템을 갖추게 된 단세포 진핵생물은 모여서 군체를 형성하며 외부 환경에 대한 경쟁력을 높일 수 있었고, 10억 년 전에는 보다 전문적인 기능을 수행할 수 있는 다세포생물로 진화했다.

전문적인 조직을 갖게 된 다세포생물 중에서 어떤 종은 생식기관을 만들어냈다. 부모에게 각각 유전자를 받는 양성생식 덕택에 형질이 더욱 다양해져 생물종이 생존하기 유리해졌다. 원생대의 마지막 시기에 들어와서는 맨눈으로 볼 수 있을 정도로 커진 다세포생물들을 만날 수 있다

(이 시기 이전의 생물 화석들은 현미경으로 찾아야 하기에 발견하기 쉽지 않다).

5억 4천만 년 전에 시작된 고생대의 첫 시기에는 캄브리아기 대폭발이라고 불릴 정도로 많은 생물 종이 등장했다. 4억 5천만 년 전 고생대(5억 4천만 년 전~2억 5천만 년 전)에는 최초의 육상식물이 출현해 번성하였으며, 그 유산은 석탄으로 확인된다. 또 고생대 석탄기(3억 6천만 년 전~3억 년 전)에는 네발동물들도 육상으로 진출했다.

현존하는 대부분의 동물문[門]이 출현했을 정도로 풍성하게 시작한 고생대는 대부분의 생물 종이 멸종한 페름기 대멸종으로 끝나고 중생대가 시작되었다. 2억 5천만 년 전에 시작된 중생대에는 높아진 산소 농도를 한껏 활용하여 덩치가 커진 공룡이 점차 지배력을 확대해갔지만, 6,600만 년 전에 소행성이 지구에 충돌하며 공룡이 멸종하고 중생대가 끝난다. 개체의 크기가 작아서 소행성의 재난을 피할 수 있었던 포유류는 신생대(6,600만 년 전~현재)에 들어와서 공룡이 사라진 최고의 포식자 자리를 차지하며 크기가 커지고 다양하게 진화했다.

인간과 침팬지는 약 600만 년 전에 공통조상(계통수의 특성상 가지들끼리는 가지의 시작점인 공통조상만 공유할 뿐 서로 조상 관계가 성립할 수 없다. 침팬지가 사람의 조상이 될 수 없다)에서 분리되어 각자 다른 길로 진화해왔다. 현재의 인간 호모 사피엔스[Homo sapiens]가 20만 년 전에 동아프리카에서 나타나기까지 여러 인류가 나타났다가 사라졌다. 몇만 년 동안 인간과 경쟁하며 살았던 호모 속[屬]의 네안데르탈인의 유전자 일부는 현재 인간에게도 남아 있지만, 마지막 빙하기가 끝나가는 1만 2천 년 전부터 인간은 유일한 종으로 살아남았다. 우주가 생긴 지 138억 년이라는 긴 시간이 흐르고 나서야 드디어 인간이 태어났다. 탄생을 축하한다.

함께 알면 좋은 정보

▶ 생물의 특징 : 생식 능력 + 물질대사 능력 + 반응 능력

▶ 지구 생명체는 세균, 고세균, 진핵생물 등 세 영역으로 나눌 수 있다.

▶ 모든 생물 종의 공통조상, 즉 최초의 지구생명체를 LUCA라 부른다.

▶ 산소 농도는 지구환경과 생명체 진화에서 중요한 역할을 한다.

▶ 인간(호모 사피엔스)은 20만 년 전 동아프리카에서 나타났다.

마음은 무엇일까?

다섯째 날이다. 이제 당신과의 여정이 끝나간다. 여행의 끝을 당신, 인간에 대해 이야기하는 것도 괜찮은 것 같다. 기억을 되살려보면, 20만 년 동안 인간은 너무도 많이 변했다. 흔히 말하는 고등생물 중에서 인간보다 빨리 변한 동물을 찾긴 어려울 것이다. 아마도 익힌 고기를 먹으며 에너지를 효율적으로 흡수할 수 있게 되고 언어를 발달시키며 더 빨리 진화하게 된 뇌 덕분일 것이다.

당신의 유전체(genome, 유전자를 뜻하는 gene과 전체를 의미하는 -ome의 합성어. 한 개체의 유전 정보 전체)는 침팬지와 겨우 몇 퍼센트의 차이밖에 나지 않지만, 인간의 뇌는 다른 종과 확실히 달라 보인다. 당신들은 고작 2만 1천 개 정도의 유전자를 갖고 있으며 대부분의 유전자들은 같기 때문에 70억이 넘는 인간들 사이의 유전자 차이는 극히 적다. 그런데 어떻게 인간은 이리도 다양할까. 단지 후천적인 환경 탓에 생물학적 다양성과 정신적인 개성이 나타난다고 하기에는 뭔가 부족하다. 아직은 단정 짓기

어렵지만 인간의 뇌에서 답을 찾아보려 한다. 그러나 뇌에 대한 연구가
시작된 지 얼마 되지 않았기 때문에 많은 기대를 할 수는 없을 것 같다.

뇌와 마음을
들여다보려는 시도

자연과학의 성공에 자극되어 19세기 말이 되어
서야 마음을 실험실로 모셔와 과학적 방법을 적용하기 시작했다. 그렇게
늦게 심리학이 철학으로부터 분리되었지만, 의학에서의 다양한 임상 사
례들과 심리학 자체의 발달, 분자 수준의 분석, 기기와 방법의 발달 덕에
적지 않은 지식들을 축적할 수 있었다.

뇌에는 860억 개 정도의 뇌 신경세포neuron가 있고, 각 뉴런은 수천
개의 신경세포와 연결되어 150조 개 정도의 시냅스(synapse, 뉴런 사이
에 신호가 연결되는 영역)가 있다. 이렇게 복잡한 뇌신경망 전체를 커넥톰
(connectome, 연결을 뜻하는 connect와 전체를 의미하는 -ome의 합성어. 뇌 신
경세포들의 모든 연결체를 나타낸다)이라고 한다. 유전자 전체인 유전체를
알아내려는 게놈 프로젝트와 비슷하게, 커넥톰 프로젝트(HCP, Human
Connectome Project)가 2009년 미국국립보건원의 후원으로 시작되었다.

물론 커넥톰 프로젝트가 훨씬 어렵다. 우선 게놈은 1차원적으로 나열
된 30억 개 정도의 염기쌍들이지만, 커넥톰은 3차원 구조이며 분석할 대
상도 50만 배나 더 많다. 더욱이 커넥톰은 게놈과 달리 같은 사람이라고

하더라도 시간에 따라 변한다. 현재까지 유일하게 커넥톰을 완성한 생물종은 예쁜꼬마선충(Caenorhabditis elegans, 길이는 1밀리미터 정도로 302개의 뉴런과 7,500개 정도의 시냅스가 있다)이며, 분석하는 데 20여 년이나 걸렸다. 아직도 이 단계를 크게 넘지는 못하지만, 게임으로 집단지성이 참여할 수 있게 하거나 인공지능을 이용하는 등 다양한 시도들이 있다. 너무 원대한 연구를 말한 것 같으니 좀 더 현실적인 이야기로 돌아가 보자.

뇌에서 신경세포 단위로 문제가 있으면(신경과의 영역. 외과적 처치) 간질, 편두통, 알츠하이머병(치매의 가장 흔한 형태)이 발생되고, 시냅스 영역에 문제가 있으면(정신과의 영역, 내과적 치료) 우울증이나 자폐, 조현병(예전 명칭은 정신분열증), ADHD(주의력결핍 과잉행동 장애) 등에 걸리는 것을 알아냈다. 단단한 두개골로 보호되고 있는 뇌에는 통증을 지각하는 감각세포가 없기 때문에 이미 60년 전에 두개골을 열고 살아 있는 뇌를 자극하여 환자와 대화를 나누며 뇌의 기능 지도를 그릴 수 있었다.

EEG, MRI, fMRI, PET 등 다양한 기기들이 발명되고 성능이 향상되면서 두개골을 열지 않고도 뇌의 비밀을 조금씩 풀고 있다. 학습(경험)이 기억으로 저장되는 과정, 처리 영역, 기억의 종류(서술기억과 비서술기억으로 분류 혹은 작동기억과 단기기억, 장기기억으로 분류)에 따른 처리, 지각perception에 대한 이해, 보성과 공감각, 공격성 등이 어느 유전자와 연관 있는지, 의식의 역할과 속성 및 무의식과의 관계, 진화적 측면에서 뇌의 작동방식에 대한 이해, 인공지능 개발 등등 짧은 시간에도 불구하고 많은 성과를 거두었다. 물론 탐구할수록 궁금증이 더 많이 생기지만 탐구의 뒤편에 쌓여가는 지식과 이해는 앞에 놓인 미지의 영역을 돌파할 힘이 된다. 이제 뇌의 역할과 정신 영역에 대해 알아보자.

경험이 커질수록
뇌의 역량도 커진다

뇌는 움직임과 직접적인 관계가 있다. 멍게는 올챙이처럼 움직이는 유생 시절에는 뇌를 갖지만, 정착해 성체가 되면서 자신의 뇌를 소화해 없앤다. 유지하기에 비싼(인간의 뇌는 무게로만 따지면 체중의 2퍼센트에 불과하지만 20퍼센트의 에너지를 사용한다) 신경계를 정리하는 것이다. 뇌는 움직일 때 존재가치가 있다. 또 인간은 가장 발달된 대뇌피질(cerebral cortex, 뇌 진화의 마지막 단계에 발달된 뇌의 바깥 영역이다. 특히 인간은 큰 이마엽이 있는데, 다른 대뇌피질 영역에 비해 가장 늦게 발달하고 가장 먼저 노화한다)을 갖고 있다. 당신은 인간이기 때문에 인간을 가장 특징짓게 하는 이마엽(frontal lobe, 대뇌반구 맨 앞부분으로 기억력과 사고력을 주관하고 다른 영역에서 들어오는 정보를 조정하고 행동을 조절한다. 전두엽이라고도 한다)을 충분히 사용하는 것은 당연하다.

당신의 뇌는 생긴 모습 그대로 당신에게 이야기한다. "생각을 넘어 움직여라(신경세포의 연결구조인 커넥톰, 뇌의 변화가 커진다). 여러 정보를 검토하여 종합적으로 판단하라(인간 뇌의 두드러진 특징을 한껏 활용하라)."

'정신은 뇌의 어느 위치에 있는가'를 단정 지어 말하기는 조심스럽다. '무의식을 정신에 포함시킬 것인가' '학습과 기억을 포함할 것인가' '정신을 개인적 성격만으로 제한할 것인가' '모성과 같은 본능을 포함할 것인가' 등의 논의조차 제대로 정리되지 않았기 때문이다. 뇌의 구조가 미시적으로 신경세포 수준까지 비슷하다고 하더라도, 신경세포가 연결되는 방대한 시냅스의 연결 강도가 개인마다 다르다. 학습과 기억에서 중요한 역할을 하고 신경 신호를 매개하는 시냅스에(즉, 커넥톰에) 정신이 존재한다고 조심스럽게 말할 수 있을 것 같다.

경험에 의해 시냅스의 강도가 달라진다는 시냅스의 가소성(plasticity, 인간의 두뇌가 경험에 의해 변화하는 능력. 변하지 않는다는 뜻인 경화성硬化性의 반대말)은 중요한 주제로 활발하게 연구가 진행되고 있다. 실험실을 벗어나 일상에 주는 의미도 클 것이다.

당신이 어떠한 경험을 선택하느냐에 따라 당신의 뇌는 그에 맞추어 변형된다. 과학은 일생동안 지속적으로 뇌의 역량을 변화시킬 수 있다고 말한다. 당신이 원하는 방향으로 변하고 싶으면, 그 방향으로 자주 체험하는 것이 효과적이다. 당신이 원하는 방향으로 움직일 마음이 생기고 그렇게 행동한다면, 나는 다섯 날에 걸쳤던 당신과의 만남을 더욱 즐겁게 기억할 것 같다. 여기까지 함께 해주어서 고맙다.

함께 알면 좋은 정보

▶ 인간의 뇌에는 860억 개 정도의 신경세포가 있으며, 하나의 신경세포(뉴런)는 수천 개의 신경세포와 연결되어 있다.
▶ 뉴런의 연결 부위인 시냅스는 가소성이 있어서 뇌는 경험에 따라 변할 수 있다.
▶ 뇌의 신경회로 전체인 커넥톰을 지도로 만들려는 프로젝트가 2009년부터 진행되고 있다.
▶ 뇌는 움직이는 동물의 특징이며 발달된 대뇌피질, 특히 이마엽(전두엽)은 인간에게 더 특별하다.

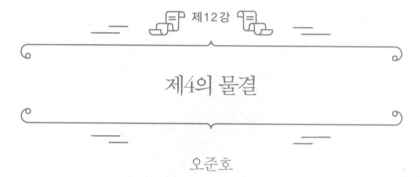

제12강

제4의 물결

오준호

민주주의와 혁명에 관심이 많은 르포 작가. 서울대 국문과, 경상대 정치경제학과 석사를 수료하고 〈오마이뉴스〉 시민 기자로 활동했다. 인권, 민주주의 등을 주제로 한 저술 활동과 대중 강연을 하고 있다. 저서로 《기본소득이 세상을 바꾼다》 《세월호를 기록하다》 《노동자의 변호사들》 《소크라테스처럼 읽어라》 《반란의 세계사》 외 다수가 있고, 역서로 《나는 황제 클라우디우스다》 《착한 인류: 도덕은 진화의 산물인가》 외 다수가 있다.

평민이 왕의 목을 친 최초의 시민혁명

영국혁명

겨울바람이 매서웠던 1642년 1월 4일 아침, 잉글랜드 국왕 찰스 1세는 근위병을 거느리고 하원 의사당이 있는 런던 웨스트민스터궁Palace of Westminster으로 향했다. 의원들은 찰스 1세가 병사와 함께 온다는 급보에 긴장했다. 찰스 1세는 의사당 문을 벌컥 열고 들어가 한껏 위엄을 부리며 말했다.

"반역자 존 핌과 그를 따른 다섯 명의 의원을 체포하러 왔다. 그들을 내놓아라!"

하원 의장은 떨리지만 단호한 목소리로 대답했다.

"폐하, 의회의 동의 없이는 의원을 체포할 수 없습니다. 그걸 잊으셨습니까?"

이미 의원들은 존 핌John Pym 등 찰스 1세가 지목한 동료 의원들을 탈출시켰다. 의사당 밖에는 어느새 런던 시민들이 몽둥이를 들고 "의회를 지키자! 왕은 물러가라!"라고 소리치고 있었다. 분위기가 심상치 않다는 걸 깨달은 찰스 1세는 도망치듯 의사당을 빠져나갔다.

2년 전 의회가 다시 소집된 이래, 왕과 의회의 대립은 날이 갈수록 커졌다. 의회를 지지하는 런던 시민들이 왕의 근위병과 충돌하는 일도 자주 벌어졌다. 시민들은 의회를 지키기 위해 민병대를 조직했는데, 빵집 주인과 제화공, 세공업자 등 소상공인이 민병대의 주축을 이뤘다. 이날도 왕이 무력으로 의회를 제압하려 한다는 소식에 의사당으로 달려온 것이다.

찰스 1세는 불충한 의회와 그 의회를 편든 시민들에게 치를 떨었다. '반역자'들에게 벌을 주려면 의회의 손에 놓인 런던에서 벗어나야 했다. 런던을 탈출한 찰스 1세는 런던 북쪽 노팅엄에서 왕의 사자기를 내걸고 의회에 전쟁을 선포했다. 의회 역시 자신을 지키기 위해 군대를 조직했다. 1642년 10월, 내전이 시작되었다.

찰스 1세 vs. 의회
내전에 돌입하다

영국혁명은 근대 시민혁명의 시작을 알린 사건이다. 평민이 최초로 왕을 공개재판해 처형하고 공화국을 열었다. 그런데 '영국혁명'이란 용어를 사용할 때는 주의할 필요가 있다. 오늘날 '영국'의 정식 명칭은 '대브리튼과 북아일랜드의 연합왕국United Kingdom of Great Britain and Northern Ireland'이다. 줄여서 UK나 GB라고 부른다.

중세 브리튼 섬에는 잉글랜드, 웨일스, 스코틀랜드 왕국이 존재했다. 여기서 소개하는 혁명은 잉글랜드 국왕과 의회 사이에 벌어졌으므로 정확히 말해 이 사건은 잉글랜드혁명 또는 잉글랜드 내전이라 해야 맞다. 하지만 스코틀랜드와 아일랜드도 잉글랜드혁명에 어떤 식으로든 개입한 것은 맞다. 한편, 혁명의 주도 세력인 청교도Puritans를 강조해 이 사건을 청교도혁명이라 부르기도 한다. 연합왕국의 수립을 주도한 것이 잉글랜드여서, 우리는 잉글랜드의 음을 딴 한자어인 영국을 연합왕국 전체를 가리키는 말로 사용한다.

잉글랜드는 13세기에 웨일스를 복속시켰고, 1603년 잉글랜드 여왕 엘리자베스가 자식 없이 죽자 여왕의 먼 친척인 스코틀랜드 왕 제임스를 잉글랜드에 모셔 오면서 '잉글랜드·스코틀랜드 연합왕국'이 된다. 전부터 부분적으로 잉글랜드의 식민 지배를 받았던 아일랜드는 후일 올리버 크롬웰Oliver Cromwell의 원정으로 잉글랜드에 복속된다(현재는 북아일랜드만 영국에 편입되어 있다).

찰스 1세는 스코틀랜드·잉글랜드 연합왕국의 왕이 된 제임스 1세의 아들이다. 아버지도 의회와 관계가 좋지 않았지만, 뒤를 이은 찰스 1세는 맹목적인 왕권신수론자*여서 왕을 견제하려 드는 의회와 사이가 나빴다.

1628년에 찰스 1세는 에스파냐와의 전쟁에 자금을 조달하려고 의회를 열었다. 그러나 의회는 '권리청원'에 서명하라고 왕을 압박했다. 그 내용

---

* 왕권신수설: 왕의 권력은 신에게서 온 것이고, 왕은 신하에게 자기 행위에 대해 설명할 필요가 없다.

은 "의회의 동의 없이 과세하지 말라·정당한 이유 없이 인신을 구속하지 말라·민간 지역에 국왕 군대를 숙영시키지 말라" 등이었다. 권리청원은 '젠트리gentry'라 불리는 중소 지주계급의 이해를 반영했다. 젠트리는 하원을 구성하는 핵심 세력이었다.

찰스 1세는 돈이 급해 권리청원에 서명했지만 곧 무효를 선언하고 의회도 해산해버렸다. 그는 11년간 의회 없이 국교회(성공회) 대주교 윌리엄 로드와 측근인 스트래퍼드 백작의 도움을 받아 전제 통치를 했다. 당시 국교회는 단순한 종교가 아니라 지방의 행정과 사법을 도맡으면서 가톨릭교도와 청교도의 신앙의 자유를 억누르는 '왕의 통치 수단'이었다. 또 국왕이 임의로 부과한 각종 세금에 서민은 물론 중산계급이었던 젠트리조차 불만이 컸다.

1640년, 찰스 1세가 스코틀랜드에 무리하게 국교회 예식을 강요하자 장로교가 주류인 스코틀랜드가 반란을 일으켰다. 반란을 진압할 돈이 없는 찰스 1세는 할 수 없이 다시 의회를 열어 지원을 청했다. 의회가 열리자마자 의원 존 핌은 왕에 대한 불만을 적은 '불만의 목록'을 읽어 내려갔다. 화가 난 찰스 1세는 다시 의회를 해산하고 혼자 스코틀랜드군과 싸웠지만 패하고 전쟁 배상금까지 물어야 했다.

배상금 마련을 위해 찰스 1세가 다시 의회를 열자 의회는 "의회의 소집과 해산은 의회 스스로 정한다"는 요구를 왕에게 관철시켰다. 의회는 스트래퍼드 백작과 윌리엄 로드 대주교도 탄핵하여 백작은 처형하고 주교는 투옥했다. 의회는 찰스 1세의 잘못을 2백 개나 적은 '대항의서'를 표결로 통과시켰다. 이런 사실에 분노한 찰스 1세가 표결을 주동한 의원들을 체포하러 의회에 들이닥쳤으나 실패한 것이다.

혁명의 주역 수평파의 꿈은 사라지지 않았다

내전 초기에는 전쟁 경험이 풍부한 귀족들이 왕의 편에 서면서 국왕군이 우세했다. 반면 의회는 갈팡질팡했다. 귀족 출신 의원들은 "왕은 아흔아홉 번 져도 여전히 왕이지만 우리는 한 번만 져도 교수형에 처해질 것"이라며 주저했다. 의원 대다수는 찰스 1세가 의회의 권한을 인정해주면 앞으로도 국왕으로 모신다는 생각이었다. 그러나 국왕군이 런던에서 20킬로미터 떨어진 곳까지 진격해오자 의회도 다급해졌다.

이때 등장한 인물이 올리버 크롬웰이다. 젠트리 출신 의원이자 청교도인 크롬웰은 "백성과 국가는 왕의 소유물이 아니다"라는 신념으로 무장했다. 그는 강제 징집으로 군대를 구성한 종래 방식을 버리고 자원병을 모집해 급여를 충분히 지급하며 정예 기병대로 훈련시켰다. 엄격한 규율과 독실한 신앙심으로 무장한 그의 군대는 전투마다 앞장서서 국왕군의 전열을 부수었다. '강철의 군대鐵騎軍'라는 별명도 얻었다. 의회는 크롬웰군을 모델로 군대를 새로 조직해 '신형군new model army'을 만들었다. 신형군은 1645년 네이즈비 전투에서 국왕군을 대파해 5천 명을 전사시켰다.

전세는 의회로 기울었고, 찰스 1세는 스코틀랜드에 망명하려다 실패해 잉글랜드 의회에 붙잡혔다.

의회는 이쯤에서 왕과 타협해 의회의 권리를 보장받으려 했다. 하지만 신형군의 중심 세력인 하층민 출신 병사들은 더 급진적인 개혁을 원했다. '수평파levellers'라 불린 급진파 장교와 병사들은 자기들의 요구를 정리한 '인민협약Agreement of the People'을 의회에 제출했다. 인민협약은 왕과 귀족이 농민에게서 빼앗은 토지를 공평하게 분배할 것, 성인 남성에게 보통 선거권을 줄 것, 모든 종교의 자유를 허락할 것을 요구했다. 하지만 이러한 요구는 크롬웰 등 의회 지도부가 인정할 수 없는 내용이었고, 수평파 군인들과 의회의 갈등은 깊어갔다.

찰스 1세는 의회 분열을 틈타 탈출해, 스코틀랜드와 동맹을 맺고 국왕군을 다시 일으켰다. 정신이 번쩍 든 의회는 군사를 재조직했다. 역시 수평파가 가장 헌신적으로 전투에 임했다. 수평파의 용맹 덕에 의회는 국왕군과 스코틀랜드군을 무찌르고 찰스 1세를 체포했다. 크롬웰은 더 이상 왕과 타협은 없다며 의회에서 온건파·타협파 의원들을 힘으로 쫓아내고 재판을 열어 찰스 1세에게 사형을 선고했다. 1649년 1월 30일 찰스 1세는 런던 화이트홀 거리에서 참수되었다.

국왕과의 싸움이 끝나자 크롬웰은 수평파 지도자들을 투옥하고 이에 반발한 수평파 사병들의 봉기를 무력으로 진압했다. 공화국이 된 잉글랜드에서 크롬웰은 스스로 '호국경Lord of protection'에 취임해 죽을 때까지 (1658년) 독재 정치를 펼친다. 크롬웰은 무역의 경쟁자 네덜란드를 제압하고 대영제국으로 나가는 길을 닦는다. 하지만 가혹한 독재에 신물이 난 의회와 국민들은 크롬웰 사후 왕정복고를 받아들인다.

왕정복고가 곧 혁명의 실패는 아니었다. 영국 국민들은 더 이상 과거와 같은 전제 왕권을 허용하지 않았고, 정치 안정을 위해 왕정을 유지하더라도 실질적 통치권은 의회가 갖는 의회 민주주의를 발전시켰다. 핌, 크롬웰 같은 젠트리 계급이 혁명을 주도했으나, 하층 민중도 내전에 대규모로 참가해 20만 명이나 목숨을 잃었다. 피 흘린 민중을 대변해 수평파는 급진적인 시민권을 요구했다. 수평파의 사상과 활약은 훗날 민주주의 운동에 큰 영감을 주었다.

천 년 넘은 신분 제도를 끝장낸 대사건

프랑스대혁명

파리 콩코르드 광장은 프랑스대혁명 때 '혁명 광장'으로 불렸다. 혁명이 절정에 달한 1794년에는 하루 백 명 이상의 귀족, 투기꾼, 반혁명 혐의자들이 이곳 단두대에서 처형당했다. 바닥에 핏자국이 선명했고 주변에는 피 냄새가 진동했다. 혁명의 격정이 지나간 후에 그 광장에 굳이 '콩코르드(Concorde, 화합)'라는 이름을 붙인 것은 우연이 아니다.

근대 이전까지 사람들은 왕 없는 사회를 상상할 수 없었다. 신분의 구분은 신의 뜻으로 여겼다. 단지 핏줄만으로 정해진 귀족 같은 특권층은 일도 하지 않고 세금도 내지 않으면서 대토지를 세습했다. 인구 대다수인 평민은 허리가 굽도록 노동하고, 또 세금으로 특권층을 부양했다.

프랑스대혁명은 이런 관념과 제도를 부수었다. 봉건 사회의 특권층들을 재기불능 상태로 숙청해버렸다. 프랑스대혁명은 인류의 뇌에 고정된 소프트웨어를 통째로 갈아치웠다. 지금 우리가 공기처럼 당연하게 여기는 자유·평등·헌법·인권·공화국·소유권 같은 개념은 바로 프랑스대혁명의 산물이다.

호랑이를 탄 부르주아,
혁명을 일으키다

　　　　　　호랑이 등에 타면 호랑이가 달리는 도중에는 내릴 수가 없다. 프랑스대혁명에서 호랑이는 상퀼로트(Sans-culotte, 귀족이 입던 하의 '퀼로트'를 입지 않은 사람이라는 뜻)라 불린 하층 민중이다. 부르주아는 그 호랑이를 탄 이들이다. 잠에서 깬 호랑이 즉, 민중이 자기 주인인 특권층에게 달려들었다. 부르주아는 민중을 자기들 뜻대로 몰고 가려 했으나 역으로 그들이 민중에게 끌려가게 된다.

　혁명 이전 18세기 프랑스 사회는 세 개의 신분으로 나뉘었다. 신분을 초월한 존재인 국왕 아래 성직자가 제1신분, 귀족이 제2신분, 평민이 제3신분이었다. 인구의 2퍼센트에 불과한 1·2 신분이 98퍼센트인 3신분을 지배했고 전체 토지의 절반을 차지했다.

　제3신분인 평민의 대다수는 농민이었고, 나머지는 도시 영세상인, 노동자, 부르주아였다. 부르주아는 평민 가운데 소수의 엘리트 집단이었다. 그들은 자기 능력과 여건을 이용해 자본가, 은행가, 상업가, 법률가, 언론인 등으로 성공했다. 부르주아들은 자신의 재산과 능력에 걸맞은 신분 상승을 원했다. 하지만 특권층은 평민인 부르주아와 기득권을 나눌 생각이 없었고, 각종 규제와 억압으로 부르주아의 신분 상승 기대를 찍어 눌렀다. 부르주아 계층은 특권층에 대한 불만으로 끓어올랐다.

한편 평민 가운데 도시의 영세상인과 노동자는 하루하루 겨우 먹고사
는 노동 빈민이었다. 영세상인들은 빵, 밀가루, 생선, 나막신, 모자 따위
를 팔았다. 이들 노동 빈민은 상류층이 입는 퀼로트를 입지 못하고 허름
한 긴 바지를 입어 상퀼로트라 불렸다. 농민과 상퀼로트는 특권층의 횡
포와 툭하면 오르는 세금에 분노했다. 다리를 건널 때 내는 교량세, 도시
에 들어올 때 내는 통행세, 각종 생필품에 붙는 부가세 등 왕실과 귀족들
이 마음대로 만들어냈다. 만약 특권층이 이익을 부르주아와 나눴다면 부
르주아도 민중에게 등을 돌렸을지 모른다. 하지만 그러지 않았기 때문에
부르주아는 민중과 한편이 되었다.

1789년에 이르러 프랑스 정부는 왕실의 사치와 대외 전쟁 등으로 파산
직전이었다. 파산을 피하려면 특권층에게 세금을 거두어야 했다. 하지만
특권층이 반발하자 국왕 루이 16세는 이전까지 하던 대로 평민을 쥐어짜
기로 하여 1789년 5월에 베르사유 궁에서 삼부회를 소집했다. 삼부회란
귀족, 성직자, 평민의 세 신분 대표자 회의다. 삼부회는 국왕의 제안을
받들기 위한 형식적인 기구에 불과했고, 각 신분마다 한 표를 주어 언제
나 2대 1로 특권층이 우세했다.

국왕은 삼부회를 통해 평민에게 세금 부담을 떠넘기려 했다. 그러나
평민 대표들이 이번엔 호락호락하지 않았다. 주로 부르주아인 평민 대표
들은 형식적인 삼부회 진행을 거부하고, 자기들은 제3신분 대표가 아니

라 전체 국민의 대표라며 '국민의회'를 선포한다. 놀란 국왕이 국민의회 개회를 방해하자 평민 대표들은 죄드폼(Jeu de paume, 오늘날의 테니스 경기장)에 모여 "헌법을 제정하기까지 해산하지 않겠다"고 결의한다. 이것이 '테니스 코트의 서약'이다.

반역이라고 여긴 루이 16세는 용병을 불러 국민의회를 진압하려 했다. 군대가 움직인다는 소식을 들은 파리 상퀼로트는 흥분했다. '왕이 우리를 죽이려고 한다!' 젊은 문필가이자 저널리스트인 카미유 데물랭Lucie Simplice Camille Benoist Desmoulins이 거리에서 자유를 위한 봉기를 호소했다. 시민 동지의 표식으로 나뭇잎을 모자에 꽂은 상퀼로트는 바스티유 감옥으로 몰려갔다. 바스티유에 있는 대포로 용병들과 싸우기 위해서였다. 상퀼로트는 피 흘린 끝에 바스티유의 수비대를 제압하고 '압제의 상징' 바스티유를 산산이 부쉈다. 바스티유를 함락한 1789년 7월 14일은 혁명 기념일이 되었다.

부르주아들은 상퀼로트의 봉기에 올라타 국왕의 양보를 얻어내려 했다. 부르주아들은 절대 군주제를 입헌 군주제로 바꾸고 특권층의 이익을 자기들도 나누려 했다. 하지만 무장한 상퀼로트는 아예 특권층을 없애고자 했다. 국민의회는 상퀼로트의 요구를 일부 수용한 〈인간과 시민의 권리선언Déclaration des droits de l'Homme et du citoyen〉을 발표했다. 이 선언은 '인간은 천부의 자유권이 있다'는 말로 시작해 '소유권은 침해될 수 없다'는 말로 끝난다. 서슬에 눌린 루이 16세가 파리 시민을 달래고, 혁명은 일단락된 것처럼 보였다.

우리는 모두
프랑스대혁명의 후손

　　　　　　근대 사회로의 변화는 막을 수 없더라도, 통치자가 현명했다면 변화 양상이 다소 온건해질 수 있었다. 그러나 루이 16세는 현명한 인간이 아니었다. 그는 베르사유 궁전에서 보수파 귀족들과 반혁명 모의를 벌였다. 그 사실이 알려지자 파리의 상퀼로트 여인들이 창과 부엌칼을 들고 베르사유로 들이닥쳤다. 여인들은 국왕의 근위병을 죽이고 왕과 왕비 마리 앙투아네트를 파리 튀일리궁으로 '모시고' 왔다. 왕은 상퀼로트의 인질로 전락했다.

　국왕은 왕비의 처가인 오스트리아 왕가에 비밀 서한을 보냈다. 군대를 몰고 와 자기들이 당한 능욕을 갚아달라고! 오스트리아 왕가는 루이 16세와 왕비에게 일단 프랑스를 탈출하라고 지시한다. 1791년 6월에 루이 16세는 튀일리궁에 국민의회를 조롱하는 글귀를 붙이고 식솔과 함께 탈출하지만, 상퀼로트 민병대에 의해 국경에서 체포되었다. 국왕에 대한 민중의 마지막 신뢰는 무너졌다.

　부르주아들은 그래도 국왕은 인정해야 한다는 입헌파와 왕정을 끝내고 공화국을 세우자는 공화파로 갈라졌다. 공화파 부르주아의 대표 세력은 자코뱅 수도원을 본거지로 삼아 회합하던 자코뱅파였다. 소수파인 자코뱅파는 상퀼로트의 지지를 받아 점점 세를 키웠다. 1792년에 오스트리아 군주와 독일 군주가 '역도'의 손에서 루이 16세를 구출하고자 군사

동맹을 맺었다. 바깥에는 외국 군대가 몰려오고, 안에서는 귀족들이 선동한 반란이 일어나자 자코뱅파는 상퀼로트에게 호소했다. "혁명이 위기에 처했다. 일어나 압제에 맞서자!"

1792년 8월에 전국 각지로부터 의용군이 파리로 집결했다. 의용군은 파리 상퀼로트와 힘을 합쳐 튀일리궁으로 쳐들어가 루이 16세를 끌어내렸다. 왕정은 무너졌고 프랑스 공화국이 탄생했다. 공화파 부르주아의 승리였다. 그러나 이들은 루이 16세의 처리를 두고 또 갈라졌다. 혁명을 종료하고 재산을 지키려는 보수 부르주아와 보다 평등하고 민주적인 공화국을 원하는 급진 부르주아로. 급진 부르주아인 자코뱅파가 주도해 루이 16세를 단두대에서 처형하자, 보수 부르주아는 자코뱅을 몰아내려는 음모를 꾸몄다. 결과는? 자코뱅파를 도와 다시 상퀼로트가 봉기했고 보수파를 숙청한 후 자코뱅파가 권력을 잡게 되었다. 자코뱅파는 결연하게 싸워 외국의 적과 내부의 반란을 격퇴했다.

이처럼 민중은 반혁명 세력은 물론 혁명을 멈추려는 보수파까지 몰아내버렸다. 호랑이를 타고 가다 호랑이를 멈추려 든 이들은 차례로 호랑이의 먹이가 되었지만, 더 철저한 평등을 위한 상퀼로트는 급진파 부르주아와 손잡고 혁명을 밀어붙였다.

프랑스 공화국은 외국군의 공격을 막아내고 나아가 유럽 군주국들을 하나하나 격파하고 정복했다. 혁명을 통해 갖춘 효율적 행정체제를 이용해 프랑스는 다른 군주국들을 압도하는 엄청난 병력과 자원을 동원했다. 유럽의 봉건체제는 '자유·평등·우애'의 삼색기 앞에 추풍낙엽으로 무너졌다. 혁명의 산물인 자유주의와 자본주의의 토대 위에 유럽은 근대 사회로 변모했고, 근대적 유럽이 다시 세계를 바꿔냈다. 이것이 이 혁명을 프랑스대혁명이라 부르게 된 이유다. 어떤 의미에서는 우리 모두가 프랑스대혁명의 후손이다.

빵·토지·평화를 위한 노동자의 혁명

러시아혁명

1917년 2월 23일(러시아 달력. 그레고리력으로 3월 8일), 제정 러시아 수도 페트로그라드의 빵 가게 앞에 여자들이 빵을 사려고 길게 줄을 섰다. 가게 문이 열리기 전부터 두 시간 넘게 기다린 여자가 자기 차례가 돼 가게로 들어가려는데, 주인이 나와 문을 닫으려 했다.

"돌아가요, 빵이 다 떨어졌어!"

"아니 두 시간이나 떨면서 줄을 섰는데 빵이 없다니?"

빵을 사지 못하면 자녀를 굶겨야 하는 여자들의 얼굴에 절망감이 서리더니 곧 분노로 바뀌었다. 여자들은 닫힌 가게 문을 부술 듯이 두드렸다. 비슷한 일이 페트로그라드의 식료품점마다 일어났다. 성난 여자들은 임금 체불에 항의해 파업 중인 여공들과 함께 자연스럽게 시위의 물결을 이뤄 광장으로 모여들었다. 그날은 마침 '세계 여성의 날'이었다.

"빵을 달라!"

"전쟁을 중단하라!"

"차르를 타도하자!"

기름 부은 섶에 불씨를 던진 것처럼 군중은 폭발하고 있었다. 1917년 러시아 2월혁명의 시작이었다.

모든 권력을 소비에트로

모순이 심화되면 혁명이 일어난다. 20세기 초 러시아는 더 버틸 수 없는 모순 덩어리 체제였다. 러시아의 군주는 '차르 Czar'라고 불렸는데 차르는 헌법도 의회도 없이 러시아를 통치하는 전제 군주였다.

차르가 다스리는 백성의 절대 다수는 농민이었고 농민들은 서유럽보다 수백 년 늦은 1861년에야 농노에서 해방되었다. 농민들은 종교적 신앙심이 컸고 가난했으며 농촌 공동체에 속해 있었다. 이처럼 러시아는 후진 농업국이지만 한편으로 영국과 프랑스에서 자본을 빌려 거대한 공업단지를 짓고 자본주의를 발전시키고 있었다. 노동자의 숫자가 늘면서 쟁의와 파업도 자주 일어났다. 이렇듯 봉건적 후진성과 자본주의 근대화가 공존하는 모순이 심해지고 있는 상황에도 러시아는 유럽의 경찰을 자처하며 국제 정치에 개입했다. 차르 니콜라이 2세는 결국 1차 세계대전에 참전하기에 이른다.

1차 세계대전의 배경은 먼저 산업화를 이룬 영국·프랑스와 뒤늦게 산업화한 독일의 다툼이었다. 독일이 주도한 독일·오스트리아·이탈리아의 삼국 동맹과 영국·프랑스가 러시아를 끌어들여 만든 삼국 연합은 사상 유례가 없는 총력전에 뛰어드는데, 그것이 1차 세계대전이다.

러시아는 엄청난 병력을 동원하지만 군수와 보급에서 비효율성이 심각해 전사자가 계속 늘었다. 탈영병도 급증했다. 한편 물자를 우선 전선에 보내느라 후방의 러시아 국민들은 가혹한 노동과 기아에 시달렸다. 이런데도 차르 정부는 전쟁을 멈추려고도, 민생을 돌보려고도 하지 않았다. 빵을 사지 못해 가족을 굶기게 된 여성과 임금을 받지 못한 노동자들이 차르 정부에 적개심을 갖게 된 것은 당연했다.

2월 23일 페트로그라드에서 시작된 시위는 도시 전체의 총파업으로 번졌다. 차르는 수도를 지키는 경비 부대에게 진압을 명했지만, 농민들의 자식인 병사들은 명령을 거부하고 도리어 장교를 사살한 뒤 시위대와 한편이 되어버렸다. 무장한 시위대는 관공서로 쳐들어가 경찰과 관료를 체포했다. 크론시타트 해군 기지의 군함에서도 수병들이 반란을 일으켜 장교를 제거하고 인근 도시를 장악했다. 봉기는 모스크바와 대도시로 확산되었다. 두마(1905년에 만들어진 의회로 '생각하다'라는 뜻의 러시아어 동사 두마티에서 유래된 이름이다. 실제 권한은 없으며 차르의 자문기관 성격이 강했다)의 귀족·부르주아 의원들은 차르에게 퇴위를 권유했고, 자기편이 아무도 없음을 깨달은 차르 니콜라이 2세는 퇴위를 결정한다. 철벽같던 전제정이 무너지는 데 일주일도 걸리지 않았다.

2월혁명은 러시아에 '이중권력' 상태를 가져왔다. 이중권력이란, 한쪽에는 귀족인 게오르기 르보프 대공과 부르주아 혁명가 알렉산드르 케렌스키가 중심인 임시 정부가 서고, 또 다른 쪽에는 혁명을 일으킨 병사와 노동자들 대표가 평의회 '소비에트'를 구성해 권력을 나눈 상태를 말한다. 소비에트는 공장에서 뽑힌 노동자 대표들과 부대에서 뽑힌 병사 대표들이 구성한 자치 기구로, 차르 정부가 몰락한 후 실질적으로 도시 행정을 책임지고 있었다.

귀족과 부르주아가 구성한 임시 정부는 표면상으론 러시아를 대표했지만, 민중의 지지를 받지는 못했다. 왜냐하면 임시 정부는 민중의 뜻과는 반대로 전쟁을 계속 수행하고자 했고, 민중이 바라는 토지 개혁과 물자 배급을 추진할 의지도 없었다. 그 모든 것은 자본가와 지주의 이익을 제약해야 가능한데 임시 정부는 곧 자본가들의 정부였던 것이다.

이중권력의 또 다른 주체인 소비에트는 왜 임시 정부를 당장 무너뜨리지 않았을까? 여러 이유가 있지만, 소비에트의 혁명가들이 혁명의 본질을 정확히 보지 못했기 때문이다.

이전의 혁명 이론은 민중을 위한 혁명 즉, 사회주의 혁명이 일어나려면 먼저 자본주의 체제가 충분히 성숙해야 한다고 가르쳤다. 혁명가들은 러시아는 후진 농업 국가였으므로 일단은 부르주아가 주도하여 산업 자본주의를 발전시키는 게 우선이라고 생각했다. 소비에트는 임시 정부를 적절히 비판하고 견제하면 된다고 여겼다.

이러한 입장을 신랄하게 비판하며 등장한 인물이 1917년 4월에 오랜 망명에서 돌아온 레닌이었다. 레닌은 전부터 줄기차게 유럽의 전쟁이

'제국주의 전쟁'이라고 비판했다. 전쟁 당사국들은 '조국 방어' '문명 수호'를 운운하지만 사실 독점 자본과 정부의 군사력이 결탁해 약소민족을 식민지화하는 게 목적인 제국주의 국가이며, 이 전쟁의 본질은 제국주의 국가들의 이권 다툼이 무력 충돌로 번진 것이었다. 따라서 이 전쟁에서 노동자 민중은 결코 자기 정부를 위해 목숨을 바쳐서는 안 되며, 각국에서 혁명을 일으켜 정부를 무너뜨려야 평화와 민생 해결이 가능하다고 역설했다. 레닌은 이 입장을 '4월 테제'로 발표했다.

> "차르는 붕괴했지만 정권을 차지한 임시 정부는 자본가 계급의 이익을 대변하여 제국주의 전쟁을 계속하려 한다. 즉각 독일과 강화하여 전쟁을 끝내자! 인민은 전쟁이 아니라 빵과 토지를 원한다. 부르주아 임시 정부에 어떤 지지도 보내서는 안 된다. 모든 권력을 노동자 · 농민 · 병사 소비에트로!"

'빵 · 토지 · 평화'를 위한 10월혁명이 일어나다

레닌과 입장이 다른 멘셰비키(러시아 사회민주노동당의 한 분파로 다른 분파인 볼셰비키와 대립했다)는 레닌이 성급하다고 비난했고, 레닌을 따르는 볼셰비키조차 레닌의 생각을 지지할지 망설였다. 하지만 전선의 병사들은 계속 탈영하고 노동자들은 자본가에 대항해 파업

하고 있었으며 농촌에서는 농민들이 지주를 쫓아내고 땅을 재분배하고 있었다. 임시 정부는 민중의 희망을 충족시킬 능력도 의지도 없었다.

볼셰비키는 곧 레닌의 생각을 받아들였다. 볼셰비키는 '빵, 토지, 평화'를 내걸고 노동자와 병사들 속으로 파고들었다. 노동자와 병사들이 볼세비키를 지지하여 볼셰비키 당원 수는 페트로그라드에서 3월 초에 2천 명이었다가 5월 초에 1만 6천 명으로 늘었다. 소비에트 대의원 다수가 볼세비키이거나 볼셰비키를 지지했다.

소비에트에 혁명의 기운이 감돌자 임시 정부는 혁명 세력을 억누르기 위해 우익 장군인 코르닐로프를 총사령관으로 임명했다. 그런데 코르닐로프가 권력욕에 불타 아예 임시 정부를 뒤엎고 자기가 권력을 쥐기 위해 쿠데타를 감행했다. 믿는 도끼에 발등 찍힌 케렌스키는 소비에트에 도움을 요청했고, 노동자와 병사들은 코르닐로프의 우익 쿠데타 군대를 격퇴했다. 이 사태는 러시아의 실질적 권력이 소비에트에 있음을 보여주었다.

케렌스키는 소비에트를 파괴하고 볼셰비키를 체포하려고 기회를 엿보았고, 레닌은 볼셰비키 지도부를 모아 "때가 왔다. 지금이야말로 무장 봉기를 일으켜 임시 정부를 무너뜨려야 한다"고 설득했다. 뛰어난 혁명가 트로츠키는 레닌을 지지하며 소비에트의 노동자를 '적위대Red guard'로 조직, 무장시켰다. 볼셰비키를 지지하는 군부대도 행동을 준비했다.

페트로그라드에서 '제2차 전 러시아 소비에트 대회'가 열리는 10월 25일, 볼셰비키는 대회 직전에 임시 정부에 대한 봉기를 개시했다. 적위대와 수병 부대가 도시의 주요 기관을 점령하고 임시 정부가 거처한 '겨울 궁전'으로 진격했다. 소비에트 대회에서는 멘셰비키 대의원들이 볼셰비키의 무장봉기를 불법이라 비난하였으나 이미 노동자 병사들 다수는 볼셰비키와 행동을 함께하고 있었다. 얼마 안 가 겨울 궁전은 함락되었고 각료들이 체포되며 임시 정부는 붕괴했다. 레닌은 소비에트 대회 연단에 올라와 연설했다.

"혁명은 승리했습니다. 임시 정부는 타도되었습니다. 러시아는 이제 노동자 계급의 사회주의 국가로 나아갈 것입니다!"

10월혁명의 승리로 러시아 소비에트사회주의공화국이 수립되었다. 혁명 정부는 반혁명 세력과 4년의 내전을 치른 후 1922년에 인근 민족과 함께 소비에트사회주의공화국연방(소련)을 창설했다. '노동자와 농민이 세운 최초의 국가' 소련은 조선의 독립운동을 지원하는 등 약소국 해방 운동에도 영향을 주었다.

나라의 주인이 누구인지 보여준 독립 혁명

베트남혁명

1968년 2월 초, 미국인들은 TV 뉴스를 보다가 화들짝 놀랐다. 베트남 공화국(남베트남) 수도 사이공의 미국 대사관에 성조기 대신 베트콩(베트남 공산주의를 낮춰 부르는 말)의 깃발인 남베트남 민족해방전선기가 휘날리고 있지 않은가!

1월 31일 음력설을 기해 남베트남 민족해방전선과 북베트남군이 남베트남의 주요 거점에 대공세를 가했고, 당시 사이공의 베트남 공화국 대통령궁과 미국 대사관 등이 공격받았다. 베트남 전통 왕조 시대 수도였던 후에Huế시는 민족해방전선의 손에 완전히 넘어갔다. 이 사건을 '테트 공세Tet Offensive'라고 한다.

미국인들은 충격에 휩싸였다. 존슨 대통령은 베트남에서 미군이 승리하는 것은 시간문제라고 호언장담했다. 그런데 남베트남 수도 사이공이 베트콩에게 장악되고 심지어 미국 대사관까지 점령당하다니. 존슨 대통령이 한 말은 거짓이었나? 미국이 과연 이 전쟁에서 승리할 수 있을까?

아니, 미국의 젊은이들을 이 전쟁에 보낸 것이 과연 잘한 결정이었나? 의문이 터져 나왔다.

테트 공세로 미군과 남베트남 정부군 4천여 명이 죽거나 다쳤다. 하지만 미군의 반격으로 민족해방전선은 곧 사이공과 여타 도시에서 밀려났다. 민족해방전선과 북베트남군의 사상자는 4만 명이 넘었다. 전투로만 보면 테트 공세는 실패였다. 하지만 테트 공세의 성과는 미국과 전 세계에 미친 심리적 효과에 있었다. 미국 청년들은 이전부터 미국의 베트남 전쟁에 반대했는데, 정부의 거짓말에 분노한 사람들이 결합하며 반전 시위는 훨씬 격렬해졌다.

베트남에서는 승리를 장담할 수 없고 본국에서는 반전 시위가 격화되자 존슨 대통령은 자신이 늪에 빠졌음을 알게 되었다. 그해 대통령 선거에 존슨은 불출마를 선언하고, 종전과 철군을 공약으로 내건 닉슨이 대통령에 당선되었다. 민족해방전선은 비록 전투에서 패했으나 전쟁의 승리에 한발 다가서게 되었다.

약소민족 해방 투쟁의 모범 8월혁명

베트남은 제2차 세계대전이 끝나는 시점부터 30년간 일본, 프랑스, 미국의 군대와 싸워 모두 승리했다. 이 모든 싸움은 베트남 통일과 독립국가 수립을 위한 과정, 즉 베트남혁명의 일부였다. 이 혁명의 지도자 호치민은 한평생을 혁명과 전쟁을 치르며 살았고, 지금도 베트남 독립의 아버지로 존경받고 있다.

유학자 가정에서 태어난 호치민은 학창 시절 반反프랑스 시위에 참여했다 퇴학당하고, 서구 문명을 배우기 위해 프랑스로 유학을 떠났다. 뱃삯이 없어 요리부 일꾼으로 일하며 프랑스에 간 호치민은 유학 중에 러시아에서 혁명(1917년)이 일어났다는 소식을 듣고 러시아로 향했다. 식민지 해방에 소극적인 프랑스 사회주의자들에 비해 러시아 혁명 정부는 약소민족의 해방투쟁을 지원했다. 호치민은 러시아 정부의 도움을 받아 베트남의 청년 혁명가들을 규합하여 1930년에 '인도차이나 공산당'을 창당했다.

베트남의 역사는 우리나라와 닮은 점이 많다. 외세의 침략을 여러 번 겪었고 그때마다 이겨냈으며, 열강의 식민지로 전락했다가 독립을 되찾았다. 베트남은 10세기까지 약 천 년 동안 중국의 지배를 받다가 독립했고, 남쪽으로 세력을 확장하여 18세기에 현재의 영토를 가진 국가가 되었다. 그 사이에 몽골과 명나라의 침략이 있었으나 밀림을 이용한 게릴라 투쟁으로 위기를 극복했다.

1802년 마지막 베트남 왕조인 응우엔 왕조가 세워졌다. 응우엔 왕조는 프랑스 선교사들의 기독교 포교도 허락할 만큼 개방적이었는데, 기독교의 보호 아래 정부 반대 세력이 모이자 기독교를 탄압하고 선교사를 처형했다. 프랑스 황제 나폴레옹 3세(나폴레옹 보나파르트의 조카)는 이를 빌미로 무력 침공해 1858년에 베트남 남부 사이공을 점령하고, 1885년에는 베트남 중부 응우옌 왕조의 땅만 남긴 채 남부와 북부를 모두 차지했다. 프랑스는 라오스와 캄보디아까지 포함한 '프랑스령 인도차이나'를 지배했다. 프랑스는 총독부를 두어 베트남의 쌀, 고무 등 풍족한 물산을 수탈하고 저항하는 베트남인은 가혹하게 탄압했다.

2차 세계대전이 벌어지자 일본군이 베트남을 침략했다. 일본군은 프랑스군을 제압하고 베트남의 해방군이라 자처했지만, 목적은 베트남의 쌀을 차지하는 것이었다. 농촌에서 쌀을 강제 징발하는 일본군과 이에 저항하는 베트남 농민 사이에 '쌀 전쟁'이라고 불린 치열한 싸움이 벌어졌다. 일본군이 쌀을 빼앗아간 1944~1945년에 베트남인 2백만 명이 굶어 죽는 참사를 겪었다.

이 시기 호치민은 베트남 북부 밀림의 은신처에서 비밀리에 전국의 저항 세력을 규합해 베트남 독립 동맹, 줄여서 '베트민越盟'을 창설한다. 베트민 무장 선전대는 북부 지역부터 농촌 마을을 하나씩 해방시키며 토지 개혁을 이뤄 농민의 지지를 얻었다. 독립 투쟁에 참여하는 청년들이 늘어나자 호치민은 명장 보 응우옌 지압 장군에게 인민해방군을 조직하도록 명한다. 1945년 3월에 일본군은 명목상 존재하던 프랑스 총독부를 해체하고 응우옌 왕조의 마지막 황제인 바오다이를 허수아비 수반으로 하는 베트남 정부를 세운다. 물론 베트남 수탈을 위한 기만이었다. 그러나 호치민은 일본이 곧 전쟁에 패하리라 예측했다. 문제는 일본이 물러간 후 프랑스가 되돌아오지 못하게 하는 것이었다. "나라의 주인이 누구인지 보여주어야 한다."

1945년 8월 6일과 9일에 일본 히로시마와 나가사키에 미국이 원자폭탄을 떨어뜨리자, 13일에 호치민은 베트민 군대에 총궐기를 명했다. 진격하는 인민해방군과 봉기한 베트민 게릴라들은 일본군을 속속 무장 해제시키며 나흘 만에 바오다이 정부를 무너뜨리고 하노이를 장악했다. 사이공에서도 봉기가 일어나 25일에 도시를 수복했다. 단 2주일 만에 베트민은 베트남 전 국토를 외세로부터 되찾았고, 9월 2일에 호치민은 하노이에서 베트남 민주공화국 수립을 선포했다. '8월혁명'은 약소민족 해방 투쟁사에 유례없는 대승리였다. 준비된 혁명 세력과 민중이 서로 호응했기에 가능했다.

겨울이 지나면
꽃이 핀다

일본이 패망하자 호치민의 예상대로 프랑스군이 다시 베트남에 들어왔다. 전쟁을 피하려는 호치민의 노력에도 불구하고 프랑스군이 북부 하이퐁 항구를 폭격하자 호치민은 "겨울이 지나면 꽃은 반드시 핀다"는 말로 항전을 호소하며 밀림으로 들어갔다.

1946년에 시작된 프랑스와의 전쟁은 1954년 디엔비엔푸 전투에서 베트민군이 승리하며 끝났다. 디엔비엔푸는 라오스에 인접한 북부의 작은 촌락으로, 프랑스는 여기에 대규모 요새를 만들어 단숨에 호치민 정부를 꺾으려고 했다. 하지만 자전거로 물자를 옮기고 땅굴을 파서 공격하는 베트남 병사들의 근성에 프랑스군은 항공기와 야포를 가지고도 5천 명이 전사한 끝에 항복하고 말았다.

프랑스는 호치민 정부의 북베트남과 프랑스가 지배하던 남베트남이 총선거를 치러 베트남 통일국가를 세울 수 있게 돕기로 약속했지만, 프랑스를 대신해 미국이 베트남에 개입하며 이 약속은 휴지 조각이 되었다. 미국은 베트남 통일국가는 공산국가가 될 것이고, 그 영향으로 아시아 각국이 공산화되리라고 여겨 남베트남에라도 친미 정부를 세우려고 했다. 1955년에 미국의 지원을 받는 친미 반공 정치가 응오딘지엠을 대통령으로, 수도를 사이공으로 하는 베트남 공화국(남베트남)이 세워졌다.

응오딘지엠의 남베트남 정부는 지주의 이익을 대변해 농민을 수탈했고 부정부패가 만연했다. 남베트남의 공산주의자와 독립운동 세력은 1960년에 남베트남 민족해방전선을 조직해 남베트남 정부에 대한 무장투쟁을 시작했다. 남베트남 정부가 민심을 잃는 만큼 민족해방전선의 지지는 커져 남베트남 국토의 3분의 2가 사실상 민족해방전선의 영향력 안에 놓였다. 남베트남 정부의 운명이 위태롭다고 판단한 미국은 민족해방전선을 군사적으로 제압하기 위해 1965년에 해병대를 파병한다. 박정희 정부도 미군을 도와 여러 경제적 이권을 얻으려는 생각으로 한국군을 파병했다. 1973년에 철수할 때까지 미군은 연인원 250만 명을, 한국군은 연인원 32만 5천 명을 베트남에 보냈다.

8년의 전쟁 기간 동안 미국은 남베트남과 북베트남에 엄청난 양의 폭탄을 투하했다. 그 양은 '(1차 세계대전 사용 폭탄량 + 2차 세계대전 사용 폭탄량 + 한국전쟁 사용 폭탄량) × 2'라고 한다. 여기에 무차별 살포한 고엽제까지 더해 베트남 전 국토가 초토화되었다. 그 정도의 군사력을 가지고도 미군은 밀림에 숨었다가 덤비는 베트남 게릴라들을 압도하지 못했다. 테트 공세 이후 미국은 호치민 정부와 남베트남 민족해방전선에게 평화 협상을 제의했고, 5년을 끌다 1973년에 파리협정으로 휴전이 선포되었다. 미군과 한국군은 베트남에서 철수했다.

미군은 남베트남 정부에 막대한 군비를 지원했다. 하지만 1975년 3월에 북베트남이 통일전쟁을 시작하자 두 달도 안 되어 남베트남 정부는 무너져버렸다. 1976년 북베트남과 남베트남 민족해방전선이 손잡고 베트남 사회주의공화국을 수립한다. 독립 국가를 세우려고 30년 동안 혁명과 전쟁을 해온 베트남 민족은 1980년대 중반 이후 '도이머이(1986년 베트남 공산당 제6차 대회 슬로건으로 사회주의 기반 시장경제의 목표 달성을 주창한 개혁 개념)' 정책을 택하며 사회주의 이념과 시장경제를 결합한 실험을 진행 중이다.

한국은 미군과 함께 베트남 전쟁에 참전해 베트남인과 싸웠고, 그 과정에서 일어난 수많은 베트남 민간인 학살에 책임이 있다. 최근 문재인 대통령이 베트남을 방문해 "양국 사이에 일어난 불행한 일에 유감의 뜻을 표한다"고 에둘러 사과했다. 사과는 진정한 반성과 행동이 뒤따라야 의미를 가질 것이다. 외세 침략에 끝내 굴하지 않은 베트남 민족의 저항 정신은 비슷한 역사적 경험을 한 우리에게 커다란 교훈을 준다.

민주주의 역사를 다시 쓰다

대한민국 촛불혁명

"제 대통령직 임기 단축을 포함한 진퇴 문제를 국회의 결정에 맡기겠습니다."

박근혜 대통령은 2016년 3차 대국민 담화에서 스스로 물러나지 않을 것임을 분명히 했다. 최순실의 국정 농단, 아니 박근혜 대통령의 국가 사유화에 분노한 국민들은 박 대통령에게 하야를, 국회에는 대통령 탄핵을 요구했다. 하지만 박 대통령은 국회에게 대통령 임기 단축을 논의하라고 떠넘겼다. 여야가 합의를 이루지 못하는 동안 촛불 민심이 가라앉는 것을 기다려보겠다는 심산이었다.

아니나 다를까, 당시 새누리당은 '4월 퇴진 – 6월 조기 대선'을 주장했고, 야당 역시 탄핵안을 발의했다가 부결될 때의 후폭풍을 의식해 미적 댔다. 야 3당(더불어민주당, 정의당, 국민의당)은 12월 1일 탄핵소추안 발의에 합의하지 못했고, 탄핵이 물 건너간 게 아니냐는 우려가 여기저기서 들렸다.

하지만 담화 직후 열린 제6차 범국민대회는 박 대통령에게 응수라도 하는 듯 보였다. 광화문 광장에만 170만 명, 전국에 232만 명이 모여 촛불을 든 것이다. 1987년 6·10항쟁보다도 많은, 단일 집회로 대한민국 사상 최대 규모였다.

오후 7시, 사회자의 제안에 따라 시민들은 '세월호 7시간 진상규명'을 염원하는 의미로 1분간 촛불을 껐다. 광화문 광장에서 남대문까지 종로 전역이 암흑에 잠겼다가 다시 빛으로 바뀌었다. "어둠은 빛을 이길 수 없다!" 시민들의 구호는 '박근혜 퇴진'을 넘어 '구속'으로 바뀌었다. 시위대는 역사상 처음으로 청와대 100미터 앞까지 전진했다. 촛불이 청와대를 포위하는 순간이었다.

국민의 항쟁 의지를 확인한 야당은 대통령 권한 남용, 헌법 위배, 세월호 참사 책임 등 13가지 사유로 탄핵소추안을 발의한다. 새누리당 비박계 의원 29명도 탄핵안 표결에 참여하겠다고 밝혔다. 가결을 위해 28표가 부족한 상황에서 이들의 동참은 탄핵으로 가는 청신호였다. 여론조사 전문기관 리얼미터는 국민 78퍼센트가 탄핵 찬성이라는 조사 결과를 발표했다.

12월 9일, 국회 앞에 시민들이 진을 친 가운데 국회의원들이 하나둘 본회의장에 들어섰다. 결과는 의원 1명이 불참해 총 299명 가운데 찬성 234표, 반대 56표, 무효 7표. "탄핵소추안 가결을 선포합니다!" 시민들이 함성을 질렀다. "촛불이 승리했다!"

바람이 불어도
촛불은 꺼지지 않는다

2016년 겨울에서 2017년 봄까지, 촛불혁명은 대한민국 역사를 새로 썼다. 촛불혁명은 박근혜 대통령을 권좌에서 끌어내리고 정권교체를 이뤄냈으며 박 대통령 및 그와 공모한 고위 공직자, 재벌 총수, 비리 연루자를 감옥에 보냈다. 게다가 시위 참가자 중 단 한 명도 구속되거나 부상당하지 않았다. 평화적이고 절제된 시민의 힘으로 무엇까지 이룰 수 있는지 전 세계에 보여준 사례였다.

촛불혁명의 배경은, 멀리는 박근혜 정부에서 벌어진 민주주의의 후퇴, 재난 수준의 무책임, 커져가는 사회 불평등에 있었다. 특히 2014년 세월호 참사에서 박근혜 정부가 보인 비정하고 무책임한 태도는 이 나라의 정부가 국민의 안전과 생명을 지킬 의지가 있기는 한 건지 회의하게 만들었다.

맨손인 백남기 농민에게 물대포를 쏴 사망케 한 사건은 정부가 자기를 비판하는 이들을 국민으로 보지 않음을 말해주었다. 재벌 임직원과 주주의 배당금은 날로 커지는 반면 청년들은 비정규직을 전전하는 현실에서, 박근혜 대통령은 "간절히 원하면 전 우주가 도와준다" "대한민국을 텅텅 비우고 중동으로 나가보라"며 어이없는 소리를 반복했다. 국민의 불만은 쌓이고 쌓여 터질 구멍만 기다리고 있었다.

여기에 더 직접적 배경이 된 사건은 언론이 폭로한 박근혜 - 최순실의 국정 농단 사건이었다. 2016년 10월 24일, JTBC 〈뉴스룸〉은 자사 취재 진이 방송 직전에 입수한 '최순실 태블릿 PC'를 제시하며 최순실이 대통 령 연설문을 미리 받아보고 수정까지 했다고 폭로했다. 그전에도 여러 언론이 최순실이 박근혜 정부의 비선 실세라는 의혹을 제기했다. 가령 〈한겨레〉는 2015~2016년 미르·K스포츠 재단이 대기업으로부터 돈을 거두어 비정상적일 정도로 빨리 설립되었으며, 그 과정에 최순실이 개입 한 사실을 추적해오고 있었다. JTBC 보도를 본 국민들은 '대통령은 그냥 꼭두각시였나'라며 허탈감에 빠졌다.

다음 날 박 대통령은 대국민 담화를 발표해 일부 연설문이나 홍보물 문구 수정에 최순실의 도움을 받았을 뿐이라며 사태의 의미를 축소했다. 그러나 JTBC는 태블릿 PC에 안보 기밀이 포함된 문서도 들어 있었다고 다시 폭로했다. 대통령이 국가 안보에 관련된 사안을 일반인과 뚝딱뚝딱 결정했다는 사실에 여론이 들끓었다. '민중총궐기투쟁본부' 주최로 시민 2만여 명이 참가한 첫 대규모 촛불집회가 청계광장에서 열렸다(10.29). "이게 나라냐?"는 시민들의 마음을 가장 잘 대변하는 피켓 문구였다.

박근혜 대통령은 검찰의 안종범 수석과 정호성 비서관의 청와대 집무 실 압수수색 영장 집행을 거부했다. 독일로 도피했던 최순실이 돌아와 검찰에 출두했고(10.31) 곧 구속됐다. 최순실이 독일에서 차명 휴대폰으 로 박 대통령과 127회나 통화하며 입을 맞춘 정황이 나중에 밝혀졌다. 최순실이 청와대를 '프리패스'로 드나들고 2014년 차세대 전투기 도입 사업에서 리베이트에 관여했다는 정황도 드러났다. '한국갤럽' 여론조사에서 박근혜 대통령 지지율이 역대 최저치인 5퍼센트를 찍었다(11.4).
20~30대에서는 1퍼센트였다.

박근혜가 뒤를 봐준 최순실의 딸 정유라의 과거 SNS 글이 화제가 되었
다. "돈도 실력이야. 너희 부모를 탓해." 박 대통령은 2차 대국민 담화에
서 "내가 이러려고 대통령을 했나 자괴감 들어"라고 말해 국민들의 실소
를 샀다(11.4). 다음 날 2차 촛불집회(11.5)에 모인 사람들은 "지지율도 실
력이야" "내가 이러려고 국민을 했나 자괴감 들어"라고 권력의 추함을
비꼬았다. 이날 광화문엔 20만, 전국에 50만이 모였다.

"곧은 소리는 곧은 소리를 부른다"고 어느 시인이 노래했듯이 촛불은
촛불을, 각성한 시민은 각성한 시민을 불렀다. 11월 12일, 처음으로 100
만 명이 광화문에 모였다. 지방에서 10만 명이 상경하느라 기차표와 전
세 버스가 동이 났다. 시민들은 "박근혜는 하야하라"고 소리치고 흥겹게
'하야가'를 불렀다. 이날 사상 처음으로 청와대 입구 율곡로까지 행진이
허용됐다. 시위 참가자 일부가 경복궁역 사거리 내자동에서 경찰과 대치
하다가 몸싸움을 벌이기도 했으나, 비폭력 평화 원칙을 지키자는 단단한
공감대가 거친 행동을 절제시켰다. 100만이 모인 사실 자체가 그 어떤 폭
력보다 강한 힘이라는 사실을 시민들은 몸으로 느끼고 있었다. 그 힘은
더불어민주당이 '즉각 퇴진'을 당론으로 삼게 만들고, 새누리당이 특별검
사 도입과 국정조사 실시에 합의하도록 압박했다. 문재인 전 민주당 대표
도 국민과 함께 퇴진 운동에 나설 뜻을 밝혔다.

그러나 박 대통령은 국정 복귀를 시도했고, 새누리당 김진태 의원은

"어차피 촛불은 바람이 불면 꺼진다"고 냉소했다. 그러자 "바람 불어도 안 꺼진다"며 LED 촛불이 등장했다. 이날 광화문 집회 참가자들은 이순신 장군의 한산대첩처럼 청와대를 에워싸는 '학익진' 행진을 펼쳤다. 5차 촛불집회가 예정된 11월 26일에는 첫눈이 내렸다. 오후 3시쯤 TV 화면으로 광화문에 이전보다 적은 인원이 비치자 시민들은 광장이 비면 안 된다는 마음으로 모여들어 광화문에 150만, 전국 190만이라는 또 한 번의 기록을 세웠다. 박근혜 대통령의 3차 대국민 담화에도 시민들은 흔들리지 않고 사상 최대 규모인 전국 232만 명이 모였다. 이날의 촛불집회는 국회가 역사적인 탄핵소추안을 가결하게 만든 힘이었다.

이게 나라냐?
이게 나라다!

성탄과 새해를 축하하며 촛불은 계속 타올라 12월 31일 '송박영신(박근혜를 보내고 새해를 맞는다)' 촛불집회에도 전국에 백만 명이 모여 연인원 천만 명을 돌파했다. 1월 1일 박근혜 대통령은 직무 중지인 상태에서 기자들을 불러 "완전히 엮은 것" "(세월호 참사에 대해) 대통령으로 제 할 것은 다했다"고 했다. 권력자의 인식에는 어떠한 변화도 없음이 드러났다. 세월호 천 일을 앞둔 촛불집회에 유가족이 희생된 아이들의 사진이 인쇄된 현수막을 들고 선두에 섰고, 시민들은 "진실을 인양하라"고 외치며 유가족을 따라 행진했다.

촛불의 힘은 박근혜와 한 몸인 새누리당이 '바른정당'으로 갈라지게 만들었고, 박영수 특별검사팀이 박근혜 정부와 재벌의 유착을 파고들어 이재용 삼성전자 부회장을 삼성 총수로는 처음으로 뇌물 공여 · 횡령 · 재산해외도피 · 범죄수익 은닉 혐의로 구속시켰다.

마침내 헌법재판소가 "대통령 박근혜를 파면한다"며 탄핵을 인용하자(3.10) 이틀 뒤 박근혜는 청와대에서 퇴거했고, 검찰 조사 후 구속되었다. 참사 1,073일 만에 물 위로 올라온 세월호는 박 전 대통령이 구속되는 날 목포신항에 도착했다. 조기 대선을 열흘 앞두고 마지막 촛불집회가 열렸다.

촛불의 분노는 부패를 무너뜨리고 새로운 정부 탄생의 원동력이 되었다. 19대 대통령 선거(투표율 77.2퍼센트)에서 문재인 더불어민주당 후보는 41.1퍼센트를 차지해 2위인 홍준표 자유한국당 후보와 557만 표라는 사상 최대 격차를 기록하며 대통령에 당선됐다.

누적 참가 인원 1천 700만 명, 183일간 23차의 집회 가운데 단 한 명의 부상자나 사망자가 없는 비폭력 평화시위. 세계 민주주의 운동사에 획을 그은 혁명이었다. 독일 일간지 〈디 차이트Die Zeit〉가 "민주주의의 사례"라는 칼럼에서 "유럽과 미국은 이제 한국에서 민주주의를 배워야 한다"고 보도한 이후 민주주의 종주국으로 자처해온 영국, 프랑스, 독일 언론들이 앞다퉈 촛불혁명의 가치를 높이 평가했다.

'이게 나라냐?'고 물은 시민들은 거짓과 불의를 바로잡으려는 항쟁에 자발적으로 참여해 깨어 있는 시민이 나라의 주인임을 보여줬다. 촛불혁명은 4·19, 10·16 부마항쟁, 87년 6월 항쟁 등 거대한 민주적 열망이 분출한 뒤 다시 독재체제로 회귀했던 한국 정치 특유의 마의 순환 고리를 끊어내는 계기가 되었다.

'이게 나라다!' 촛불의 거시적 배경은 세계화와 신자유주의의 그늘에 드리워진 사회적 부조리와 불평등이다. 촛불혁명은 평화적 정권교체로 일차 과제를 완료했지만, 혁명의 완성이라고 보기는 어렵다. 사회 개혁과 복지국가 실현을 요구하는 거대한 희망을 완수하기 위해서는 사회 구석구석의 부조리와 불평등을 청산하고 정의로운 나라를 만들어가야 한다. 촛불은 아직 꺼지지 않았다.

제1강 • 문장의 재발견 | 김나정 |

- 나쓰메, 소세키(2002). 마음. 박유하 번역. 현암사.
- 박완서(2012). 나목. 세계사.
- 발자크, D. 오노레(2000). 고리오 영감. 박영근 번역. 민음사.
- 카프카, 프란츠(1997). 변신. 이동주 번역. 솔.
- 헤세, 헤르만(2009). 데미안. 전영애 번역. 민음사.

제2강 • 괴물, 우리 안의 타자 혹은 이방인 | 윤민정 |

- 셜리, 메리(2009). 프랑켄슈타인. 이미선 번역. 황금가지.
- 스토커, 브램(2013). 드라큘라. 김일영 번역. 황금가지.
- 스티븐슨, L. 로버트(2011). 지킬 박사와 하이드 씨. 조영학 번역. 열린책들.
- 커니, 리처드(2004). 이방인, 신, 괴물. 이지영 번역. 개마고원.

제3강 • 나를 찾아가는 글쓰기 | 최옥정 |

- 마루야마, 겐지(1999). 소설가의 각오. 김난주 번역. 문학동네.
- 고미숙(2012). 나의 운명 사용설명서. 북드라망.
- 사사키, 아타루(2012). 잘라라, 기도하는 그 손을. 송태욱 번역. 자음과모음.
- 신영복(1998). 감옥으로부터의 사색. 돌베개.

- 아자르, 에밀(2003). 자기 앞의 생. 용경식 번역. 문학동네.
- 최옥정(2017). 2라운드 인생을 위한 글쓰기 수업. 푸른영토.

제4강 • 가로와 세로의 건축 | 박선욱 |

- 오장근(2014). 광장의 언어. 기호학연구 Vol.40.
- 이창남(2010). 오스만과 근대 도시 파리의 경관 : 발터 벤야민의 파사주 작품을 중심으로. 문화와 사회 Vol.8.
- 최형석(2012). 佛에펠탑 가치는 617조원… 이탈리아 콜로세움의 5배. 조선닷컴.

제5강 • 시간과 공간으로 풀어낸 서울 건축문화사 | 박희용 |

- 김동욱 외(2012). 창덕궁 깊이 읽기. 글항아리.
- 베갱, 질(1999). 자금성. 김주경 번역. 시공사.
- 비온티노, 유리안(2016). 일제하 서울 남산 지역의 일본 신도 · 불교 시설 운영과 의례 연구. 서울대학교 박사학위논문.
- 서울고등창회(2003). 서울고등학교 50년사. 서울고등창회.
- 손정목(2017). 서울 도시계획 이야기(전5권). 한울.
- 안창모(2009). 덕수궁. 동녘.
- 우동선 외(2009). 궁궐의 눈물, 백년의 침묵. 효형출판.
- 은정태(2009). 고종 시대의 경희궁 : 훼철과 활용을 중심으로. 서울학연구 34.
- 이상배(2005). 장충단의 설립과 장충단제. 지역문화연구4.
- 이윤상(2003). 고종 즉위 40년 망육순 기념행사와 기념물. 한국학보 111.
- 이장우(2004). 조선 건축초기 한 가신적 신료에 대한 고찰: 박자청을 중심으로. 향토서울 64호.
- 임재찬(1999). 구한말 육군무관학교 연구. 동아대학교 박사학위논문.
- 조영규(2006). 협률사와 원각사 연구. 연세대학교 박사학위논문.

제7강 • 클래식, 문학을 만나다 | 나성인 |

• 셰익스피어, 윌리엄(2008). 한여름 밤의 꿈. 최종철 번역. 민음사.
• 위고, 빅토르(2015). 레 미제라블, 염명순 번역, 비룡소.

제11강 • '나'는 어디에 있는가 | 장형진 |

• 배것, 짐(2017). 기원의 탐구. 박병철 번역. 반니.
• 브라운, 신시아(2017). 빅 히스토리. 막시무스 번역. 바다출판사.

제12강 • 제4의 물결 | 오준호 |

• 솔닛, 레베카(2018). 민중의 역사를 기억하라. 조시 맥피 편저. 원영수 번역. 서해문집.
• 오준호(2011). 반란의 세계사. 미지북스.
• 오준호(2016). 열여덟을 위한 세계 혁명사. 알렙.
• 임영태 외(2017). 솔직하고 발칙한 한국 현대사. 내일을여는책.

| 커리큘럼 1 : 멈춤 |

카테 고리	강의 주제	월	화	수	목	금
생존과 공존	생태계에서 배우는 삶의 원리	어설픈 변신, 그래도 나는 나다	극한의 압박에서 피어나는 처절한 생명력	암컷은 약자인가	뭉쳐야 산다	전문가들의 고군분투
	너를 이해해	진짜 정의는 무엇인가	그들은 누구인가 : 사이코패스	멀고 먼 무지개 깃발 : 동성애	삶을 원하면 죽음을 준비하라 : 안락사	인권이 없는 곳에서 인권을 논하다 : 학교와 인권
	너와 나 그리고 우리	누구도 그럴 권리는 없다 : 〈더 헌트〉	말없이 실천하는 한 사람의 힘 : 〈나무를 심은 사람〉	쉿! 없는 사람처럼 : 〈아무도 모른다〉 〈자전거 탄 소년〉	어린 왕자는 동화가 아니다 : 《어린 왕자》	그들은 왜 남자로 살았을까 : 〈앨버트 놉스〉
대중과 문화	스크린으로 부활한 천재들	'작업'의 신 피카소	고흐가 남쪽으로 간 까닭은?	전쟁 중에 예술을 한다는 것 : 르누아르	세기말, 분열된 정신을 장식한 화가 : 클림트	제자, 연인 그리고 조각가 : 까미유 끌로델
	연극의 발견	당신과 연극 사이를 가로막는 4개의 장벽	부유하면 죽고 가난하면 사는 연극의 비밀	키워드로 읽는 연극의 매력 1 공감·사건·사고	키워드로 읽는 연극의 매력 2 분위기·소통·선택	연극의 기원에서 만난 인간의 본성
	조선의 대중문화	임진왜란, 한류의 시작	조선시대 인어 이야기 : 유몽인의 《어우야담》	조선의 백과사전 : 이수광의 《지봉유설》	조선 최고의 식객 : 허균의 《도문대작》	선비, 꽃을 즐기다
경제와 세계	쉽게 풀어보는 경제원리	첫사랑이 기억에 오래 남는 이유 : 한계이론	이유 없는 선택은 없다 : 기회비용과 매몰비용	전쟁, 금융의 발달을 재촉하다	물류, 도시를 만들다	나도 모르는 사이에 나의 선택에 개입하는, 넛지효과
	역사에 남은 경제학자의 한마디	화폐가치 : 악화가 양화를 구축하다	시장 : 보이지 않는 손	버블 : 비이성적 과열	균형 : 차가운 머리, 뜨거운 가슴	혁신 : 창조적 파괴
	무기의 발달과 경제	전쟁이 무기 기술의 혁명을 가져오다	전쟁의 판도를 바꾼 개인화기의 출현과 진화	제1차 세계대전 승리의 주역, 전차	산업과 숫자로 보는 제2차 세계대전	현실로 다가온 미래무기
철학과 지혜	한국의 사상을 말하다	한국인의 사상적 DNA, 풍류	화쟁의 세계에서 마음을 묻다	마음 수양의 비결, 돈오점수	유교를 통해 배우고 묻다	이치에 다다르다
	철학하며 살아보기	생각에 대한 생각	잘못된 생각을 고치는 철학	전제를 비판해야 하는 이유	생각의 앞뒤 짝 맞추기	철학이 세상을 바꾸는 방식
	고전의 잔혹한 지혜	막장 드라마는 어떻게 고전이 되었나	비극의 원천은 아트레우스 가문의 저주	잔혹복수극 〈오레스테스〉 3부작 읽기	미스터리 추적 패륜드라마 〈오이디푸스 대왕〉	비극 속 악녀 〈메데이아〉를 위한 변명

카테고리	강의 주제	월	화	수	목	금
역사와 미래	마이너리티 리포트 조선	남녀가 평등했던 조선의 부부 애정사	물도사 수선이 말하는 조선의 일상생활사	야성의 화가 최북이 말하는 조선의 그림문화사	장애인 재상 허조가 말하는 조선 장애인사	이야기꾼 전기수가 말하는 조선의 스토리문화사
	천 년을 내다보는 혜안	암흑의 시대를 뚫고 피어난 르네상스의 빛	프랑스, 르네상스의 열매를 따다	계몽주의와 프랑스대혁명	신은 떠났다. 과학혁명의 도달점, 산업혁명	문화의 카오스, 아무도 답을 주지 않는다
	차茶로 읽는 중국 경제사	인류 최초로 차를 마신 사람들	평화와 바꾼 차, 목숨과 바꾼 차	아편전쟁과 중국차의 몰락	차는 다시 나라를 구할 수 있을까?	차의 혁신, 현대판 신농들
심리와 치유	치유의 인문학	내가 나를 치유하다	다 타서 재가 되다 : 번아웃 신드롬	분노와 우울은 동전의 양면이다 : 분노조절장애	불청객도 손님이다 : 불안	더 나은 나를 꿈꾸다
	동양 고전에서 찾은 위로의 한마디	나이 들어 실직한 당신을 위한 한마디	자꾸 비겁해지는 당신을 위한 한마디	언제나 남 탓만 하는 당신을 위한 한마디	불운이 두려운 당신을 위한 한마디	도전을 주저하는 당신을 위한 한마디
	내 마음 나도 몰라	호환·마마보다 무서운 질병 : 비만	F코드의 주홍글씨 : 우울증	인생은 아름다워 : 자존감과 자기조절력	알면서 빠져드는 달콤한 속삭임 : 중독	나는 어떤 사람일까? : 기질과 성격
예술과 일상	미술은 의식주다	단색화가 뭐길래	김환기의 경쟁자는 김환기뿐이다	컬렉터, 그들은 누구인가	세상에서 가장 비싼 그림	화가가 죽으면 그림값이 오른다?
	창의력의 해답, 예술에 있다	미술, 그 난해한 예술성에 대하여	이름 없는 그곳 : 사이·뒤·옆·앞·안	용기와 도발	슈퍼 모던 맨, 마네	먹느냐 먹히느냐, 모델과의 결투
	예술의 모티브가 된 휴머니즘	보편적 인류애의 메시지 : 베토벤의 〈합창〉	함께, 자유롭게, 꿈을 꾸다 : 파리의 문화살롱	슈베르트를 키운 8할의 친구들 : 슈베르티아데	형편없는 시골 음악가처럼 연주할 것 : 말러의 뿔피리 가곡과 교향곡	절대 잊지 않겠다는 다짐 : 쇤베르크의 〈바르샤바의 생존자〉
천체와 신화	지도를 가진 자, 세계를 제패하다	고지도의 매력과 유혹	한눈에 보는 세계지도의 역사	탐험의 시작, 미지의 세계를 향하다	지도상 바다 명칭의 유래와 우리 바다 '동해'	〈대동여지도〉, 주석이 네트워크 구축하다
	동양 신화의 어벤저스	동양의 제우스, 황제	소머리를 한 농업의 신, 염제	창조와 치유의 여신, 여와	불사약을 지닌 여신, 서왕모	동양의 헤라클레스, 예
	천문이 곧 인문이다	별이 알려주는 내 운명, 점성술	동양의 하늘 vs. 서양의 하늘	불길한 별의 꼬리, 혜성	태양 기록의 비과학과 과학	죽어야 다시 태어나는 별, 초신성